2025

Abitur

Original-Prüfungsaufgaben
mit Lösungen

Gymnasium · Baden-Württemberg

Geschichte

STARK

© 2024 STARK Verlag GmbH, St.-Martin-Straße 82, 81541 München
22. ergänzte Auflage
www.stark-verlag.de

Das Werk und alle seine Bestandteile sind urheberrechtlich geschützt. Jede vollständige oder teilweise Vervielfältigung, Verbreitung und Veröffentlichung bedarf der ausdrücklichen Genehmigung des Verlages. Dies gilt insbesondere für Vervielfältigungen, Mikroverfilmungen sowie die Speicherung und Verarbeitung in elektronischen Systemen.

Inhaltsverzeichnis

Vorwort

Das Prüfungsfach Geschichte – Informationen und Tipps

Die schriftliche Abiturprüfung im Leistungsfach Geschichte
1 Rahmenbedingungen I
2 Verrechnungspunkte (EPA) III
3 Operatoren und Anforderungsbereiche IV

Umgang mit Materialien
1 Analyse von Textquellen VII
2 Analyse von Bildquellen (z. B. Karikatur, Plakat) VIII
3 Analyse von Statistiken (z. B. Tabelle, Diagramm) VIII

Die mündliche Abiturprüfung im Basisfach Geschichte
1 Geschichte als mündliches Prüfungsfach (Basisfach) IX
2 Aufgabenstellung und Vorbereitung IX
3 Ablauf der Prüfung X
4 Bewertung der Prüfungsleistung XI
5 Besonderheiten der freiwilligen Zusatzprüfung im Leistungsfach XII

Zur Arbeit mit diesem Buch XII

Abiturähnliche Übungsaufgaben für das schriftliche Abitur (Leistungsfach)

Übungsaufgabe 1:	Wege in die Moderne	1
Übungsaufgabe 2:	Wege in die Moderne	15
Übungsaufgabe 3:	Wege in die postindustrielle Zivilgesellschaft	29
Übungsaufgabe 4:	Wege in die postindustrielle Zivilgesellschaft	45
Übungsaufgabe 5:	Wege in die postindustrielle Zivilgesellschaft	61
Übungsaufgabe 6:	Wege in die postindustrielle Zivilgesellschaft	74

Abiturähnliche Übungsaufgaben für das mündliche Abitur (Basisfach)

Übungsaufgabe 1:	Wege in die westliche Moderne	87
Übungsaufgabe 2:	Diktaturen im 20. Jahrhundert als Gegenentwürfe zur parlamentarischen Demokratie	92
Übungsaufgabe 3:	Diktaturen im 20. Jahrhundert als Gegenentwürfe zur parlamentarischen Demokratie	97
Übungsaufgabe 4:	West- und Osteuropa nach 1945: Streben nach Wohlstand und Partizipation	102
Übungsaufgabe 5:	Aktuelle Probleme postkolonialer Räume in historischer Perspektive	107

Original-Abituraufgaben (Leistungsfach)

Abiturprüfung 2016
Aufgabe I: Veränderungen in Wirtschaft und Gesellschaft durch die Industrialisierung; Die demokratische und nationale Bewegung in der Auseinandersetzung mit dem Obrigkeitsstaat 2016-1

Abiturprüfung 2020
Aufgabe II: Besatzungszeit und Teilung Deutschlands im Rahmen des Ost-West-Konflikts; Die politische und gesellschaftliche Entwicklung in der Bundesrepublik Deutschland und in der DDR 2020-1

Abiturprüfung 2021
Aufgabe IIA: Besatzungszeit und Teilung Deutschlands im Rahmen des Ost-West-Konflikts; Die politische und gesellschaftliche Entwicklung in der Bundesrepublik Deutschland und in der DDR 2021-1

Abiturprüfung 2023
Aufgabe IA: Wege in die Moderne 2023-1
Aufgabe IIB: West- und Osteuropa nach 1945: Wege in die postindustrielle Zivilgesellschaft 2023-18

Abituraufgaben 2024 ..... www.stark-verlag.de/mystark
Sobald die Original-Prüfungsaufgaben 2024 freigegeben sind, können sie als PDF auf der Plattform MySTARK heruntergeladen werden (Zugangscode vgl. Umschlaginnenseite).

Autoren (gedruckte Ausgabe)

Johann Berger	mündliche Übungsaufgabe 3 (Vorschlag)
Wolf-Rüdiger Größl	Lösungen zu den Abituraufgaben 2016/I
Philipp Hornung	Hinweise S. VII–XII; Übungsaufgaben 3 und 4; mündliche Übungsaufgaben 2, 4 und 5; Lösungen zu den Abituraufgaben 2023/IA
Rainer Maria Meinicke	Übungsaufgaben 1 und 2; mündliche Übungsaufgabe 1
Harald Müller	Hinweise S. I–VII; Übungsaufgaben 5 und 6; Lösungen zu den Abituraufgaben 2020/II, 2021/IIA und 2023/IIB

Vorwort

Liebe Schülerinnen, liebe Schüler,

mit dem vorliegenden Buch können Sie sich optimal auf Ihre **schriftliche und mündliche Abiturprüfung im Leistungs- bzw. Basisfach Geschichte** vorbereiten.

Das einführende Kapitel „**Das Prüfungsfach Geschichte – Informationen und Tipps**" enthält wichtige **Informationen** sowie konkrete **Tipps**
– zu **Rahmenbedingungen, Schwerpunktthemen** und **Bewertung** der Prüfung,
– zu **Struktur, Anforderungsbereichen** und **Operatoren** der Aufgabenstellungen
– und zur **Auswertung von Materialien**, die Ihnen in der Prüfung begegnen können.

Im anschließenden **Übungsteil** finden Sie
– eine **Auswahl von Original-Prüfungsaufgaben** (direkt im Buch) und die aktuellen Abituraufgaben **2024** (**Download** über die Plattform **MySTARK**),
– **Übungsaufgaben** zu den Schwerpunktthemen 2025 im **schriftlichen Abitur** (Leistungsfach) und für die **mündliche Abiturprüfung** (Basisfach),
– **ausführliche**, von erfahrenen Lehrkräften ausgearbeitete **Lösungsvorschläge**
– sowie **konkrete Bearbeitungshinweise und Tipps**, die Ihnen ein gezieltes, effektives Vorgehen bei der Beantwortung der einzelnen Aufgaben vermitteln.

Die Aufgaben und Lösungen haben eine **doppelte Funktion:**
– An konkreten Beispielen können Sie Ihre im Unterricht erworbenen **Kompetenzen und Kenntnisse anwenden**, die **Bearbeitung von Abituraufgaben trainieren** und Ihre Lösung mithilfe der Musterlösung kontrollieren und optimieren.
– Zudem können Sie anhand der ausführlichen Musterlösungen **historisches Fachwissen** aus dem Unterricht **wiederholen und vertiefen**.

Sollten nach Erscheinen dieses Bandes wichtige **Änderungen im Abitur 2025** vom Kultusministerium bekannt gegeben werden, finden Sie aktuelle Informationen unter: *www.stark-verlag.de/mystark*.

Der Verlag und das Autorenteam wünschen Ihnen viel Erfolg in der Abiturprüfung!

Hinweise zu den digitalen Zusätzen

Lernen Sie gerne am PC, Tablet oder Smartphone? Dieser Band enthält eine Reihe von **digitalen Zusätzen**, auf die Sie online über die Plattform **MySTARK** zugreifen können. Ihren persönlichen Zugangscode finden Sie auf der Umschlaginnenseite.

PDF der Original-Prüfungsaufgaben 2024

Um Ihnen die **Prüfung 2024** schnellstmöglich zur Verfügung stellen zu können, bringen wir sie **digital** heraus. Sobald die Original-Prüfungsaufgaben 2024 freigegeben sind, können Sie sie als PDF auf **MySTARK** herunterladen.

Lernvideos

Die Analyse von historischen Quellen und Darstellungstexten ist ein wichtiger Bestandteil der Arbeit im Fach Geschichte. Mithilfe von **Lernvideos zum richtigen Umgang mit ausgewählten Materialien** können Sie sich optimal auf das Lösen von materialgestützten Aufgaben vorbereiten.

Folgende Lernvideos sind enthalten:
- Karikaturen richtig analysieren
- Textquellen analysieren

Interaktives Online-Training

Mithilfe **abwechslungsreicher interaktiver Aufgaben** können Sie wichtige Inhalte aus ausgewählten Themenbereichen wiederholen. Alle Aufgaben können direkt am PC oder Tablet bearbeitet werden. Sie erhalten sofort eine Rückmeldung zu Ihren Antworten.

Folgende Themengebiete sind enthalten:
- Weimarer Republik
- Nationalsozialismus
- Deutschland ab 1945

HINWEISE UND TIPPS

Das Prüfungsfach Geschichte – Informationen und Tipps

Die schriftliche Abiturprüfung im Leistungsfach Geschichte

1 Rahmenbedingungen

Im Abitur werden Sie in Ihren **drei Leistungsfächern schriftlich** geprüft. Dabei werden Ihnen im Prüfungsfach **Geschichte** in der Abiturprüfung **zwei Aufgabenvorschläge** vorgelegt, von denen Sie **einen** bearbeiten müssen. Dafür haben Sie, inklusive Auswahlzeit, **270 Minuten** zur Verfügung.

Die beiden Aufgaben beziehen sich **2025** auf folgende **Schwerpunktthemen:**
- **Aufgabe I** umfasst das Thema **Wege in die Moderne (3.4.2)**: „Die Schülerinnen und Schüler können Modernisierungsprozesse innerhalb und außerhalb Europas seit dem ausgehenden 18. Jahrhundert analysieren und deren Bedeutung für die Gegenwart beurteilen."

In der Abiturprüfung **2025 verpflichtend** sind folgende Teilstandards und Begriffe:

1 den Begriff der Modernisierung erläutern
(Moderne, Modernisierung, Doppelrevolution: politische Revolution, Industrielle Revolution)

2 Voraussetzungen und Verlauf der europäischen Industrialisierung am Beispiel Englands und Deutschlands analysieren
(Industrialisierung, Frühindustrialisierung, Hochindustrialisierung, Agrarrevolution, Verkehrsrevolution, Kommunikationsrevolution, Sektor, Take off, Schrittmacherindustrie, Wirtschaftsliberalismus)

5 die Auswirkungen der Industrialisierung auf die europäischen Gesellschaften analysieren und bewerten
(Klassengesellschaft: Bourgeoisie, Proletariat, Soziale Frage; Arbeiterbewegung: Reform, Revolution; Sozialistenverfolgung, staatliche Sozialpolitik; bürgerliche Familie, proletarische Familie)

7 Erscheinungsformen der Moderne um die Jahrhundertwende erläutern sowie ambivalente Erfahrungen der Menschen mit ihnen charakterisieren
(Hochmoderne: Urbanisierung, Massenkultur, Mobilität, Beschleunigung, Modernisierungsverlierer; Massenorganisation: Politisierung, Frauenbewegung)

9 Migration als Folge der Industrialisierung analysieren
(Binnenmigration, Auswanderung, Zuwanderung, Integration)

- **Aufgabe II** umfasst das Thema **West- und Osteuropa nach 1945: Wege in die postindustrielle Zivilgesellschaft (3.4.6):** „Die Schülerinnen und Schüler können Chancen und Probleme bei der Herausbildung einer postindustriellen Zivilgesellschaft in West- und Osteuropa nach 1945 analysieren."

    In der Abiturprüfung **2025 verpflichtend** sind folgende Teilstandards und Begriffe:

    4 den wirtschaftlichen Aufschwung in West- und Osteuropa bis Anfang der 1970er-Jahre am deutsch-deutschen Beispiel analysieren und vergleichen
    (Boom, Soziale Marktwirtschaft/Zentralverwaltungswirtschaft, Sozialstaat/Versorgungsstaat, nivellierte Mittelstandsgesellschaft/Arbeiter- und Bauernstaat, Konsumgesellschaft/Primat der Schwerindustrie, Keynesianismus/Fünf-Jahres-Plan, Vollbeschäftigung/Recht auf Arbeit)

    5 den Umgang mit Protest in West- und Osteuropa vergleichen und bewerten
    (Aufstand des 17. Juni, Ungarnaufstand, „Republikflucht", Mauerbau, Wiederbewaffnung, 68er-Bewegung, Prager Frühling, Wertewandel)

    8 Aufbruchsversuche in West und Ost zu mehr Bürgerbeteiligung erläutern
    (Emanzipation: „Mehr Demokratie wagen", Neue Soziale Bewegungen, Pluralisierung, Charta 77, Dissidentenbewegung)

    9 die wirtschaftlichen Krisen der 1970er- und 1980er-Jahre und ihre Auswirkungen auf Westeuropa erläutern
    (Ende des „Golden Age": Ölkrise, Stagflation, Sockelarbeitslosigkeit, Zwei-Drittel-Gesellschaft, Neoliberalismus; Strukturwandel: Digitalisierung)

    11 den Zusammenbruch des Ostblocks analysieren
    (Strukturwandel, Innovationsdefizit, Staatsverschuldung, Rüstungswettlauf, Versorgungskrise, Umweltverschmutzung, Legitimitätskrise, Entspannungspolitik, Perestroika, Glasnost, Sinatra-Doktrin, Solidarność, Bürgerbewegung, Ausreisebewegung, „Friedliche Revolution", „Samtene Revolution")

Es wird von Ihnen erwartet, dass Sie Transfer-Leistungen erbringen und übergreifende Gedanken erörtern können. Möglich sind auch **offenere Themenstellungen**, die der insgesamt offeneren Unterrichtsgestaltung entsprechen, z. B.: „Erläutern Sie ... anhand zweier Beispiele Ihrer Wahl ...". Die zu untersuchenden **Materialien** können **Texte, Bilder, Plakate, Karikaturen, Statistiken und Grafiken** sein. Aus diesem Grund finden Sie auf S. VII–IX Hinweise zum Umgang mit derartigen Materialien.

In der Abiturprüfung sollen in der Regel folgende **Aufgabentypen** vorkommen:
- **eine darstellend-strukturierende Aufgabe** (AFB II, z. B. „Stellen Sie an Beispielen Ihrer Wahl dar …"; „Erläutern Sie an zwei Beispielen …")
- **zwei analytische, materialgestützte Aufgaben** (AFB II, z. B. „Analysieren Sie M 1."; „Analysieren Sie M 1 und vergleichen Sie M 1 mit M 2.")
- **eine urteilsbildende Aufgabe** (AFB III, z. B. „Beurteilen Sie, ob …"; „Erörtern Sie …"; „Überprüfen Sie …")

2 Verrechnungspunkte (EPA)

Eine Abituraufgabe hat **60 Verrechnungspunkte**, die auf **vier Teilaufgaben** verteilt sind. In der Regel stehen diese Teilaufgaben in einem thematischen Zusammenhang. Sie sind chronologisch und nicht nach Schwierigkeit der Aufgabenstellung angeordnet. Die Verrechnungspunktezahl liegt üblicherweise zwischen 12 und 18 Verrechnungspunkten. Daraus können Sie auf den **Arbeits-/Schreibumfang** und das **Anforderungsniveau** schließen. Das Nachzählen in als „sehr gut" bewerteten Leistungskursklausuren hat ergeben, dass **ca. zwei Sätze mittlerer Länge pro Verrechnungspunkt** eine gute Richtschnur dafür abgeben, wie umfangreich Sie schreiben sollen. In einigen Lösungsvorschlägen wird diese Länge deutlich überschritten, was nicht bedeutet, dass Sie nicht auch mit weniger Text die maximale Punktzahl erreichen können. Wir wollten die Lösungstexte so gestalten, dass sie Anregungen und in manchen Fällen auch Zusatzinformationen vermitteln, die nicht unbedingt in jedem Schulbuch enthalten sind.

Verrechnungspunkte	Notenpunkte	Note
60–57	15	
56–54	14	sehr gut
53–51	13	
50–48	12	
47–45	11	gut
44–42	10	
41–39	9	
38–36	8	befriedigend
35–33	7	
32–30	6	
29–27	5	ausreichend
26–24	4	
23–20	3	
19–16	2	mangelhaft
15–12	1	
11–0	0	ungenügend

TIPP: Achten Sie auf eine **saubere Darstellung** und auf die **Sprachrichtigkeit**, sonst können ein bis zwei Notenpunkte abgezogen werden. Planen Sie mindestens 10 Minuten zum Korrekturlesen ein! Die Lösung der Aufgaben erfolgt in der Regel in Form eines zusammenhängenden Textes; die Bewertung berücksichtigt auch die Einhaltung standardsprachlicher Normen sowie die fachspezifische und stilistische Angemessenheit. Wichtig ist, dass Sie in Ihrer Klausur die **Fachsprache und -begriffe** sicher anwenden. Unter Umständen verlangt die Fragestellung auch eine Begriffsdefinition, wenn z. B. Begriffe wie „deutscher Sonderweg" oder „Kalter Krieg" erörtert werden sollen.

3 Operatoren und Anforderungsbereiche

Die **Anforderungsstufen** reichen von der Wiedergabe von Wissen (**Reproduktion**) über die vertiefende Bearbeitung (**Reorganisation**) bis zur generalisierenden Betrachtung und Bewertung (**Reflexion**). Damit Sie wissen, was von Ihnen verlangt ist, finden Sie in jeder Teilaufgabe eine Arbeitsanweisung, die als Aufforderung formuliert ist – eben einen sogenannten **Operator**. Operatoren sind **handlungsinitiierende Verben**, die signalisieren, welche Tätigkeiten beim Bearbeiten von Prüfungsaufgaben erwartet werden. In der Regel sind sie bestimmten **Anforderungsbereichen** zugeordnet. Die empfohlene Basisoperatorenliste und die jeweilige Zuordnung zu den Anforderungsbereichen sind Grundlage für die schriftliche Abiturprüfung. Darüber hinaus bestimmen im Einzelfall Fachspezifika, der Schwierigkeitsgrad des Inhalts bzw. die Komplexität der Aufgabenstellung die Zuordnung zu den Anforderungsbereichen.

Anforderungsbereich I
umfasst das **Wiedergeben und Beschreiben** von fachspezifischen Sachverhalten aus einem abgegrenzten Gebiet und im gelernten Zusammenhang. Dabei werden eingeübte Arbeitstechniken angewandt. Dieser Anforderungsbereich erfordert v. a. **Reproduktionsleistungen**.

Anforderungsbereich II
umfasst das **selbstständige Erklären, Bearbeiten und Ordnen** bekannter fachspezifischer Inhalte und das **Anwenden** gelernter Methoden auf andere Sachverhalte. Dies erfordert vor allem **Reorganisations- und Transferleistungen**.

Anforderungsbereich III
umfasst den **reflexiven Umgang** mit neuen Problemstellungen, den eingesetzten Methoden und gewonnenen Erkenntnissen, um zu eigenständigen Begründungen, Folgerungen, Beurteilungen und Handlungsoptionen zu gelangen. Dies erfordert vor allem Leistungen der **Reflexion und Problemlösung**.

TIPP: Die in eigenen Tipp-Kästen abgedruckten Lösungshinweise zu den Teilaufgaben geben Ihnen Hilfestellungen zu den Anforderungen sowie zum Umgang mit den Arbeitsanweisungen.

Die Operatoren im Einzelnen

Die folgende Liste umfasst die derzeitigen Operatoren der gesellschaftswissenschaftlichen Fächer und verweist auf deren Anwendung in den Prüfungen der letzten Jahre, die in diesem Buch enthalten sind. Dabei bedeutet z. B. der Zusatz 2020/II/2, dass das Beispiel aus den Abiturprüfungsaufgaben 2020 stammt. Man findet es dort unter Aufgabe II, Teilaufgabe 2.

Überblick über die aktuell gültigen Operatoren

Anforderungsbereich I (Reproduktionleistungen)		
Operatoren	**Beschreibung der erwarteten Leistung**	**Beispiel**
beschreiben	Sachverhalte schlüssig wiedergeben	
bezeichnen	Sachverhalte (insbesondere bei nichtlinearen Texten wie zum Beispiel Tabellen, Schaubildern, Diagrammen oder Karten) begrifflich präzise formulieren	
nennen	Sachverhalte in knapper Form anführen	

Anforderungsbereich II (Reorganisations- und Transferleistungen)		
Operatoren	**Beschreibung der erwarteten Leistung**	**Beispiel**
analysieren	Materialien und Sachverhalte systematisch und gezielt untersuchen und auswerten	2016/I/3 2021/II A/2, 4
begründen	Aussagen (zum Beispiel eine Behauptung, eine Position) durch Argumente stützen, die durch Beispiele oder andere Belege untermauert werden	
charakterisieren	Sachverhalte mit ihren typischen Merkmalen und in ihren Grundzügen bestimmen	
darstellen	Sachverhalte strukturiert und zusammenhängend verdeutlichen	2020/II/2
ein-/zuordnen	Sachverhalte schlüssig in einen vorgegebenen Zusammenhang stellen	
erklären	Sachverhalte schlüssig aus Kenntnissen in einen Zusammenhang stellen (zum Beispiel Theorie, Modell, Gesetz, Regel, Funktions-, Entwicklungs- und/oder Kausalzusammenhang)	
erläutern	Sachverhalte mit Beispielen oder Belegen veranschaulichen	2019/II/4
erstellen	Sachverhalte (insbesondere in grafischer Form) unter Verwendung fachsprachlicher Begriffe strukturiert aufzeigen	

herausarbeiten	Sachverhalte unter bestimmten Gesichtspunkten aus vorgegebenem Material entnehmen, wiedergeben und/oder gegebenenfalls berechnen	
vergleichen	Vergleichskriterien festlegen, Gemeinsamkeiten und Unterschiede gewichtend einander gegenüberstellen sowie ein Ergebnis formulieren	2019/II/2

Anforderungsbereich III (Reflexion und Problemlösung)

Operatoren	Beschreibung der erwarteten Leistung	Beispiel
beurteilen	Sachverhalte, Aussagen, Vorschläge oder Maßnahmen untersuchen, die dabei zugrunde gelegten Kriterien benennen und ein begründetes Sachurteil formulieren	2019/II/1
bewerten	Sachverhalte, Aussagen, Vorschläge oder Maßnahmen beurteilen, ein begründetes Werturteil formulieren und die dabei zugrunde gelegten Wertmaßstäbe offenlegen	
entwickeln	zu einer vorgegebenen oder selbst entworfenen Problemstellung einen begründeten Lösungsvorschlag entwerfen	
erörtern	zu einer vorgegebenen These oder Problemstellung durch Abwägen von Pro- und Kontra-Argumenten ein begründetes Ergebnis formulieren	2015/I/4
überprüfen	Aussagen, Vorschläge oder Maßnahmen an Sachverhalten auf ihre sachliche Richtigkeit hin untersuchen und ein begründetes Ergebnis formulieren	2020/II/4 2021/II A/3
gestalten	zu einer vorgegebenen oder selbst entworfenen Problemstellung ein Produkt rollen- beziehungsweise adressatenorientiert herstellen	

Alle Operatoren verlangen, dass Sie die Aufgabe in einer **durchgehend formulierten Antwort** lösen. Empfehlenswert ist der klassische Aufbau mit Einleitungssatz, in Absätzen gegliedertem Hauptteil und Schlusssatz. Vermeiden Sie unbedingt „Stichwortbrocken" hinter Pfeilen oder in Klammern sowie unverbundene Auflistungen hinter Spiegelstrichen.

Umgang mit Materialien

Die schriftlichen Abituraufgaben beziehen sich in der Regel auf **Texte, Bilder, Karikaturen, Plakate, Statistiken und Grafiken**. Sie können also nicht davon ausgehen, dass neben den üblichen Texten z. B. immer nur Karikaturen Gegenstand der Aufgabenstellung sind.

Mit der **Analyse der Materialien** kann man einen beträchtlichen Teil der möglichen Punktzahl erreichen. Es empfiehlt sich daher, hierauf schon bei der **Abiturvorbereitung** einen Schwerpunkt zu legen. Bitte beachten Sie dabei: Im Abitur erfolgt der Zugriff auf die Materialien in der Regel über **zwei unterschiedliche Aufgabentypen:**
- Zum einen wird der **Operator „analysieren"** verwendet, der eine gezielte, systematische Untersuchung und Auswertung von Materialien verlangt. Er gehört zum **AFB II**, sodass eine eigene Stellungnahme zu den Materialien nicht notwendig ist.
- Zum anderen wird der Aufgabentyp **„analysieren und vergleichen"** vorkommen. Hier ist eine **gründliche Analyse des ersten Materials** vorzunehmen, um anschließend **kriteriengestützt** Gemeinsamkeiten und Unterschiede der beiden Materialien **gewichtend** einander gegenüber zu stellen. Mögliche Untersuchungskriterien können sein: Autor/-in, Erscheinungsdatum und -ort, Quellenart, Inhalt, Adressat(en), Intention, Perspektive und historischer Kontext. Beachten Sie: Eine ausführliche Analyse des **zweiten Materials** ist in diesem Fall **nicht** vorzunehmen.

1 Analyse von Textquellen

Schritte der Analyse	konkrete Vorgehensweisen
1. Vorstellung der Textquelle	• Nennen Sie **grundlegende Informationen zum Material** wie Titel, Verfasser/-in sowie Datum und Ort der Entstehung bzw. Erscheinung. • Klären Sie die genaue **Textquellensorte**, z. B. Rede, Brief, Flugblatt, Tagebucheintrag oder Zeitungsartikel. Damit verbunden sind auch die (möglichen) Adressaten.
2. Beschreibung des Inhalts	• Fassen Sie die **Kernaussagen** der Textquelle nach **übergeordneten Gesichtspunkten** zusammen. • Sie können zentrale Aussagen der Quelle als **direktes Zitat** mit genauen Zeilenangaben wiedergeben: „ …" (Z. xy). Auslassungen innerhalb des Zitats sind mit […] zu kennzeichnen. • Wenn Sie konkrete Abschnitte oder Passagen **in eigenen Worten** wiedergeben, ist ein Hinweis auf die dazugehörigen Textstellen (vgl. Z. xy) sinnvoll. • Beachten Sie: Eine **reine Textparaphrase** entspricht **nicht** der Aufgabenstellung! Beschränken Sie die direkte Zitation zudem auf **besonders prägnante Aussagen/Begriffe/Formulierungen!**
3. Deutung der Inhalte im historischen Kontext	Beschreiben Sie ausführlich den **historischen Kontext** mit angemessenen **Fachbegriffen** und interpretieren Sie die Textinhalte, indem Sie die Textquelle in diesen Kontext **einordnen**. Hier liegt der Schwerpunkt der Quellenanalyse.

4. Perspektive und Intention	• Arbeiten Sie die genaue **Perspektive** und **Intention** des Autors heraus: Wie steht er zu den im Material dargestellten Ereignissen/Entwicklungen? Welche Position nimmt er ein? • Belegen Sie Ihre Ausführungen mithilfe des Textes und gehen Sie dabei auch auf die sprachliche Gestaltung des Materials ein (z. B. rhetorische Stilmittel, Verwendung von Signalbegriffen).
5. Zusammenfassung mit Fazit	Fassen Sie die **Grundaussage** der Textquelle und Ihre gewonnenen **Erkenntnisse** in einem **kurzen Fazit** zusammen.

2 Analyse von Bildquellen (z. B. Karikatur, Plakat)

Schritte der Analyse	konkrete Vorgehensweisen
1. Vorstellung der Bildquelle	• Nennen Sie **grundlegende Informationen zum Material** wie Titel, Urheber/-in (Zeichner/-in, Künstler/-in, Karikaturist/-in) sowie Datum und Ort der Entstehung bzw. Erscheinung. • Klären Sie die genaue **Bildquellensorte**, wie Karikatur, Plakat, Historiengemälde oder Fotografie. Damit verbunden sind auch die (möglichen) Adressaten.
2. Beschreibung der Inhalte	• **Beschreiben** Sie die **Bildelemente** ausführlich, <u>ohne</u> diese bereits zu interpretieren. • Erklären Sie auftretende **Figuren und Symbole**, lösen Sie **Metaphern** auf und erläutern Sie **ironische Anspielungen**. • Geben Sie eventuell vorhandene **Textelemente** wieder.
3. Deutung des Bildes im historischen Kontext	Beschreiben Sie <u>ausführlich</u> den **historischen Kontext** mit angemessenen **Fachbegriffen** und interpretieren Sie die Bildinhalte, indem Sie die Bildquelle in diesen Kontext **einordnen**. Hier liegt der Schwerpunkt der Quellenanalyse.
4. Perspektive und Intention	Arbeiten Sie die genaue **Perspektive** und **Intention** des Zeichners heraus: Was wird kritisiert/gelobt (Karikatur)? Für was/wen wird geworben (Plakat)?
5. Zusammenfassung mit Fazit	Fassen Sie die **Grundaussage** der Bildquelle und Ihre gewonnenen **Erkenntnisse** in einem **kurzen Fazit** zusammen.

3 Analyse von Statistiken (z. B. Tabelle, Diagramm)

Schritte der Analyse	konkrete Vorgehensweisen
1. Vorstellung der Statistik	• Nennen Sie **grundlegende Informationen zum Material** wie Titel, Urheber/-in sowie Datum und Ort der Entstehung bzw. Erscheinung. • Klären Sie, welche Form zur Aufbereitung des statistischen Materials gewählt wurde, z. B. Tabelle oder Diagramm (z. B. Kuchen-, Linien-, Balkendiagramm).
2. inhaltliche Beschreibung der Statistik	• Gehen Sie auf **Besonderheiten der Darstellung** ein, z. B. auf Spalten und Zeilen (Tabelle) sowie Balken, „Kuchenstücke" oder Beschriftung der Achsen (Diagramm).

	• Erklären Sie an einem konkreten Beispiel, welche **Art von Zahlen** aufgeführt sind: absolute Zahlen oder relative Zahlen (Prozente)? • Beschreiben Sie **wesentliche Aussagen** der Statistik. Gehen Sie dabei z. B. auf Abstände zwischen einzelnen Werten, steigende bzw. fallende Werte, Hoch- und Tiefpunkte ein.
3. Deutung des statistischen Materials im historischen Kontext	Beschreiben Sie <u>ausführlich</u> den **historischen Kontext** mit angemessenen **Fachbegriffen** und interpretieren Sie die Aussagen der Statistik, indem Sie das statistische Material in diesen Kontext **einordnen**. Hier liegt der Schwerpunkt der Materialanalyse.
4. Zusammenfassung mit Fazit	Fassen Sie die **Grundaussage** der Statistik und Ihre gewonnenen **Erkenntnisse** in einem **kurzen Fazit** zusammen.

Die mündliche Abiturprüfung im Basisfach Geschichte

Sie müssen im Abitur insgesamt **zwei mündliche Prüfungen** ablegen. Eine der beiden Prüfungen können Sie in Geschichte absolvieren, sofern Sie dieses Fach als **Basisfach** gewählt haben; dies zählt dann als Abiturprüfung in einem Fach der **Gesellschaftswissenschaften** (Aufgabenfeld II).

Haben Sie Geschichte als **Leistungsfach** gewählt, können Sie eine **freiwillige mündliche Zusatzprüfung** ablegen, um das Ergebnis der schriftlichen Abiturprüfung in Geschichte zu verbessern (siehe S. XII).

1 Geschichte als mündliches Prüfungsfach (Basisfach)

In der mündlichen Prüfung sollen Sie neben Ihrem **erlernten historischen Wissen** auch zeigen, dass Sie auf Problemstellungen, die Ihnen erst im Verlauf der Prüfung gestellt werden, **direkt reagieren** können. Insgesamt sollen Sie historisches Hintergrundwissen, methodische Kompetenzen und Kommunikationsfähigkeit (z. B. Rhetorik) unter Beweis stellen. Deshalb ist die **Prüfung zweigeteilt:** Sie erhalten Gelegenheit, Ihre erworbenen Geschichtskompetenzen anhand einer Aufgabenstellung, die Ihnen schriftlich vorgelegt wird, anzuwenden. Im daran anschließenden Prüfungsgespräch können Sie zusätzlich Ihre Kommunikationsfähigkeiten zeigen.

2 Aufgabenstellung und Vorbereitung

Die mündliche Prüfung im Basisfach Geschichte wird als **Einzelprüfung** durchgeführt. Vor dem Prüfungsgespräch wird Ihnen eine Aufgabe **in schriftlicher Form** vorgelegt, die mehrere Teilaufgaben (in der Regel zwei bis vier) aus **unterschiedlichen Anforderungsbereichen** beinhalten wird. Hierbei sind Prüfungsaufgaben zu **Inhalten aller Kurshalbjahre** möglich. Als **Materialien** können Textquellen, Karikaturen, Bilder, Plakate, Statistiken und Grafiken Verwendung finden, die eine genaue Materialanalyse von Ihnen verlangen.

Nach der Übergabe der Prüfungsaufgabe haben Sie **20 Minuten** Zeit, um die Aufgaben – in einem gesonderten Raum und unter Aufsicht – zu bearbeiten und sich auf die eigentliche Prüfung vorzubereiten.

Tipps zur Vorbereitung vor und während der Prüfung

- Sie können vor der Prüfung noch nicht wissen, welches **Thema** die Aufgabenstellung letztendlich behandeln wird. Verschaffen Sie sich also – mithilfe Ihrer Mitschriften, Unterrichtsmaterialien und Schulbücher – einen guten und strukturierten Überblick über die **Inhalte der gesamten Kursstufe**.
- Wiederholen Sie die **Verfahrensweisen**, die im Unterricht zur Bearbeitung von Aufgabenstellungen in Geschichte eingeübt wurden.
- Fertigen Sie während der 20 Minuten Vorbereitungszeit stichwortartige **Notizen** an, mit deren Hilfe Sie anschließend Ihren zehnminütigen Vortrag halten können. Selbst brillante Rhetoriker benötigen für Vorträge **Gedächtnisstützen** in Form von Manuskripten.
- Achten Sie bei der Bearbeitung der Aufgaben auf die **Zeit**. Sie müssen nach den 20 Minuten **alle** Aufgaben bearbeitet haben. Die schwierigeren Aufgaben, die wichtig für eine **Benotung** Ihrer Gesamtleistung im „guten" und „sehr guten" Notenspektrum sind, stehen häufig am Ende der Aufgabenreihe.

3 Ablauf der Prüfung

Nach der Vorbereitungszeit beginnt die eigentliche mündliche Prüfung, die insgesamt etwa **20 Minuten** dauert. Zunächst haben Sie Gelegenheit, in einem selbstständigen **Vortrag** Ihre Ergebnisse zu der vorgegebenen Prüfungsaufgabe und den Materialien darzustellen; dafür haben Sie etwa **10 Minuten** Zeit. Sie werden während Ihres Vortrags nicht unterbrochen.

An diesen ersten Teil schließt sich ein **Prüfungsgespräch** an, in dem Ihnen die prüfende Lehrkraft und der/die Vorsitzende des Prüfungsausschusses Fragen stellen. Ein Protokollant macht auch zum Verlauf des Prüfungsgesprächs Aufzeichnungen. Zuerst werden die Prüfer/-innen wahrscheinlich **Rückfragen** zu Ihrem Vortrag stellen und Themengebiete vertiefen, die damit unmittelbar zusammenhängen. Das Prüfungsgespräch soll darüber hinaus aber noch **weitere Themen der Bildungs- und Lehrpläne** miteinbeziehen. Rechnen Sie also auch mit Fragen zu Themen, die nicht in direkter Verbindung mit den vorgelegten Aufgaben stehen.

Tipps zur Prüfung

- 10 Minuten Vortrag können sehr lang sein, besonders wenn Sie sich nicht ordentlich vorbereitet haben oder bei der Präsentation Ihrer Ergebnisse hetzen. Lassen Sie sich Zeit und stellen Sie Ihre Ergebnisse **ruhig und souverän** vor. Sprechen Sie dabei **laut und deutlich**!
- Streifen Sie keine Themen, zu denen Sie **nicht geprüft werden wollen**! Ihre Prüfer/-innen suchen während Ihres Vortrags nach Ansatzpunkten für Nachfragen. Vermutlich werden Sie zu Sachverhalten, die Sie nur anreißen, **Rückfragen** erhalten.

Unter diesem Gesichtspunkt können Sie das anschließende Prüfungsgespräch aber auch etwas steuern.
- Signalisieren Sie am **Ende Ihres Vortrags** eindeutig, dass Sie nun fertig und bereit für das Prüfungsgespräch sind. Sie können z. B. sagen: „Bis hierhin bedanke ich mich für Ihre Aufmerksamkeit und freue mich auf Ihre Rückfragen."
- Verwenden Sie während des **Prüfungsgesprächs** (wie schon im Vortrag) **Fachbegriffe** und erwähnen Sie wichtige **historische Daten**. Reden Sie bei der Beantwortung der Fragen so lange, bis Sie von den Prüfern unterbrochen werden bzw. signalisieren Sie z. B. durch Nicken, dass Sie die Frage aus Ihrer Sicht umfassend und vollständig beantwortet haben. Während der Prüfung sollte keine „peinliche Stille" eintreten.
- Treten Sie **ruhig, sicher und freundlich** auf. Falls Sie eine Fragestellung nicht verstanden haben, geraten Sie nicht in Panik und bitten Sie **höflich** um die Konkretisierung oder Umformulierung der Frage. Wenn Sie die Frage dann immer noch nicht verstehen oder sie nicht beantworten können, bitten Sie um eine andere Frage.

4 Bewertung der Prüfungsleistung

Die **Bewertung Ihrer Gesamtleistung** erfolgt ohne Ihr Beisein durch den **Fachausschuss**. Daher müssen Sie nach Beendigung der Prüfung den Prüfungsraum verlassen.

Folgende Gesichtspunkte spielen bei der **Notenfindung** eine Rolle:

1. **Inhaltliche Qualität der Prüfungsleistung (Sachkompetenz)**
   - Informationsgehalt des Vortrags und des Prüfungsgesprächs (Komplexität, inhaltliche Tiefe und Breite)
   - sachliche Richtigkeit
   - Verwendung von Fachsprache
   - Einordnung von historischen Ereignissen in übergeordnete Zusammenhänge

2. **Umgang mit Aufgabenstellungen und Materialien (Methodenkompetenz)**
   - korrekte Erfassung der Aufgabenstellung (Operatoren)
   - strukturiertes Vorgehen bei der Auswertung historischer Materialien (z. B. Quellenanalyse)

3. **Bildung einer eigenen Meinung zu historischen Fragen (Reflexionskompetenz)**
   - eigenständiges Formulieren eines Sach- und Werturteils
   - Herausbildung einer begründeten Meinung unter Abwägung von Pro- und Kontra-Argumenten

4. **Herstellung eines Gegenwartsbezugs (Orientierungskompetenz)**
   - kritischer Vergleich von Vergangenheit und Gegenwart
   - Wahrnehmung, Erklärung und kritische Beurteilung eigener und fremder Wertorientierungen

5. Auftreten in der Prüfung (personale und kommunikative Kompetenz)
- freie Rede in Vortrag/Prüfungsgespräch (Verständlichkeit, Tempo, Lautstärke)
- Körpersprache
- souveräner Umgang mit Nachfragen und Impulsen der Prüfer/-innen
- Gliederung und Struktur der Darstellung (Aufbau und Logik)

Im Anschluss wird Ihnen vom/von der Vorsitzenden des Fachausschusses mitgeteilt, ob Sie die Prüfung bestanden haben. Wenn Sie es wünschen, wird Ihnen die **Benotung Ihrer Prüfungsleistung** mit einer kurzen Begründung erläutert; eine Diskussion der Note findet aber **nicht** statt.

5 Besonderheiten der freiwilligen Zusatzprüfung im Leistungsfach

Sind Sie mit dem Ergebnis der schriftlichen Prüfung im Leistungsfach Geschichte unzufrieden, können Sie eine **zusätzliche mündliche Prüfung** ablegen, deren Ergebnis dann **mit der Note der schriftlichen Prüfung verrechnet** wird. Sie können durch eine freiwillige Zusatzprüfung Ihre schriftliche Note verbessern, aber auch verschlechtern. Lassen Sie sich daher bitte von Ihren Oberstufenberatern ausführlich informieren.

Der **Ablauf** dieser Prüfung ist **identisch** mit der mündlichen Prüfung im Basisfach. Inhaltlich sind hier jedoch alle **Themenbereiche ausgeschlossen**, die bereits in der schriftlichen Abiturprüfung vorkamen, d. h., dass Sie unter keinen Umständen erneut Aufgaben zu dem Schwerpunktthema erhalten werden, zu dem Sie schon Ihre schriftliche Prüfung abgelegt haben.

Zur Arbeit mit diesem Buch

Um vielfältige Anregungen zu vermitteln, sind die **Musterlösungen** der Übungs- und der offiziellen Prüfungsaufgaben oft umfangreicher, als es unter Abiturbedingungen erstellte Lösungen sein können. Aus diesem Grund liegt das **inhaltliche Niveau der Lösungsvorschläge** meist über dem, was im Abitur erwartet wird. Daher sollten die Musterlösungen Sie nicht entmutigen. Es geht ja nicht darum zu zeigen, was Lehrkräfte unter Abiturbedingungen zu leisten vermögen. Vielmehr sollen **Anregungen zur vertieften Auseinandersetzung mit den Schwerpunktthemen** gegeben werden, die den Abituraufgaben zugrunde liegen werden, damit Sie überdurchschnittlich gut vorbereitet in die Prüfung gehen können.

ÜBUNGSAUFGABEN

Baden-Württemberg Geschichte
Schriftliche Abiturprüfung ▪ Übungsaufgabe 1

WEGE IN DIE MODERNE
(1) Begriff der Modernisierung; (2) Voraussetzungen und Verlauf der europäischen Industrialisierung; (5) Auswirkungen der Industrialisierung auf die europäischen Gesellschaften; (7) Erscheinungsformen der Moderne um die Jahrhundertwende

Aufgabenstellung

1 Erläutern Sie den Prozess der Modernisierung in Deutschland im 19. Jahrhundert an drei Beispielen/Kennzeichen Ihrer Wahl.

2 Analysieren Sie M 1.

3 Analysieren Sie M 2 und vergleichen Sie M 2 mit M 3.

4 *Der Wirkungskreis der Frau blieb um 1900 auf Familie und Haushalt beschränkt.* Überprüfen Sie diese These am Beispiel Deutschlands.

M1 Heinrich Kley (1863–1945): „Die Kruppschen Teufel", um 1914

Das farbige Ölgemälde war eine Auftragsarbeit anlässlich eines Jubiläums der Firma Krupp. Es hing im Kasino (Speise-/Aufenthaltsraum) des Hüttenwerkes (Industrieanlage zur Herstellung z. B. von Eisen, Kupfer, Blei) in Duisburg.

Quelle: akg-images

Hinweis: Eine Farbabbildung des Bildes zum Download finden Sie unter: https://www.stark-verlag.de/mystark (Zugangscode vgl. Umschlaginnenseite).

M2 Meyers Großes Konversations-Lexikon (1905), Auszug aus dem Eintrag zur „Arbeiterfrage"

Unter den Mißständen in Arbeiterfamilien ist vor allem zu erwähnen eine schlechte Häuslichkeit und ein schlechtes Familienleben der Arbeiter, herbeigeführt nicht nur durch geringes Einkommen oder übermäßige Beschäftigung der Familienglieder, sondern häufig auch durch leichtsinnige, frühzeitige Eheschließungen, durch die
5 Roheit und Unmoralität der Eheleute und Eltern, durch den schlechten Zustand der Wohnungen, durch die schlechte Erziehung und Unwirtschaftlichkeit der Hausfrauen, durch eine regelmäßige Beschäftigung der letztern außerhalb des Hauses etc., ferner die mangelhafte Ausbildung der Kinder in moralischer Hinsicht, die Größe der Familie bei unzureichendem Einkommen, die regelmäßige Kinderarbeit etc. Weitere Übel-
10 stände bei männlichen Arbeitern sind: geringer Arbeitsfleiß, mangelnder Sparsinn, auch wo die Lohnhöhe an sich ein Sparen gestatten würde, Unwirtschaftlichkeit in der Verwendung des Einkommens, Trunksucht, Irreligiosität, Mißtrauen gegen Arbeitgeber, Mißachtung der Verträge, Übertretung der Gesetze, Mißbrauch der Koalitionsfreiheit, Haß gegen die besitzenden Klassen etc. Bei unverheirateten weiblichen Arbei-
15 tern treten als besondere Mißstände hervor: die mangelnde Gelegenheit, sich die für den künftigen Beruf als Hausfrauen notwendigen Eigenschaften und Fähigkeiten anzueignen, eine ungünstige Wirkung der industriellen Beschäftigung auf ihre Moral, geschlechtliche Unsittlichkeit. Aber moralische, für die A[rbeiterfrage] wesentliche Mißstände kommen auch in den Kreisen der Arbeitgeber vor, so namentlich, wenn
20 diese ihr Verhältnis zu ihren Arbeitern lediglich als ein reines Vertragsverhältnis, nicht auch als ein moralisches auffassen und die ihnen obliegende sittliche Pflicht, für die moralische und geistige Hebung ihrer Arbeiter nach besten Kräften zu sorgen, nicht erfüllen und sich überhaupt in ihrem Verhalten zu ihren Arbeitern ausschließlich vom Trieb des rücksichtslosen Egoismus beherrschen lassen, oder wenn sie ihren Arbeitern
25 in ihrem eignen privaten und geschäftlichen Leben durch ein unmoralisches Verhalten ein schlechtes Vorbild sind.

Aus: Arbeiterfrage, in: Meyers Großes Konversations-Lexikon, Band 1. Leipzig 1905, S. 675–680, hier: S. 676, unter: http://www.zeno.org/nid/2000624629X (zuletzt abgerufen am 22.08.22).

M3 Thomas Theodor Heine: „Die Lösung der sozialen Frage“ (1898) – Karikatur aus der politisch-satirischen Wochenschrift „Simplicissimus“

Die Lösung der sozialen Frage

(Zeichnung von Th. Th. Heine)

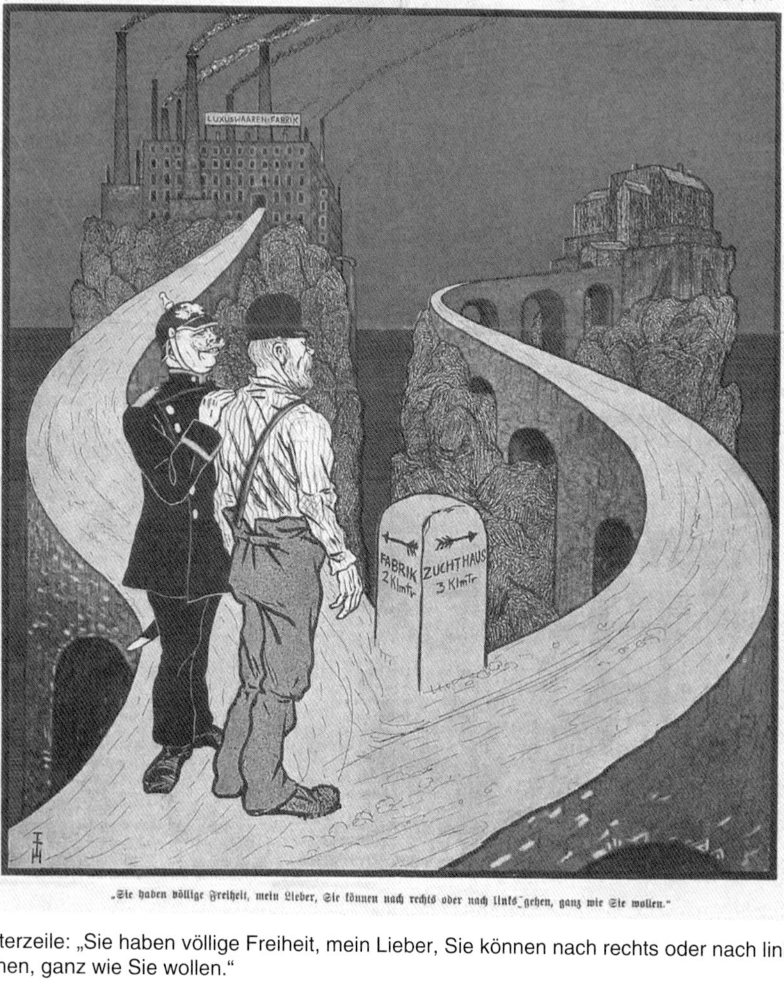

„Sie haben völlige Freiheit, mein Lieber, Sie können nach rechts oder nach links gehen, ganz wie Sie wollen.“

Unterzeile: „Sie haben völlige Freiheit, mein Lieber, Sie können nach rechts oder nach links gehen, ganz wie Sie wollen.“

Quelle: Thomas Theodor Heine: Die Lösung der sozialen Frage, in: Simplicissimus 1898 (Jg. 3), Heft 27, S. 209.

Hinweis: Eine Farbabbildung des Bildes zum Download finden Sie unter: https://www.stark-verlag.de/mystark (Zugangscode vgl. Umschlaginnenseite).

Lösungsvorschlag

1 **TIPP** *Anforderungsbereich: II, Verrechnungspunkte: 14*

Die Aufgabe verlangt von Ihnen zunächst zu klären, was „Moderne" heißt. Im Folgenden wird auf eine Einschätzung des Historikers Jürgen Osterhammel zurückgegriffen, die Sie vielleicht im Unterricht behandelt haben. Sie können aber auch andere Begriffsbestimmungen einbeziehen oder Ihre Lösung allgemeiner ohne solche Verweise gestalten. In jedem Fall müssen Sie relevante Aspekte einbringen und diese noch näher erklären; eine bloße Aneinanderreihung von Ereignissen und Entwicklungen im Sinne von „nennen" wird der Aufgabe nicht gerecht. Es ist eine Herausforderung, aus der Fülle politischer, wirtschaftlicher, gesellschaftlich-sozialer, kultureller und technischer Kriterien drei auszuwählen, zumal diese mitunter eng miteinander verknüpft sind. Sollten Sie sich in der Einleitung auf eine bestimmte Definition von „Modernisierung" konzentriert haben, so haben Sie den Stoff schon ein wenig eingegrenzt. Achten Sie darauf, dass Sie die angeführten Aspekte nicht „beurteilen" oder „überprüfen", also differenziert-kritisch untersuchen und infrage stellen; dies würde schon dem AFB III entsprechen. Ein Stolperstein ist die Bezeichnung „Deutschland" für verschiedene politische Einheiten, die es im 19. Jahrhundert auf deutschem Boden (bis 1871 staatlich geteilt) gegeben hat: Heiliges Römisches Reich deutscher Nation (bis 1806), Deutscher Bund (1815–1866), Norddeutscher Bund (1867–1871), Deutsches Kaiserreich (ab 1871). Im Folgenden wurden an relevanter Stelle Anführungszeichen gesetzt.

Ein Problem der Teilaufgabe ist, dass die Begriffe **„Moderne"** und **„Modernisierung"** so schillernd sind. Unter Historiker*innen gibt es hier keinen Konsens, obgleich sie sich mittlerweile in manchen Punkten einig sind, z. B. darin, dass es vorschnell wäre, den Begriff nur positiv zu verstehen. Es wird viel darüber diskutiert, in welchem Ausmaß die Modernisierungsprozesse im 19. Jahrhundert einen **tiefgreifenden Einschnitt** in der Geschichte der Menschheit darstellten und inwiefern ein klarer **Bruch mit der Vergangenheit** stattfand.

Klärung des Begriffs „Modernisierung"

Als Beispiel sei der Historiker **Jürgen Osterhammel** angeführt, der eine Reihe möglicher Merkmale der „Moderne" aufzählt, darunter den Beginn eines **langfristigen wirtschaftlichen Wachstums**, eine **rationale Lebensführung**, die sich auch von religiösen Regeln emanzipierte, und die **Ausweitung politischer Beteiligung**, die mit der Verdrängung der Stände- durch die bürgerliche bzw. Klassengesellschaft, mit Demokratisierungsprozessen und zunehmender Verrechtlichung verbunden war. Anhand dieser Aspekte lässt sich folgendes **Teilbild der Modernisierung in „Deutschland"** zeichnen:

Ein Kennzeichen deutscher Modernisierung war der Beginn eines langfristigen, durch die **Industrialisierung** und wegweisende **technische Neuerungen** vorangetriebenen **wirtschaftlichen Wachstums**: In „Deutschland" erfolgte der „**Take-off**" erst in der zweiten Hälfte des 19. Jahrhunderts, also später als in europäischen Vorreiterländern wie Großbritannien. Dann wurde er aber schnell allgemein spürbar. Nachdem zunächst die **Textil-**, dann die **Eisen- und Stahlerzeugung** als **Schrittmacherindustrien** die Modernisierung vorangetrieben hatten, blühte in der „Hochmoderne" bzw. Hochindustrialisierung ab den 1870er-Jahren die **Elektro- und Chemieindustrie** auf, in der das Kaiserreich bald eine Vorrangstellung einnahm. Begleitet und befördert wurde dieser Prozess u. a. durch den Ausbau der **Infrastruktur** (v. a. Eisenbahn) und durch **neue Finanzierungsmöglichkeiten** (z. B. Kapital- und Aktiengesellschaften).

Kennzeichen der Modernisierung: wirtschaftliches Wachstum durch die Industrialisierung

Ein weiteres Merkmal der Modernisierung war eine immer stärkere **Rationalisierung**, die gerade das Wirtschaftsleben stark prägte. So war es das Ziel, die **Produktionsprozesse** in den Fabriken möglichst effektiv und gewinnbringend zu organisieren. Durch die Betonung der **Vernunft** erlangten die **Wissenschaften** an Bedeutung, besonders die naturwissenschaftlich-technische Forschung. Die Rationalisierung ging mit einer **Säkularisierung der Gesellschaft** einher, also einer gewissen Lösung von kirchlichen Vorgaben und Einflüssen. Zwar gab es weiter Verbindungen zwischen Staat und Religion, wenn man z. B. an die Stellung des preußischen Königs als Oberhaupt der evangelischen Landeskirche denkt. Allerdings versuchte sich die Politik im Kaiserreich von kirchlichen Zwängen zu lösen, z. B. während **Bismarcks „Kulturkampf" (1871–1878) gegen den politischen Katholizismus**. Auch wenn die katholische Seite paradoxerweise gestärkt aus der Auseinandersetzung hervorging, haben sich bis heute die Zivilehe und die staatliche Schulaufsicht über kirchliche Schulen durchgesetzt. Zudem traten neue, **religionskritische politische Ideen und Strömungen** auf: So wurde die **Arbeiterbewegung** wesentlich durch die sozialistisch-kommunistische Theorie von Karl Marx und Friedrich Engels bestimmt, die Religion als beruhigendes „Opium für das Volk" sahen. Obwohl die Kirchen um 1900 noch immer in vielen Lebensbereichen präsent waren und die allgemeine Lebensführung v. a. auf dem Land prägten, so hatten sie doch deutlich an (politischer) Macht verloren.

Rationalisierung (Politik, Wirtschaft und Gesellschaft)

Modernisierung war darüber hinaus mit der **Ausweitung politischer Partizipation** verbunden, die im Europa des 18./19. Jahrhunderts sogar wiederholt in (mehr oder weniger erfolgreichen) Revolutionen gefordert wurde. Auch auf deutschem Boden hatte die Bevölkerung um 1900 mehr Möglichkeiten politischer Beteiligung als zu Beginn des 19. Jahrhunderts. Zwar war das 1871 gegründete Deutsche Reich

Ausweitung politischer Partizipation

keine parlamentarische Monarchie wie Großbritannien, allerdings wurde die **Verfassung des Kaiserreichs als durchaus fortschrittlich** betrachtet: Der Reichstag hatte wichtige Rechte inne (z. B. Gesetzgebungs- und Haushaltsrecht); zudem galt auf Reichsebene das gleiche, geheime, allgemeine Wahlrecht (wenn auch nur für Männer über 25 Jahre) und nicht das reaktionäre Dreiklassenwahlrecht wie in Preußen. Über den Föderalismus waren die einzelnen deutschen Länder in die Reichsangelegenheiten eingebunden. Darüber hinaus herrschte im Kaiserreich die in langen Kämpfen geforderte Pressefreiheit, zumindest in gewissem Umfang. Weitere Merkmale der **zunehmenden Politisierung** der deutschen Gesellschaft waren die Entstehung von **Massenorganisationen**, z. B. im Rahmen der **Arbeiterbewegung**, und der Beginn der **Frauenbewegung**, die sich explizit für die Frauenrechte einsetzte und hier die Ausweitung politischer Partizipation einforderte.

2

TIPP *Anforderungsbereich: II, Verrechnungspunkte: 14*

Der Operator „analysieren" verlangt, dass Sie das Material M 1 systematisch untersuchen und auswerten. Da es sich um eine Bildquelle handelt, empfiehlt es sich, zuerst den Titel, den Künstler, die Umstände der Entstehung/Veröffentlichung (v. a. Ort, Zeitpunkt) und die möglichen Adressaten zu nennen. Da nicht erwartet werden kann, dass Sie das Gemälde im Unterricht behandelt haben, finden Sie ein paar Hintergrundinformationen in den Hinweisen zum Material, die Sie in Ihre Ausführungen einbeziehen können. Die Bildbeschreibung sollte den Zusammenhang der einzelnen Bildelemente aufzeigen. Nutzen Sie hierfür die Farbabbildung, die Sie über MyStark herunterladen können. Abschließend werden das Gemälde und seine Gesamtaussage im historischen Kontext gedeutet. Lassen Sie sich von der folgenden anspruchsvollen Lösung nicht entmutigen: Sie soll zeigen, welche Aspekte Sie bei Bildanalysen einbringen können, und Ihnen wertvolle Ansatzpunkte für ähnliche Aufgaben liefern (wie Bezüge zur Mythologie, Verweise auf zeitgenössische Gemälde, Literatur, Werbung).

Das querformatige, **1914** fertig gestellte **Ölgemälde** trägt den Titel „**Die Kruppschen Teufel**" und stammt vom Künstler **Heinrich Kley**. Das **Auftragswerk** des Unternehmens Krupp anlässlich eines Firmenjubiläums hing im Kasino des Krupp-Hüttenwerkes in Duisburg und war somit für dessen Besucher zu sehen.	**Analyse von M 1** kurze Vorstellung
Das Gemälde zeigt eine **zeitgenössische**, vom Rauch geschwängerte **Stahlfabrik**. Im Hintergrund sowie am linken und rechten Bildrand sind Gerüste zu sehen. Durch die verglaste Rückwand fällt mattes, kaltes Tageslicht, das mit dem **hellen Feuer** im Vordergrund nicht konkurrieren kann.	Beschreibung der Bildelemente – Fabrik

Sofort ins Auge springen **zwei Figurenensembles**, die sich um die Lohe in der Bildmitte gruppieren. Mehrere schwitzende, geschäftige **Fabrikarbeiter** gehen ihrer jeweiligen Tätigkeit nach und stellen gemeinsam Stahl her. Dazwischen haben es sich **sechs nackte, riesenhafte, teufelsähnliche Gestalten** mit spitzen Ohren und (teils) Hörnern gemütlich gemacht. Manche von ihnen haben Tiegel mit kochendem Stahl in der Hand, während andere mit expressiven Gesten einen Anteil zu fordern scheinen. Diese Szenerie erinnert an ein großes **Besäufnis**. Beide Gruppen interagieren nicht miteinander, auch wenn es den Eindruck macht, als würden die zwei Stahlarbeiter im Zentrum eine neue Portion Stahl für die Teufelsfiguren „zubereiten". Es scheint, als hätten sich die Männer an die Anwesenheit der Fabelwesen gewöhnt oder als wären Letztere für sie unsichtbar.

– Arbeiter und Teufelsfiguren

Die **Deutung** der Szene hängt davon ab, wie man die **Gestalten**, die sich mit den Arbeitern in der Fabrik aufhalten, **interpretiert**. Der **Titel** des Gemäldes „Die Kruppschen Teufel" legt nahe, dass es sich um **riesige Teufel** handeln soll, die sich in Krupps Werk die Zeit vertreiben. Lange galten Teufelswesen als **Inbegriff des moralisch Verwerflichen und Gefährlichen**. Tatsächlich wurde die Industrialisierung in der zeitgenössischen Kunst oft mit etwas **Teuflischem und Dämonischem** verglichen. Die Moderne brachte zwar in vielen Lebensbereichen eine Fülle ungeahnter, scheinbar grenzenloser **neuer Möglichkeiten** mit sich. Allerdings lösten die schnellen, tiefgreifenden Umbrüche in Politik, Wirtschaft und Gesellschaft auch **Unsicherheit, Angst und Überforderung** aus. Gerade in Fabriken mit ihren gefährlichen Arbeitsbedingungen waren die Arbeiter mit den ungeheuren Kräften der Industrialisierung konfrontiert.

Deutung im historischen Kontext
– Bedeutung der Teufelswesen

Betrachtet man das Gemälde genauer, so lassen sich zudem **Bezüge zur griechischen Mythologie** herstellen, die dem Gesamtbild etwas Leichtigkeit geben und es zugleich verfremden. Manche der Fantasiewesen, die es sich am Feuer bequem gemacht haben, ähneln verspielten **Satyrn**, den Begleitern des Dionysos (u. a. Gott des Weins), die sich nicht am Alkohol, sondern an flüssigem Stahl berauschen. Die Szenerie in der Fabrikhalle lässt dagegen an die Schmiede des Hephaistos, des Gottes des Feuers und der Vulkane, denken. Tatsächlich hatte es um 1900 Tradition, die **Kräfte der Industrialisierung mythologisch zu illustrieren:** So trägt das wohl berühmteste deutsche Industriegemälde, das „**Eisenwalzwerk**" von **Adolph von Menzel**, den Untertitel „Moderne Cyklopen". Auch die **Werbung** arbeitete mit Figuren der griechischen Sagen- und Götterwelt: So verglich die Elektroindustrie die Erfindung des elektrischen Stroms mit Prometheus, der das Licht in die Welt brachte. Durch die mythologischen Bezüge wird der in M 1 abgebildete Arbeitsprozess

– Bezüge zur griechischen Mythologie

verfremdet, ja durch das **groteske Aussehen und Verhalten** der Kreaturen fast schon komisch dargestellt.

Auf der einen Seite stellt der Künstler die Kraft der Maschinen dar, auf der anderen Seite bildet er die Teufel und Satyrn zwar riesig, aber auch verspielt ab. Auf diese Weise verweist er auf den **Umgang der Firma Krupp mit der oft als bedrohlich wahrgenommenen Industrialisierung**. Das Gemälde macht die Beherrschung der für den deutschen „Take-off" entscheidenden Stahlerzeugung durch das Unternehmen deutlich, was die adjektivische Verwendung des Familiennamens im Titel noch unterstreicht: Die „**Kruppschen Teufel**" erscheinen **als dienstbare Geister**, die der Hausherr im Griff hat.

– Beherrschung der Industrialisierung

Die Auftragsarbeit hält den **Stolz der Firma Krupp** fest, Herrin über eine bedeutende Schlüsselindustrie zu sein, die den wirtschaftlichen **Aufstieg Deutschlands vorangetrieben** hat. Zwischen der Reichsgründung und der Jahrhundertwende hatte gerade die **Montanindustrie im Ruhrgebiet** dazu beigetragen, dass das Kaiserreich andere Industrieländer überflügeln konnte. Durch die Darstellung von Kräften, die der Einzelne letztlich kaum kontrollieren kann, strahlt das Bild aber auch eine **lauernde Bedrohlichkeit** aus, wodurch es noch immer aktuell ist: Gerade in der heutigen Gesellschaft sind – neben den Chancen – die **Risiken und Gefahren des „Fortschritts"** (z. B. Gentechnik, Atomtechnologie, Digitalisierung) präsent und werden nicht selten als neues „Spiel mit dem Feuer" gesehen.

Fazit

---

3 | **TIPP** Anforderungsbereich: II, Verrechnungspunkte: 16

Der Operator „analysieren" verlangt zunächst, M 2 zu untersuchen und in Bezug zur Entstehungszeit zu setzen. Beginnen Sie Ihre Analyse mit der Bestimmung der formalen Merkmale (Autor, Quellenart, Datierung, Anlass/Ort der Veröffentlichung, Thema, Absicht/Ziel, Adressaten). In der folgenden Lösung finden Sie allgemeine Bemerkungen zu Meyers Konversations-Lexikon. Lassen Sie sich auch hier nicht verunsichern, diese sind als zusätzliche Informationen gedacht, die Ihnen die Quellenart „Lexikonartikel" etwas näherbringen sollen. Fassen Sie den Inhalt kurz zusammen, aber reihen Sie nicht einfach nur Zitate aneinander: Bloßes Nachbuchstabieren wird der Aufgabe nicht gerecht. Bei der indirekten Wiedergabe von Inhalten sollten Sie den Konjunktiv verwenden. Im nächsten Schritt müssen sie die zentralen Punkte in den historischen Kontext einordnen. Beschränken Sie sich dabei auf das Thema und die für die Absicht des Autors wesentlichen historischen Ereignisse und Aspekte. Sprachliche Mittel sollen exemplarisch und in ihrer Funktion für den Inhalt einbezogen werden. Der Vergleich mit der Karikatur M 3 sollte kriteriengestützt sein und vor allem die jeweiligen Sichtweisen auf die Lage der Arbeiterschaft deutlich herausstellen.

Erschienen ist dieser Eintrag zur „**Arbeiterfrage**" 1905 in **Meyers Großem Konversations-Lexikon**. Das mehrbändige **Nachschlagewerk** war besonders für die **gehobenen Schichten** (v. a. Bürgertum) gedacht; dies lag auch daran, dass sich nicht jeder die Bücher leisten konnte. Bis heute ist es eines der umfangreichsten gedruckten Lexika deutscher Sprache. Typisch ist, dass die **Verfasser der Artikel anonym** blieben und somit der Eindruck gefestigt wird, bei einem Eintrag handle es sich nicht um die Meinung eines Einzelnen, sondern um **gesellschaftlich verfestigtes Wissen**. Trotzdem vermittelt das Lexikon keine allgemeine, sondern eine ganz **bestimmte Weltsicht**, wie man an dem vorliegenden Eintrag sehen kann.

Analyse von M 2
kurze Vorstellung

Der **Auszug des Lexikoneintrags** beschäftigt sich mit der **Sozialen Frage** (hier „Arbeiterfrage" genannt) und der Rolle der „**Arbeiterfamilien**". Die „Arbeiterfrage", also die Frage, wie es den Arbeitern ging und welche Gründe ihre großteils schlechte Lage hatte, wird in M 2 nicht hauptsächlich als **wirtschaftlich-strukturelles**, sondern auch als **moralisches Problem** verstanden, das durch schlechte Eigenschaften und Handlungen Einzelner bedingt ist, v. a. von der **Arbeiterschaft**, aber auch von **Arbeitgebern**.

Inhalt
– Soziale Frage auch als moralisches Problem

In den Mittelpunkt stellt der Verfasser den vermeintlichen **Charakter und die (Sexual-)Moral der Arbeiter**, die zahlreiche schlechte Folgen hätten. Viele Arbeiter seien faul, würden ihr Einkommen u. a. für Alkohol verschwenden, hätten sich von der Religion abgewandt, würden Hass gegen die Unternehmer schüren und sogar gegen Verträge und Gesetze verstoßen (vgl. Z. 9–14). Ihre Ehefrauen seien nicht zu Moral und Häuslichkeit erzogen worden und würden nicht nur wegen ihrer auswärtigen Tätigkeit Haushalt und Kinder vernachlässigen (vgl. Z. 6–8, 14–18). Das Familienleben sei durch die **schlechten Eigenschaften der Eheleute** von Missständen geprägt. Bei unverheirateten Arbeiterinnen sei ebenfalls eine schlechte Moral zu beobachten; auch würden sie sich kaum auf ein Dasein als Hausfrau vorbereiten. Außerdem werden zu frühe Heiraten und der nicht finanzierbare Kinderreichtum kritisiert (vgl. Z. 1–5, 8 f.). Es werden jedoch auch Aspekte genannt, auf die die Arbeiter keinen oder nur bedingten Einfluss hatten: niedrige Löhne, lange Arbeitszeiten, Kinderarbeit, schlechte Wohnbedingungen (vgl. Z. 3, 5 f., 9).

– Rolle der Arbeiterschaft

Den Arbeitgebern hingegen wird vorgeworfen, dass sie **nicht patriarchalisch genug** auftreten würden. Der Autor bemängelt, dass sie sich zu sehr von Egoismus leiten lassen, die Arbeitsbeziehungen zu stark modernisieren und sie als „**reines Vertragsverhältnis**" (Z. 20) ansehen. Stattdessen hätten die Unternehmer die Verantwortung, sich persönlich **um ihre Belegschaft zu kümmern** und ihr in moralisch-sittlicher Hinsicht ein **Vorbild** zu sein (vgl. Z. 19–26).

– Rolle der Arbeitgeber

Sprachlich-stilistisch ist der Verfasser um **scheinbare Objektivität** bemüht, z. B. durch Formulierungen wie „ist vor allem zu erwähnen" (Z. 1). Auffallend lange hypotaktische Sätze suggerieren **Detailgenauigkeit und Komplexität**, was besonders am letzten Satz deutlich wird (vgl. Z. 18–26). Die bestimmende rhetorische Figur ist die **Aufzählung** vermeintlicher Tatsachen, allerdings laufen viele Ausdrücke und Begriffe – gerade durch ihre Häufung – auf eine **implizite oder explizite Wertung** hinaus.

Sprache

M 2 muss im Kontext der Debatte über eine **Lösung der Sozialen Frage** gesehen werden, die durch die prekären Arbeits- und Lebensbedingungen und die Notlage der Industriearbeiterschaft ausgelöst wurde. Vor diesem Hintergrund passen die im Lexikoneintrag geäußerten Ansichten zu einer Einstellung, die um 1900 im Kaiserreich schichtübergreifend verbreitet war, nicht nur unter politisch Konservativen, sondern auch unter Liberalen und Katholiken. Damals war die deutsche Gesellschaft noch immer **religiös-moralisch** festgefügt, gerade in **bürgerlichen Kreisen**, aus denen der Verfasser stammen könnte. Damit einher gingen gewisse Vorstellungen vom **Ideal eines „guten Staatsbürgers"** und von der **Stellung und Rolle der Frau**, was ebenfalls in M 2 zum Ausdruck kommt. Allerdings hätten wohl viele Angehörige der Arbeiterschaft und auch des liberalen Bürgertums einer so stark moralisch aufgeladenen Sichtweise auf die Soziale Frage widersprochen. So machten v. a. die **Arbeiterbewegung** und nicht zuletzt die **erstarkende Frauenbewegung** auf strukturelle Rahmenbedingungen und Probleme wie zu geringe Löhne und zu lange Arbeitszeiten aufmerksam, die in M 2 eher am Rande erwähnt werden.

Deutung und Intention im historischen Kontext

Eine weitere Perspektive auf diese Thematik bietet die **Karikatur „Die Lösung der Sozialen Frage"** (M 3). Diese wurde **1898**, also sieben Jahre vor dem Lexikoneintrag, in der für ihren bissigen Stil bekannten **Satirezeitschrift „Simplicissimus"** veröffentlicht. Während in M 2 **moralische Probleme und negative Eigenschaften** der Arbeiter im Mittelpunkt stehen, nimmt der Zeichner **Thomas Theodor Heine** besonders die **Politik** in den Blick.

Vergleich von M 2 mit M 3
unterschiedliche Quellenarten und Themenschwerpunkte

In der linken Bildmitte ist ein **Arbeiter** abgebildet, der dem Betrachter den Rücken zuwendet. Links neben ihm steht ein **Schutzmann** mit Kaiser-Wilhelm-Bart, Pickelhaube, Säbel sowie einer Uniform in den Farben des Kaiserreichs (Schwarz-Weiß-Rot), der offensichtlich die **Obrigkeit** repräsentiert. Freundlich, aber auch ein wenig drohend legt er dem Arbeiter eine Hand auf die Schulter und bietet diesem mit den scheinbar vertraulichen Worten „mein Lieber" (Unterzeile) **zwei (Lebens-)Wege zur Auswahl** an. Als wäre seine Zukunft bereits vorgezeichnet, schaut der Arbeiter starr zu einem

Überleitung: Inhalte von M 3

Zuchthaus – ein Gefängnis mit schweren Haftbedingungen (v. a. hartem Arbeitszwang) – am Ende der rechten Straße, in drei Kilometern Entfernung. Der linke Weg führt hingegen zu einer „**Luxuswarenfabrik**", deren 17 Schornsteine für eine überbordende Produktivität stehen. Das Angebot des Polizisten, sich zwischen den beiden Optionen zu entscheiden, erscheint auf den ersten Blick gnädig, sogar **verlockend:** Der Weg zur Fabrik ist mit zwei Kilometern um ein Drittel kürzer und auch weniger verschlungen als die Straße zum Gefängnis. Bedenkt man allerdings, dass die **Arbeitsbedingungen in Fabriken** äußerst hart und häufig gefährlich waren und die Arbeiterschaft nur wenig verdiente, so klingt die in der Unterzeile verkündete „**völlige Freiheit**" zynisch, zumal diese angesichts von **nur zwei vorgegebenen Entscheidungsmöglichkeiten** ohnehin zur Farce wird.

Vergleicht man nun den Lexikoneintrag M 2 mit der Karikatur M 3, so lassen sich Unterschiede, aber auch Gemeinsamkeiten bzw. Ähnlichkeiten herausarbeiten. Grundsätzlich scheint der Autor von M 2 zu unterstellen, dass die Arbeiter die Freiheit und die realistische Möglichkeit hätten, sich durch eigenes moralisches Verhalten ein besseres Leben zu schaffen. Hier werden die **persönlichen Angelegenheiten** v. a. der Arbeiterschaft **als ein zentraler Grund für ein allgemeines Übel** angesehen und somit die Privatsphäre der Arbeiter in den Blick genommen. Missstände wie geringe Löhne und überlange Arbeitszeiten, die die Politik durch gesetzliche Vorgaben hätte ändern können, werden nur unter vielen Aspekten aufgezählt. In M 3 macht sich der Karikaturist dagegen durch die plumpe Vertraulichkeit des Schutzmanns und die scheinbare Passivität des Arbeiters lustig über das **Eingreifen der politischen Obrigkeit**, die in das Leben der Betroffenen hineinregieren möchte, aber nur die Tätigkeit in der Fabrik als Möglichkeit anbietet, das Leben der Arbeiter zu verbessern. Da die harten und oft gefährlichen Arbeitsbedingungen ein wesentlicher Bestandteil der Sozialen Frage waren, ist in der Karikatur noch weniger als im Lexikoneintrag eine Lösung in Sicht. Offenbleibt, warum der Weg des Arbeiters in Richtung Zuchthaus vorgezeichnet scheint: durch die soziale Herkunft oder, wie in M 2 erläutert, den Charakter des Arbeiters?

Vergleich der Inhalte
– Blick auf die Soziale Frage

Während im Lexikonauszug die am Wirtschaftsprozess beteiligten Personengruppen in den Blick genommen werden, bindet die Karikatur die **politische Obrigkeit** in ihre beißende Kritik ein: Diese biete der Arbeiterschaft zu wenig Möglichkeiten, sich ein gutes Leben aufzubauen und von ihrer Hände Arbeit auch zu profitieren, und kümmere sich nicht um ihre wahren Probleme. Die Unternehmer bleiben dagegen in M 3 – anders als in M 2 – ganz im Hintergrund und werden nur durch die Luxuswarenfabrik angedeutet.

– beteiligte Personen

Letztendlich werfen beide Quellen einen **unterschiedlichen Blick** auf die Soziale Frage und die Probleme der industriellen Arbeiterschaft um 1900, wobei sie beide die **Situation als durchaus ernst** bewerten.

Fazit

4

> **TIPP** *Anforderungsbereich: III, Verrechnungspunkte: 16*
>
> „Überprüfen" ist ein Operator des AFB III, der von Ihnen ein differenziertes eigenes Urteil zur Fragestellung verlangt. Im Gegensatz zum neutraleren „erörtern" legt diese Arbeitsanweisung nahe, dass die aufgestellte Behauptung nicht vollständig überzeugend ist, auch wenn es das ein oder andere Argument dafür geben mag (das Sie dann auch nennen sollten). Gliedern Sie Ihre Punkte, indem Sie mehrere Beispiele vorstellen und mit Blick auf die These gewichten. Die folgende Lösung beginnt mit dem Argument, das der These am nächsten kommt, und setzt sich dann zunehmend mit Kontra-Aspekten auseinander. Sie greift Inhalte aus den Bereichen Philosophie/Ideengeschichte, Recht, Arbeitswelt und Politik auf. Sollten Sie im Unterricht andere Aspekte zur Rolle der Frau besprochen haben, ziehen Sie diese zur Überprüfung der These heran.

Die **Industrialisierung** besonders der zweiten Hälfte des 19. Jahrhunderts war mit enormen gesellschaftlichen Umbrüchen verbunden und hatte Auswirkungen auf Arbeitswelten, Familienstrukturen, das Verhältnis von Mann und Frau und den **Wirkungskreis der Frau**.

Überprüfung

Die **Aufklärung**, deren Gedanken großen Einfluss auf das 19. Jahrhundert nahmen, brachte zwar die Idee mit sich, dass Frauen einen gewissen Wert hätten und auch Bildung erhalten sollten, trotzdem blieb es weitgehend bei alten Rollenbildern, die Unterschiede zwischen den Geschlechtern betonten und diesen getrennte Wirkungskreise zuwiesen, so der Frau **Haushalt und Familie**. Diese Auffassung wurde von **rassistisch-biologischen Theorien** im Laufe des 19. Jahrhunderts mit pseudoobjektiven Argumenten verstärkt: Frauen seien körperlichen und geistigen Anstrengungen in der Regel viel weniger gewachsen als Männer. Auch **rechtlich** wurde die Frau weiterhin klar auf die **häusliche Sphäre** verwiesen. 1900 schrieb das eigentlich recht moderne **Bürgerliche Gesetzbuch** die untergeordnete **Rechtsstellung der Frau in der Ehe** fest: So musste sie den Haushalt führen und konnte weder über ihren Wohnsitz noch ihre Arbeitskraft frei entscheiden. Der Ehemann durfte wie ein Vormund z. B. über das von seiner Ehefrau eingebrachte Vermögen verfügen.

Stellung der Frau in Philosophie, Weltanschauung und Recht

Ein Blick in die **Arbeitswelt** zeigt jedoch, dass diese Rollenbilder um 1900 bereits **aufgeweicht** wurden. Noch in der ersten Hälfte des 19. Jahrhunderts arbeitete ein Großteil der Menschen auf einem

Rolle der Frau in der veränderten Arbeitswelt

landwirtschaftlichen Hof oder produzierte Güter im Rahmen des Verlagssystems. Frauen waren in diese Tätigkeiten eingebunden (z. B. durch Näharbeiten), ohne den eigenen Haushalt zu verlassen. Durch die Entstehung zahlreicher Arbeitsplätze in Fabriken trennten sich Arbeits- und Lebensbereich allerdings zunehmend voneinander. Da das Familieneinkommen oft nicht ausreichte, gingen immer mehr **proletarische Frauen** einer **Erwerbsarbeit außer Haus** nach und besaßen so neben Haushalt und Familie einen weiteren Wirkungskreis. **Bürgerliche Frauen** dagegen waren in der Regel nicht berufstätig oder gaben ihre Arbeit (z. B. als Lehrerin) mit der Hochzeit auf, um sich auf Familienleben und Kindererziehung zu konzentrieren.

Blickt man auf **Politik und Gesellschaft** des Kaiserreichs, so lassen sich auch hier **Fortschritte** in der Frauenfrage erkennen. Zwar durften Frauen um 1900 noch nicht wählen, allerdings forderte mit der **SPD** die erste Partei das allgemeine Wahlrecht ohne Unterschied der Geschlechter („Erfurter Programm" von 1891). Als Deutschland das **Frauenwahlrecht** 1919 einführte, gehörte es zu den ersten Ländern der Welt. Und auch viele deutsche Frauen selbst empfanden die Zeit um die Jahrhundertwende als Chance für Veränderung, die sie **über die häusliche Beschränkung hinausführen** sollte. Mit der Gründung des Kaiserreichs hatte der große Aufbruch der **vielgestaltigen Frauenbewegung** begonnen: Es gab konservative, liberale, sozialdemokratische und radikal linke Vereine, in denen sich Frauen u. a. für die Verbesserung ihrer politisch-rechtlichen Lage und für den Zugang zu höherer Bildung einsetzten. Ihr Engagement ging tatsächlich einher mit einem **steigenden Bildungsniveau von Frauen**, die um 1900 in weiten Teilen Deutschlands die Möglichkeit erhielten, das Abitur abzulegen, zu studieren und z. B. als Volksschullehrerinnen zu arbeiten. Zudem waren die Frauenvereine **sozial** tätig, bauten den entstehenden Sozialstaat mit auf und unterstützten schwächere Mitglieder der Gesellschaft, u. a. alleinerziehende Mütter.

Politisierung der Frau und Entstehung der Frauenbewegung

Vergleicht man die **damalige Stellung der Frauen** mit derjenigen in der heutigen Bundesrepublik, verblassen diese Erfolge zunächst. So dauerte es z. B. noch Jahrzehnte, bis Frauen Spitzenpositionen in Politik, Wirtschaft und Forschung einnehmen sollten. Aber im Kontrast zur ersten Hälfte des 19. Jahrhunderts muss man konstatieren, dass es in der Geschlechterfrage einen **ungeheuren Aufbruch** gab und der Einfluss von Frauen um 1900 **weniger auf Familie und Haushalt** beschränkt war als jemals zuvor. Die These, Frauen seien damals im Kaiserreich „auf Familie und Haushalt beschränkt" gewesen, ist in dieser Einseitigkeit **nicht zu halten**.

Fazit

Baden-Württemberg Geschichte
Schriftliche Abiturprüfung • Übungsaufgabe 2

WEGE IN DIE MODERNE
(1) Begriff der Modernisierung; (2) Voraussetzungen und Verlauf der europäischen Industrialisierung; (5) Auswirkungen der Industrialisierung auf die europäischen Gesellschaften; (7) Erscheinungsformen der Moderne um die Jahrhundertwende; (9) Migration als Folge der Industrialisierung

Aufgabenstellung

1. Stellen Sie den Verlauf der Industrialisierung im 19. Jahrhundert in Deutschland oder einem anderen Land Ihrer Wahl dar.

2. Analysieren Sie M 1.

3. Analysieren Sie M 2 und vergleichen Sie M 2 mit M 3.

4. Überprüfen Sie, „ob die Industrialisierung selber zur Verelendung und damit zur Massenarmut geführt hat oder ob sich nicht erst mit der industriellen Revolution die drohende Massenverarmung habe aufhalten [...] lassen" (Flurin Condrau).

Flurin Condrau: Die Industrialisierung in Deutschland (Kontroversen um die Geschichte, hrsg. von Arnd Bauerkämper, Peter Steinbach, Edgar Wolfrum), Wissenschaftliche Buchgesellschaft: Darmstadt 2005, S. 75.

M1 Ausschnitt aus einem Gedicht von Arno Holz aus seinem „Buch der Zeit" (1885/86)

Arno Holz (1863–1929) war einer der einflussreichsten Vertreter des Naturalismus. 1886 (vordatiert 1885) veröffentlichte er den Gedichtband „Buch der Zeit. Lieder eines Modernen" und zwar zunächst in Zürich, da eine Publikation in Deutschland aus politischen Gründen nicht möglich war. Der vorliegende Auszug gehört zum programmatischen Auftakt der Sammlung mit dem Titel „Zum Eingang". Abgedruckt ist der letzte Abschnitt des Gedichts.

[...]
[D]ie Zeit verliebter Abenteuer,
für mich ist sie schon längst vorbei!

Nein, mitten nur im Volksgewühl,
5 beim Ausblick auf die großen Städte,
beim Klang der Telegraphendrähte
ergießt ins Wort sich mein Gefühl.

Dann glaubt mein Ohr, es hört den Tritt
von vorwärts rückenden Kolonnen,
10 und eine Schlacht seh ich gewonnen,
wie sie kein Feldherr noch erstritt.

Doch gilt sie keiner Dynastie,
auch kämpft sie nicht mit Schwert und Keule –
Galvanis[1] Draht und Voltas[2] Säule
15 lenkt funkensprühend das Genie.

[...]

Drum, dir, die schmerzvoll mich gebar,
dir, jung Zeit aus Blut und Eisen,
leg ich mein Herz und seine Weisen
20 nun stumm auf deinen Hochaltar!

[...]

Mir schwillt die Brust, mir schlägt das Herz
und mir ins Auge schießt der Tropfen,
hör ich dein Hämmern und dein Klopfen
25 Auf Stahl und Eisen, Stein und Erz.

Denn süß klingt mir die Melodie
aus diesen zukunftsschwangern Tönen;
die Hämmer senken sich und dröhnen:
Schau her, auch dies ist Poesie!

30 Sie kehrt nicht nur auf ihrem Gang
in Wälder ein und Wirthshausstuben,
sie steigt auch in die Kohlengruben
und setzt sich auf die Hobelbank.

Auch harft sie nicht als Abendwind
35 nur in zerbröckelnden Ruinen,
sie treibt auch singend die Maschinen
und pocht und hämmert, näht und spinnt.

Sie schaukelt sich als schwanker Kahn
im blauen, schilfumkränzten Weiher,
40 sie schlingt den Dampf ums Haupt als Schleier
und saust dahin als Eisenbahn.

Von nie geahnter Kraft geschwellt,
verwarf sie ihre alten Krücken,
sie mauert Tunnels, zimmert Brücken
45 und pfeift als Dampfschiff um die Welt.

Ja, Wunder tut sie sonder Zahl,
sie lindert jegliches Verhängnis,
sie setzt den Fuss selbst ins Gefängnis
und speist die Armuth im Spital.

50 [...]

Drum ihr, ihr Männer, die ihr's seid,
zertrümmert euere Trugidole[3]
und gebt sie weiter, die Parole:
Glückauf, glückauf, du junge Zeit!

Aus: Arno Holz: Buch der Zeit. Lieder eines Modernen. Neue Ausgabe, Verlag R. Piper & Co.: München und Leipzig 1905, S. 22–26.

Anmerkungen
1 Galvani: Der italienische Naturforscher Luigi Galvani (1737–1798) legte mit seiner Forschung zu (tierischer) Elektrizität und elektrochemischen Reaktionen im 18. Jahrhundert die Grundlagen für zentrale Erfindungen des 19. Jahrhunderts.
2 Volta: Alessandro Volta (1745–1827) war ein italienischer Physiker, der auf Galvanis Experimenten aufbaute und um 1800 die erste elektrische Batterie entwickelte. Ihm zu Ehren wurde die Einheit für elektrische Spannung „Volt" genannt.
3 Trugidole: Der Begriff „Idol" (griech. „eidolon": Gestalt, Bild) bezeichnet einen Gegenstand oder eine Person, der/die von einem Menschen hochgeschätzt, ja sogar vergöttert wird. Ein „Trugidol" enttäuscht dagegen diese hohen Erwartungen.

M2 „Mutterglück": Karikatur aus der Zeitschrift „Simplicissimus" (1896) von Thomas Theodor Heine

Unterzeile: „Jetzt fehlt mir bloß noch ein Mann und dann bin ich eine Familie."

Thomas Theodor Heine: Mutterglück, in: Simplicissimus 1896 (Jg. 1), Heft 27, S. 8.

Hinweis: Eine Farbabbildung des Bildes zum Download finden Sie unter: https://www.stark-verlag.de/mystark (Zugangscode vgl. Umschlaginnenseite).

M3 Säuglingssterblichkeit nach Legitimität (= eheliche bzw. uneheliche Herkunft) in Preußen

Jahre	Von 1 000 Lebendgeborenen starben im 1. Lebensjahr bei den			
	Ehelichen		Unehelichen	
	Stadt	Land	Stadt	Land
1876/80	211	183	403	312
1881/85	211	186	398	319
1886/90	210	187	395	332
1891/95	203	187	385	336
1896/1900	195	185	374	336
1901	195	183	377	334
1902	162	162	305	287
1903	183	184	342	332
1904	179	172	333	306
1905	185	188	339	350
1906	168	167	303	303
1907	154	162	281	295
1908	157	166	291	307
1909	146	160	269	288
1910	141	153	257	283
1911	174	179	298	328
1912	130	141	234	262
1913	132	146	241	272
1914	147	159	261	287

Aus: *Statistisches Jahrbuch für den Preußischen Staat 1903, S. 30 (Daten 1876/80); 1906, S. 223 (Daten 1881/85 bis 1905) und 1915, S. 34 (restliche Daten), zit. in: Jürgen Kocka u. a. (Hrsg.): Sozialgeschichtliches Arbeitsbuch II. Materialien zur Statistik des Kaiserreichs 1870–1914, 2., durchgesehene Auflage, C.H. Beck: München 1978, S. 36.*

Lösungsvorschlag

1 | **TIPP** *Anforderungsbereich: II, Verrechnungspunkte: 12*

Der Operator „darstellen" verlangt, einen historischen Ereigniszusammenhang strukturiert zu beschreiben. Hier müssen Sie sich zeitlich auf das 19. Jahrhundert und räumlich auf ein Land Ihrer Wahl beziehen. Verpflichtend für das Abitur 2023 sind Deutschland und England; theoretisch möglich wäre aber auch die im Bildungsplan vorgesehene Modernisierung in Japan und den USA. Gehen Sie einleitend noch kurz auf den Begriff „Industrialisierung" ein.

Unter „**Industrialisierung**" kann man einen **langfristigen Prozess wirtschaftlicher und gesellschaftlich-sozialer Umbrüche** verstehen: Es änderte sich, wie und wo Güter hergestellt wurden, was auch enorme Auswirkungen auf den Lebensstil der Menschen hatte. Zwar ist umstritten, wann genau die Industrialisierung in deutschen Ländern einsetzte, bis wann sie sich erstreckte und ob sie heute noch andauert. Historiker*innen sind sich aber zumindest einig, dass die Industrialisierung in „Deutschland" deutlich später begann als im „**Mutterland der Industrialisierung**", in **Großbritannien**.

Einleitung — historische Einordnung der Industrialisierung

Von England aus kamen technische Innovationen aufs Festland, die die in der ersten Hälfte des 19. Jahrhunderts einsetzende **Frühindustrialisierung** auf deutschem Boden prägten (z. B. Spinnmaschine). Gerade in der **Textilindustrie** entstanden erste **Fabriken**, die bisherige Produktionsverfahren (Manufakturen, Verlagssystem) abzulösen begannen. Eine zentrale Rolle auf dem Weg zur „**Ersten Industriellen Revolution**" bzw. zum wirtschaftlichen „**Take-off**" um 1840/50 spielte die **Eisenbahn:** Nach der Eröffnung der ersten Strecke zwischen Nürnberg und Fürth 1835 wuchs die Schieneninfrastruktur in den nächsten Jahrzehnten so stark, dass man ab den 1860er-Jahren von einer „**Verkehrsrevolution**" sprechen kann, was durch die vermehrte Nutzung von Dampfschiffen (interkontinentaler Handel; Auswanderung auch deutscher Arbeitskräfte nach Übersee, v. a. in die USA) verstärkt wurde. Die Eisenbahn erhöhte die **Mobilität** auf dem Festland, schuf kostengünstige Transportmöglichkeiten und förderte durch die steigende Nachfrage nach Eisen und Stahl die **Schwerindustrie**, die zur **Schrittmacherindustrie** wurde.

Darstellung der Industrialisierung — Frühindustrialisierung und „Take-off"

Unterstützt wurde dieser Prozess durch die politischen Entwicklungen. Nachdem der **Deutsche Zollverein** (1834) und der **Norddeutsche Bund** (1867) schon eine gewisse Vereinheitlichung des Wirtschaftsraums (u. a. Abbau der Binnenzöllen) verwirklicht hatten, profitierte die Wirtschaft stark von der nationalen Einigung und der Gründung des **Deutschen Kaiserreichs** 1871. Neben dem weiteren

Ausbau eines einheitlichen Binnenmarktes vermehrten die Reparationszahlungen des 1871 unterlegenen Frankreich das vorhandene Kapital, welches von risikobereiten Unternehmern investiert werden konnte. All das beflügelte die Wirtschaft, bis sie nach den euphorischen **„Gründerjahren"** mit dem **„Gründerkrach"** 1873 ihren ersten großen Dämpfer erlebte.

Trotz dieses Rückschlags ging der wirtschaftliche Aufstieg Deutschlands weiter und erlebte seine wohl stärkste Phase zwischen 1880/90 und 1910, die man als **„Hochindustrialisierung"** oder **„Zweite Industrielle Revolution"** bezeichnet. Damals wurden die bisherigen Schlüsselindustrien (Eisenbahn, Eisen- und Stahlproduktion, Bergbau) durch **neue Leitsektoren** abgelöst, die Deutschland (zum Teil bis heute) eine weltweite Spitzenposition einbrachten: die Elektro- und die Chemieindustrie sowie der Maschinen- und Automobilbau. Unterstützt wurde diese Entwicklung durch das große Arbeitskräftereservoir in den Industriezentren, den Ausbau des Finanzwesens, eine insgesamt wirtschaftsfreundliche bis **wirtschaftsliberale Politik** und den auf hohem Niveau steigenden Bildungsgrad.

Hochindustrialisierung

Diese Prozesse verliefen allerdings in den verschiedenen Gebieten Deutschlands **ungleich**. So wuchsen die Städte im **Ruhrgebiet** in hohem Tempo durch ihre reichen Kohlevorkommen und viele Industrien, die sich dort ansiedelten. Dagegen wirkte sich die einsetzende Modernisierung deutlich geringer auf **agrarisch geprägte Regionen** aus, z. B. auf die großen landwirtschaftlichen Güter der preußischen Großagrarier („Junker"). Für dieses Phänomen wird oft der Begriff „Gleichzeitigkeit des Ungleichzeitigen" gebraucht.

Relativierung: ungleiche Entwicklung

2 | **TIPP** *Anforderungsbereich: II, Verrechnungspunkte: 12*

Die Textanalyse verlangt von Ihnen, zentrale Inhalte und Strukturen aus M 1 herauszuarbeiten und diese zu deuten. Ordnen Sie das vorliegende Gedicht auch in den historischen Kontext ein und untersuchen Sie, welche Perspektive Holz einnimmt. Anders als im Fach Deutsch reicht es, wenn Sie ausgewählte sprachliche Merkmale kurz nennen und deren Wirkung dann angeben, wenn sie die Botschaft der Quelle unterstreichen. Beachten Sie zur quellenkritischen Einordnung von M 1 auch die dem Text vorangestellten Hinweise.

1886 veröffentlichte der Dichter **Arno Holz** im Alter von 23 Jahren ein langes **Gedicht**, das hier in dem kurzen Ausschnitt M 1 vorliegt. Es trägt den Titel **„Zum Eingang"** und leitet ein in den Band „Buch der Zeit. Lieder eines Modernen". Aus politischen Gründen musste es zunächst in der **Schweiz** erscheinen.

Vorstellung von M 1

Wie der Titel des Buches ankündigt, stellt das Gedicht eine **Würdigung** des als neu empfundenen eigenen Zeitalters, der „**Moderne**", dar, die **personifiziert** und geradezu **religiös verehrt** wird: „leg ich mein Herz und seine Weisen / nun stumm auf deinen Hochaltar!" (V. 19 f.) Immer wieder wird die „**jung[e] Zeit**" (V. 18) **direkt angesprochen**, z. B.: „Drum, dir, die schmerzvoll mich gebar" (V. 17).

Beschreibung und Deutung der Inhalte
Verehrung der Moderne, die direkt angesprochen wird

Insgesamt zeichnet Holz ein **positives, ja euphorisches Bild** von den Veränderungen, die mit der **Moderne** und der **Industrialisierung** einhergingen: „Mir schwillt die Brust, mir schlägt das Herz / und mir ins Auge schießt der Tropfen" (V. 22 f.). So werden durch Metaphern und Symbole die **Schlüsselindustrien des 19. Jahrhunderts** verherrlicht und zentrale **Erfindungen** hervorgehoben. Die Produktion in „großen Städte[n]" (V. 5) wird u. a. mit „die Hämmer senken sich und dröhnen" (V. 28) in Szene gesetzt. Die **Stahlindustrie** wird z. B. im Vers „Stahl und Eisen, Stein und Erz" (V. 25) thematisiert. Eng damit verbunden sind **Wahrzeichen** der Industrialisierung: „Maschinen" (V. 36), „Eisenbahn" (V. 41), „Dampfschiff" (V. 45). Der „Klang der **Telegraphendrähte**" (V. 6) unterstreicht, dass große Distanzen nicht nur durch den Ausbau des **Transportwesens**, sondern auch durch neue Formen der **Kommunikation** überbrückt werden konnten. Mit Galvani und Volta (vgl. V. 14), die auf dem Gebiet der **Elektrizität** zum Fortschritt beigetragen haben, nennt der Dichter wichtige Akteure der Modernisierung.

Verherrlichung des Fortschritts

Auffällig ist, dass die Industrialisierung zuerst militärisch als erfolgreiche „Schlacht […], / wie sie kein Feldherr noch erstritt" (V. 10 f.), präsentiert wird (vgl. V. 8–15). Anschließend wird der technische Wandel **auf poetische Weise** beschrieben. Holz verteidigt die Dichtung angesichts eines Zeitalters der Wirtschaft und Wissenschaft: „Schau her, **auch dies ist Poesie!**" (V. 29). Ihm zufolge finden **Literatur und Musik** einen **neuen Platz**, steigen „in die Kohlengruben" (V. 32), setzen sich „auf die Hobelbank" (V. 33), ja werden sogar durch die Maschinen selbst hervorgebracht (vgl. V. 26–37).

militaristisch-poetische Darstellung

Am Ende des Ausschnitts (und des Gedichts) wird auf die **Schattenseite** der Industrialisierung angespielt: die **Soziale Frage**. Es deutet sich aber an, dass Holz die „junge Zeit" (V. 54) selbst als **Lösung vorhandener Probleme** sieht: „Ja, Wunder tut sie sonder Zahl, / sie lindert jegliches Verhängnis, / sie setzt den Fuss selbst ins Gefängnis / und speist die Armuth im Spital." (V. 46–49)

Anspielung auf Schattenseiten

Abschließend appelliert Holz, sich von alten „Trugidole[n]" (V. 52) abzuwenden und **die Moderne begeistert zu begrüßen:** „Glückauf, glückauf, du junge Zeit!" (V. 54) Welche „Trugidole" gemeint sind, muss, auf diesen Ausschnitt bezogen, offenbleiben.

Appell: Hinwendung zur „neuen Zeit"

Aus den vorliegenden Versen sind **viel Stolz und große Begeisterung** herauszulesen. Holz schreibt mit großem Pathos als **Zeitzeuge**, der die tiefgreifenden, alle Lebensbereiche umfassenden Veränderungen des 19. Jahrhunderts miterlebte und sich inmitten des gewaltigen Umbruchs richtig lebendig zu fühlen schien (vgl. z. B. V. 4–7). Mit kaum zu bändigendem Überschwang preist er die **Modernisierung und Mobilisierung**, darunter die **Kommunikations- und Verkehrsrevolution** (u. a. Telegraf, Eisenbahn, Dampfschiff), die hohe Produktivität in den Fabriken, das Anwachsen der Städte und bahnbrechende Erfindungen wie die Elektrizität. Der Dichter feiert die Überwindung bisheriger Grenzen (V. 43: „alt[e] Krücken") und **glaubt fest an den Fortschritt** mit seinen „zukunftsschwangern Tönen" (V. 27). Damit verbunden ist die Zuversicht, dass die Industrialisierung selbst alle Mittel in der Hand hält, damit einhergehende **Probleme wie Armut und Ungleichheit zu lösen**.

Perspektive / Intention im historischen Kontext

Mit seinem abschließenden Appell scheint sich der Dichter an Zeitgenossen zu wenden, die **dem technischen Fortschritt skeptisch** gegenüberstanden und sich dem Gang der Zeit verweigerten, z. B. aus religiösen Gründen. Tatsächlich teilten nicht alle Menschen die scheinbar grenzenlose Euphorie des jungen Schriftstellers. Darüber hinaus **verstellt** die begeisterte Darstellung der Industrialisierung in M 1 den **Blick auf viele Probleme und Fragen der Zeit**, wie die schlimmen Arbeits- und Lebensbedingungen der Unterschicht, die erst kürzlich angelaufene staatliche Unterstützung der Arbeiterschaft (Sozialgesetzgebung der 1880er-Jahre) und die Widerstände, die die Arbeiterbewegung in ihrem Kampf für Veränderungen bewältigen musste („Sozialistengesetz", begrenzte politische Mitwirkung).

3 TIPP *Anforderungsbereich: II, Verrechnungspunkte: 18*

Nennen Sie zuerst die wichtigsten Informationen zu M 2 (Künstler, Ort, Datum, Quellenart, Adressaten). Die Bildbeschreibung sollte dann den Zusammenhang der einzelnen Bildelemente aufzeigen. Dabei empfiehlt es sich in diesem Fall, zuerst auf die Bildinhalte einzugehen und die Intention des Karikaturisten dann im historischen Kontext zu betrachten. Zu Übungszwecken finden Sie auch eine Farbversion von M 2 unter MyStark. Der Vergleich mit M 3 sollte Unterschiede und Gemeinsamkeiten der beiden Quellen enthalten; Letzteres mag aufgrund der recht unterschiedlichen Quellenarten auf den ersten Blick schwer erscheinen. Formulieren Sie am Ende ein aussagekräftiges Fazit.

Thomas Theodor Heines Karikatur „**Mutterglück**" erschien **1896** in der deutschen Kultur- und Satirezeitschrift „**Simplicissimus**" und richtete sich an die Leserschaft dieser Publikation.

Analyse von M 2
kurze Vorstellung

Die Zeichnung im Hochformat zeigt eine **junge Frau** mit feinen Gesichtszügen, die in der Mitte ihrer **ärmlichen Dachgeschosswohnung**, vermutlich in einer Großstadt, steht und ein **Baby** im Arm hält. Sie konzentriert sich klar auf ihr Neugeborenes, wird aber von drei weiteren **kleinen Kindern** umringt, die ihre Aufmerksamkeit einfordern und ihr augenscheinlich das Leben schwermachen: Links bläst ein Mädchen in eine Kindertrompete und zieht ungeduldig am Rock der Mutter. In der Mitte steht der älteste, etwas zerzaust wirkende Junge erwartungsvoll vor ihr. Am rechten Bildrand schreit ein weiteres Kleinkind, ein Spielzeugschaf im Arm. Sie haben offensichtlich Hunger und Durst, was die Milchflasche auf dem Wägelchen andeutet. Außerdem hat eines der Kinder den Hampelmann, der auf dem Boden liegt, mit einer Gabel durchbohrt.

	Bildinhalte
	– anstrengende Kinderschar

Durch weitere Bildelemente wird die **schwierige Lage der jungen Hausfrau** verstärkt. Das Leben der Familie spielt sich **auf engstem Raum** ab: Im Hintergrund ist ein ungemachtes Bett zu sehen, daneben Besen und Putzeimer. Auf einer Wäscheleine trocknet Kleidung. Rechts neben der Mutter steht die Wickelkommode mit einem Krug Wasser. Am linken Bildrand ist ein Ofen abgebildet; auf dem Herd stehen Topf und Teekessel. Obwohl die Wohnung recht sauber wirkt, werden die **einfachen Lebensbedingungen** und beschränkten Möglichkeiten der Kleinfamilie klar. Die bildliche Darstellung wird noch unterstützt durch den zurückhaltenden Einsatz von Farben: Verwendet werden nur Rot-, Braun- und Schwarztöne.

– einfache Lebensbedingungen

All das verweist auf die **vielen Pflichten und den anstrengenden Alltag der alleinerziehenden Mutter**, denen sie trotz ihrer schwierigen Lage nachkommen möchte. Ein eleganter, modischer Hut und ein Ausgehkleid an einem Haken am rechten Bildrand, die ordentlichen Vorhänge und eine gepflegte Topfpflanze bilden dazu einen **auffälligen Kontrast**. Diese Gegenstände könnten für den Wunsch stehen, ein besseres Leben nach bürgerlichem Idealbild zu führen.

– Überforderung der alleinerziehenden Mutter

Zu diesem Gesamtbild passt der **ironisch**, womöglich sogar zynisch zu verstehende Titel der Karikatur: „**Mutterglück**". Die Unterzeile „Jetzt fehlt mir bloß noch ein Mann und dann bin ich eine Familie" ist als eine **Art Seufzer oder Wunsch** zu verstehen, der der Protagonistin in den Mund gelegt wird. Vor diesem Hintergrund lassen ihr Gesichtsausdruck und ihre (fast) geschlossenen Augen **Raum für Interpretation**: Fügt sie sich erschöpft in ihr Schicksal, begreift sie den Ernst der Lage gar nicht richtig, träumt sie von einem besseren Leben oder betrachtet sie das Neugeborene trotz der Anstrengung mit Liebe und stolzem „Mutterglück"?

Zusammenspiel Text- und Bildelemente

Heine **kritisiert** bestimmte **soziale Zustände** seiner Zeit, indem er eine Szene aus dem Leben einer alleinerziehenden Mutter darstellt, offenbar aus dem **Proletariat**. Diese lebt in **einfachen, beengten Wohnverhältnissen**, vermutlich in einer der stark anwachsenden Städte. Ihre schwierige Lage wird anhand mehr oder weniger offensichtlicher Details ausgemalt und mit Blick auf **damalige Rollenbilder** überspitzt. Sie erscheint zu erschöpft, um den älteren Kindern Einhalt zu gebieten. Gleichzeitig wird angedeutet, dass sie sich nach einem anderen Leben sehnt. Aufgegriffen werden damals gängige **Geschlechterklischees und Rollenbilder**. Als gesellschaftliches Ideal galt besonders das **bürgerliche Familienbild**, das eine strikte Trennung der Zuständigkeiten von Mann und Frau vorsah: Während der Ehemann das Geld verdiente, sollte sich die Gattin pflichtbewusst um die Kindererziehung, einen geordneten Haushalt und einen einwandfreien Lebenswandel kümmern. Dementsprechend war die Lage alleinstehender, v. a. alleinerziehender Frauen oft sehr schwer, da sie **moralisch abgewertet** wurden und **materiell nicht versorgt** waren. In diesem doppelten Sinn lässt sich der **Wunsch der Protagonistin nach einem Ehemann** deuten.

Intention im historischen Kontext

Auf den ersten Blick fällt der **Vergleich** dieser Karikatur mit einer **Statistik über die Säuglingssterblichkeit in Preußen** 1876–1914 schwer, da der subjektiven, tendenziösen Bildquelle nüchternes Zahlenmaterial gegenübergestellt werden soll. M 3 zeigt die **Anzahl der Babies, die im ersten Lebensjahr starben** (Referenzwert: 1 000), in **absoluten Zahlen**. Aufgeführt werden Angaben für **ehelich und unehelich geborene Kinder**, jeweils noch unterschieden zwischen **Land und Stadt**.

Vergleich M 2 und M 3 unterschiedliche Quellenarten und Themenschwerpunkte

Zwar zeigen alle vier Spalten keinen geradlinigen Trend, da die Zahlen mal stiegen, mal wieder sanken. **Langfristig** betrachtet **ging die Kindersterblichkeit** bei den ehelich geborenen Kindern aber um rund 30 % von 211 (von 1 000) in den Jahren 1876–1885 auf 147 im Jahr 1914 zurück, auf dem Land um nicht ganz 15 % (183 zu 159). Noch unterschiedlicher fällt der Befund bei **unehelichen Neugeborenen** aus: Insgesamt verringerte sich der Anteil in der Stadt um 35 % (403 zu 261), auf dem Land nur um 8 % (312 zu 287).

Überleitung: Inhalt von M 3

Der allgemein zu beobachtende **Rückgang der Säuglingssterblichkeit** ist ein Nachweis für den Fortschritt der **medizinischen Versorgung** und die allmähliche Verbesserung **hygienischer Zustände**. Diese Entwicklung schien sich mehr in den Städten als auf dem Land zu zeigen: Gab es 1876 noch eine höhere Säuglingssterblichkeit in der Stadt als auf dem Land, sowohl bei ehelichen als auch unehelichen Kindern, so kehrte sich dieses Verhältnis bis 1914 um. Ein Umstand änderte sich aber im ganzen Betrachtungszeitraum nicht: Die

Säuglingssterblichkeit war bei den ehelichen wie den unehelichen Kindern **auf dem Land stets größer als in der Stadt**. Dies könnte an verbesserten Lebensbedingungen und schrittweisen Erfolgen bei der Bekämpfung der Sozialen Frage in den Städten liegen, aber auch an höheren moralischen Zwängen und der Aufrechterhaltung traditioneller Moralvorstellungen und Rollenbilder auf dem Land.

Vergleicht man die **Karikatur** M 2 und die **Statistik** M 3, so zeigt sich, dass es neben der abweichenden Quellenarten noch **inhaltliche Unterschiede** gibt. Heine wirft einen kritischen, überspitzten Blick auf die Lebensverhältnisse einer Alleinerziehenden im Jahr 1896, die den Alltag mit vier kleinen Kindern in beengten Wohnverhältnissen meistern muss. Trotz aller Sorgen, die die Protagonistin zu haben scheint, machen die Kinder aber einen munteren Eindruck und sind weder krank noch gebrechlich. Dem Karikaturisten ging es in der **Momentaufnahme** v. a. darum, den **Fokus auf die Rolle der Frau** zu legen. Die Statistik beschäftigt sich mit dem **Schicksal von Kindern**, konkret der **Säuglingssterblichkeit** 1876–1914, und zeigt einen **langfristigen Trend**, der Anlass zur Hoffnung gab: Die Lage schien sich in den Städten zu ändern, auch für uneheliche Kinder.

vergleichende Betrachtung: Quellenwert und Inhalte

Beschäftigt man sich mit den Hintergründen der Materialien, so lassen sich aber Verbindungen knüpfen. Zur hohen Säuglingssterblichkeit trugen vielfach die **schwierigen Lebensverhältnisse** und die **prekäre materielle Lage** der Unterschichten bei, die in M 2 zwar nicht im vollen Ausmaß gezeigt, aber angedeutet werden. Zudem spielten **sozialmoralische Aspekte**, die in M 2 kritisiert werden, eine wichtige Rolle. So war die **Enttabuisierung von Unehelichkeit** in den Städten oft eher der Fall als auf dem Land, sodass alleinerziehende Mütter leichter private, staatliche oder kirchliche Hilfsangebote in Anspruch nehmen konnten.

Trotz aller Unterschiede (v. a. Quellenart, inhaltliche Schwerpunkte) geben beide Materialien einen **Einblick in wesentliche Aspekte der Sozialen Frage** und in die **Lebensbedingungen besonders der Unterschichten**, die sich mit der fortschreitenden Industrialisierung sowie verschiedenen Gegenmaßnahmen **allmählich verbesserten**.

Fazit

---

4 **TIPP** Anforderungsbereich: III, Verrechnungspunkte: 18

Der Operator „überprüfen" gehört zur höchsten Schwierigkeitsstufe. Er verlangt hier, dass Sie die gegebene Aussage untersuchen und ein begründetes Sachurteil auf Grundlage Ihres Fachwissens fällen. Halten Sie zunächst den Arbeitsauftrag in eigenen Worten fest. Dann nähern Sie sich der Fragestellung anhand verschiedener Aspekte: Überlegen Sie sich, ob/inwiefern die Industrialisierung zur Bekämpfung von Armut beitrug oder sie vielmehr selbst Ursache von Verelendung war. Halten Sie Ihre Ergebnisse in einem Fazit fest und beziehen Sie dabei noch einmal die Aufgabenstellung mit ein.

Unter den Begriffen „**Industrialisierung**" und „**Industrielle Revolution**", die der Historiker **Condrau** synonym verwendet, versteht man einen tiefen Einschnitt in wirtschaftlich-soziale Verhältnisse, der oft positiv betrachtet wird. Diese stillschweigende Überzeugung wird hier aber zur Diskussion gestellt: Hat die Industrialisierung im 19. Jahrhundert dazu geführt, dass **Armut gelindert** wurde, oder hat sie Benachteiligte vielmehr **tiefer ins Elend gestürzt**?

Einleitung

Der Blick auf **abstrakte Daten** zeigt zunächst einmal eine Reihe positiver Folgen der wirtschaftlichen Umwälzung. Im Laufe des 19. Jahrhunderts (vor allem in der zweiten Hälfte) stiegen das **Wirtschaftswachstum** und der **allgemeine Wohlstand** in den deutschen Ländern und ab 1871 im Kaiserreich kontinuierlich an, wenn auch nicht so abrupt, wie man es von einer „Revolution" vermuten würde. Dabei profitierten zahlreiche Menschen im Privat- und Berufsleben von den **bahnbrechenden Fortschritten** der Zeit: Erfindungen wie die Dampfmaschine aus Großbritannien und der in Deutschland perfektionierte Elektromotor revolutionierten die Arbeitswelt, die sich immer stärker in **Fabriken** abspielte. Dort gab es viel Arbeit, auch für ungelernte Kräfte. Die Landwirtschaft war u. a. durch neue Anbauverfahren und chemische Düngemittel produktiver denn je, was der Lebensmittelversorgung zugutekam. Die **Eisenbahn** als Motor der **Verkehrsrevolution** ermöglichte mehr Mobilität und konnte z. B. Hungerkrisen durch den schnellen Transport von Gütern entgegenwirken. Die **Lebenserwartung** verlängerte sich aufgrund der Verbesserung **hygienischer Bedingungen** (z. B. Kanalisation in den wachsenden Städten) und wegweisender Fortschritte in der **Medizin** (z. B. Medikamente); auch die Kindersterblichkeit sank (vgl. M 3). An einem Beispiel werden die positiven Auswirkungen der „Industriellen Revolution" direkt greifbar: Sie half dabei, die Massenarmut der 1830er-/1840er-Jahre zu überwinden. Die **Pauperismuskrise** war nicht auf die Industrialisierung, sondern v. a. auf das enorme Bevölkerungswachstum um 1800 in Verbindung mit einer unzureichenden Versorgungslage (Missernten, Hungersnöte) zurückzuführen und konnte durch zunehmenden **Arbeitsplätze in der aufstrebenden Industrie** sogar gelindert werden.

Überprüfung
positive Folgen der Industrialisierung

Andererseits brachten die tiefen Einschnitte in die wirtschaftlichen Verhältnisse für zahlreiche Menschen **Verelendung und Armut** mit sich, was mit dem Begriff „**Soziale Frage**" zusammengefasst wird. Dies lag v. a. an den veränderten **Arbeits- und Lebensbedingungen der Industriearbeiterschaft**, die deutlich weniger und später vom

negative Folgen der Industrialisierung

allgemeinen Wohlstand profitierte als andere Gesellschaftsschichten (v. a. Bürgertum). Die streng rational organisierte **Fabrikarbeit** war durch den Einsatz von Maschinen, überlange Arbeitszeiten und fehlende Schutzmaßnahmen anstrengend und sogar gefährlich. Da viele Menschen auf der Suche nach Arbeit in die Industriezentren zogen (**Binnenmigration**), kam es zum Überangebot an billigen Arbeitern und zu Niedrigstlöhnen, gerade für ungelernte Kräfte. Auch Frauen und sogar Kinder gingen arbeiten, um den Unterhalt der Familien zu bestreiten. Vor allem in den **Großstädten** mit ihren „Mietskasernen" zeigte sich die Massenarmut. Das Proletariat lebte unter einfachsten Bedingungen auf engstem Raum, häufig wurde an „Schlafgänger" untervermietet, für ein Privatleben war weder Zeit noch Platz. Die **hygienischen Bedingungen** waren anfangs noch katastrophal, trotz aller medizinischen Fortschritte betrafen **Krankheiten** (z. B. Cholera) stärker die Armen. Diese Punkte zeigen, dass die Industrialisierung nicht allen Beteiligten (sofort) zugutekam und die enormen wirtschaftlichen Veränderungen auch viele negative Folgen hatte.
Relativierend muss angemerkt werden, dass die **Soziale Frage** und ihr Konfliktpotenzial durchaus in Politik, Wirtschaft und Gesellschaft als Problem **gesehen** wurden. So gab es Versuche von Staat, Betrieben und Kirchen, das durch die Industrialisierung ausgelöste Elend zu bekämpfen. In den 1880er-Jahren trieb **Bismarck** die weltweit erste **Sozialgesetzgebung** voran, die Versorgungsleistungen bei Unfall, Krankheit, und Invalidität sowie im Alter bot. Auch wenn Betroffene finanziell weniger unterstützt wurden als im heutigen Sozialstaat, trugen die Sozialversicherungen doch zu einer gewissen Entlastung bei. Weitere staatliche Maßnahmen bewirkten die Verringerung der Arbeitszeit und die Regulierung bzw. das Verbot von Kinderarbeit. Aus Eigeninteresse, aber auch aus Verantwortungsbewusstsein trafen Unternehmer (z. B. Krupp) Vorkehrungen, um ihrer eigenen Belegschaft zu helfen. Außerdem begann sich die Arbeiterschaft zu organisieren und im Rahmen der Arbeiterbewegung selbst für die Veränderung ihrer schwierigen Lage einzutreten.

Das Fazit fällt **ambivalent** aus, sodass beiden Teilen von Condraus Fragestellung **in gewisser Hinsicht zugestimmt** werden muss. Zwar brachte die Industrialisierung viele Verbesserungen mit sich, erhöhte den allgemeinen Lebensstandard und konnte zur Überwindung der vorindustriellen Pauperismuskrise beitragen. Andererseits profitierten nicht alle Menschen sofort von diesen Fortschritten, dazu kamen zahlreiche neue Probleme, die v. a. zulasten der Industriearbeiter gingen. Es bedurfte grundlegender Eingriffe in den Arbeitsmarkt sowie der gezielten Unterstützung der armen Bevölkerungsteile, damit auch diese mehr **an den positiven Auswirkungen des Fortschritts teilhaben** konnten.

Fazit

Baden-Württemberg Geschichte
Schriftliche Abiturprüfung • Übungsaufgabe 3

WEST- UND OSTEUROPA NACH 1945: WEGE IN DIE POSTINDUSTRIELLE ZIVILGESELLSCHAFT

(4) wirtschaftlicher Aufschwung in West- und Osteuropa bis Anfang der 1970er-Jahre; (8) Aufbruchsversuche in West und Ost zu mehr Bürgerbeteiligung; (9) wirtschaftliche Krisen der 1970er- und 1980er-Jahre; (11) Zusammenbruch des Ostblocks

Aufgabenstellung

1. Stellen Sie Ursachen und Auswirkungen des wirtschaftlichen Aufschwungs in der Bundesrepublik bis in die 1970er-Jahre dar.

2. Analysieren Sie die Statistiken M 1 a–c.

3. Beurteilen Sie die Bedeutung von Aufbruchsversuchen in der DDR-Gesellschaft der 1970er- und 1980er-Jahre.

4. Analysieren Sie M 2 und vergleichen Sie M 2 mit M 3.

M1a Gesamtwirtschaftliche Entwicklung der Bundesrepublik in den Jahren 1970–1985

Jahr	Inflation (Veränderung in %)	Erwerbspersonen[1] (in Tausend)	Arbeitslose (in Tausend)	Arbeitslosenquote (in %)	Wachstumsraten Bruttosozialprodukt (in %)
1970	3,3	26 817	149	0,7	5,4
1975	5,9	27 184	1 074	4,6	–1,1
1980	5,5	27 948	889	3,6	0,9
1985	2,0	28 879	2 304	8,9	1,9

Auszug aus Tabellen in: Dieter Grosser, Stephan Bierling, Beate Neuss (Hgg.): Deutsche Geschichte in Quellen und Darstellung, Bd. 11: Bundesrepublik und DDR 1969–1990, Philipp Reclam: Stuttgart 1996, S. 84f., 137.

Anmerkung

1 Erwerbspersonen = beschäftigte Arbeitnehmer plus Arbeitslose

M1b Entwicklung der Sektoren/Wirtschaftsbereiche und ihres Anteils an der Wirtschaftsleistung der Bundesrepublik

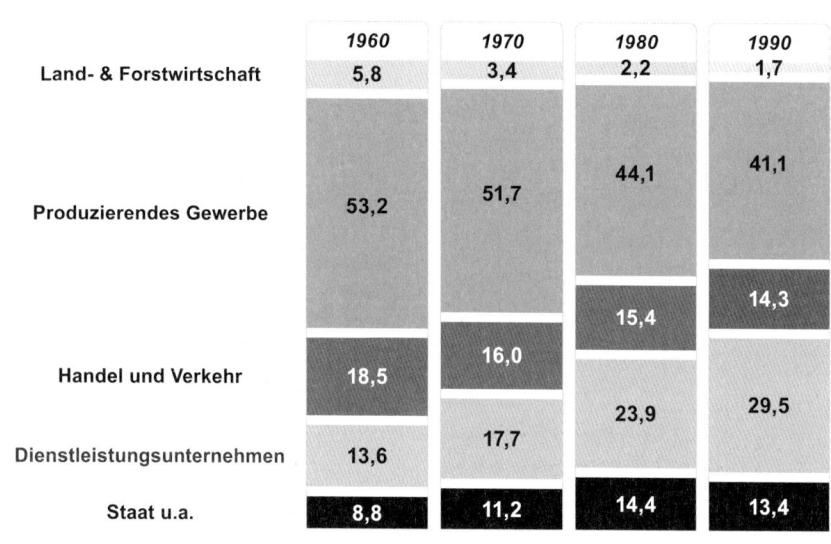

	1960	1970	1980	1990
Land- & Forstwirtschaft	5,8	3,4	2,2	1,7
Produzierendes Gewerbe	53,2	51,7	44,1	41,1
Handel und Verkehr	18,5	16,0	15,4	14,3
Dienstleistungsunternehmen	13,6	17,7	23,9	29,5
Staat u.a.	8,8	11,2	14,4	13,4

Anteile in %

Eigene Darstellung nach Zahlen des Statistischen Bundesamts (Angabe 1990 für altes Bundesgebiet).

Anmerkung

Der Dienstleistungssektor umfasst eine Reihe von privaten und öffentlich-staatlichen Angeboten (u. a. Handel, Verkehr, Banken, Versicherungen, Telekommunikation, Bildung und Gesundheit).

| M1c | Erwerbstätige nach Wirtschaftssektoren (Anteile in Prozent) |

	1970	1975	1980	1985
Land- und Forstwirtschaft, Fischerei (primärer Sektor)	8,4	6,6	5,1	4,4
Produzierendes Gewerbe (sekundärer Sektor)	46,5	42,4	41,1	38,1
Übrige Wirtschaftsbereiche, Dienstleistungen (tertiärer Sektor)	45,1	51,0	53,8	57,5

Aus: www.destatis.de/DE/Themen/Wirtschaft/Konjunkturindikatoren/Lange-Reihen/Arbeitsmarkt/lrerw13a.htm (letzter Zugriff: 12. 3. 22)

| M2 | Rede Michail Gorbatschows anlässlich des 70. Jahrestages der russischen Oktoberrevolution (Moskau, 2. November 1987) |

Der Marxismus-Leninismus als schöpferische Lehre ist keine Sammlung fertiger Rezepte und doktrinärer Vorschriften. [...]

Die Umgestaltung ist nicht nur das Abschütteln von Stagnation und Konservatismus der vorausgehenden Periode und die Ausbesserung zugelassener Fehler, sondern auch
5 die Überwindung historisch begrenzter, überholter Züge der Gesellschaftsorganisation und der Arbeitsmethoden. [...]

Unsere Hoffnung auf die revolutionäre Läuterung und Wiedergeburt besteht darin, die gewaltigen sozialen Ressourcen des Sozialismus durch Aktivierung der Persönlichkeit, des Faktors Mensch zu erschließen. [...]

10 Zwei Schlüsselprobleme der gesellschaftlichen Entwicklung bestimmen das Schicksal der Umgestaltung. Das sind die Demokratisierung des gesamten gesellschaftlichen Lebens und eine radikale Wirtschaftsreform. [...]

Jeder Mensch besitzt seine sozialen Erfahrungen, seinen Stand von Wissen und Bildung, seine Besonderheiten bei der Rezeption des Geschehens. Daher rührt das unge-
15 wöhnlich breite Spektrum von Meinungen, Überzeugungen und Bewertungen [...]. Wir sind für eine mannigfaltige öffentliche Meinung, für ein reiches geistiges Leben. Wir brauchen keine Angst davor zu haben, schwierige Probleme der gesellschaftlichen Entwicklung offen aufzuwerfen und zu lösen, Kritik zu üben und zu diskutieren. Gerade unter solchen Bedingungen setzt sich die Wahrheit durch, formen sich richtige
20 Entscheidungen. [...]

Genossen! Eine feste Basis für den beschleunigten Vormarsch in allen Richtungen kann nur durch grundlegende Veränderungen in der Wirtschaft geschaffen werden. Auch die Umgestaltung selbst wird ihre ganze Stärke nur dann erreichen, wenn sie die ganze Volkswirtschaft von Grund auf aufrüttelt. Das seinerseits ist verknüpft mit tief-
25 greifenden Wandlungen im Wirtschaftsmechanismus, im gesamten System der Wirtschaftsleitung.

Die im Lande eingeleitete radikale Wirtschaftsreform verfolgt das Ziel, in den nächsten zwei bis drei Jahren den Übergang vom übermäßig zentralisierten und weisungsgebundenen Leistungssystem zu einem demokratischen System zu sichern, das vorwiegend auf ökonomischen Methoden, auf einem optimalen Verhältnis von Zentralleitung und Selbstverwaltung beruht. [...]

Aus: Die Revolution geht weiter. Oktoberrevolution und Perestroika. Rede Michail Gorbatschows zum 70. Jahrestag der Oktoberrevolution. Edition Marxistische Blätter: Düsseldorf 1987, S. 18, 55, 57, 61 f.; Übersetzung: Lutz Lehmann.

M3 Karikatur von Horst Haitzinger aus einer westdeutschen Zeitung vom 29. 1. 1988

© *Horst Haitzinger*

Lösungsvorschlag

1 **TIPP** *Anforderungsbereich: II, Verrechnungspunkte: 14*

Die Teilaufgabe verlangt, dass Sie Ursachen und Auswirkungen des wirtschaftlichen Aufschwungs in der Bundesrepublik von ihrer Gründung im Jahr 1949 bis zum Ende des „Wirtschaftswunders" in den 1970er-Jahren darstellen. Erklären Sie zuerst, warum der Wirtschaftsboom stattfand, und thematisieren Sie dann die Folgen für die westdeutsche Gesellschaft. Eine reine Aufzählung von Ereignissen und Begriffen reicht nicht aus. Achten Sie auf die korrekte Verwendung der Fachsprache und eine logische Argumentationsstruktur.

Westdeutschland erlebte nach dem Zweiten Weltkrieg eine lange Phase des wirtschaftlichen Aufschwungs mit einem starken Wirtschaftswachstum, die als **„Wirtschaftswunder"** und **Nachkriegsboom** bezeichnet wird.

„Wirtschaftswunder" in der Bundesrepublik

Dafür gibt es mehrere Ursachen. So war die **westdeutsche Industrie** im Krieg **weniger zerstört** worden als zunächst angenommen. Die alliierten Luftangriffe hatten zwar die **Infrastruktur** weitestgehend zerstört, den Nachschub an Ressourcen und Vorprodukten unterbrochen und die Produktion zum Erliegen gebracht. Die **Fabrikanlagen** selbst waren aber **oft intakt** geblieben. Dies ermöglichte der westdeutschen Wirtschaft eine **schnelle Erholung**, da die Infrastruktur in kurzer Zeit erneuert werden und der Wirtschaftsstandort an **alte Kapazitäten** anknüpfen konnte. Zudem waren noch genug **Kapital** und **Expertise** vorhanden, auf die man zurückgreifen konnte.

Ursachen
– keine zu starken Zerstörungen

Der wirtschaftliche Wiederaufbau wurde von den **USA** unterstützt, da der Westen Deutschlands als **Bollwerk gegen den Sowjetkommunismus** zunehmend in den Fokus der US-amerikanischen Europapolitik geriet. Von den Geldzahlungen und Güterlieferungen aus dem **Marshallplan**, die die USA ganz Europa anboten, profitierten auch die drei Westzonen und ab 1949 die Bundesrepublik. 1948 trieben die Vereinigten Staaten die **Währungsreform** im Westen voran. Die neue **D-Mark** sollte die Menschen von einer freien Wirtschaftsordnung überzeugen und für **Stabilität** sorgen. Von einem Tag auf den anderen konnte man **genügend Waren** mit echtem Geld in den Läden kaufen und musste Güter nicht mehr auf dem Schwarzmarkt besorgen. In der Folge entwickelte sich die D-Mark zu einer **starken, erfolgreichen Währung**.

– Unterstützung durch den Marshallplan

– Währungsreform

Unterstützt wurde diese Entwicklung durch die **Soziale Marktwirtschaft**: Die Produktionsmittel blieben in privater Hand, die Preisbildung fand am Markt über Angebot und Nachfrage statt, der **freie**

– Soziale Marktwirtschaft

Wettbewerb wurde politisch gewährleistet, der Staat sollte so wenig wie möglich eingreifen. Allerdings wollte man soziale Härten durch eine **aktive Sozialpolitik** auffangen. Nach dem Motto „**Wohlstand für alle**" des ersten Wirtschaftsministers Ludwig Erhard ergänzte man die Marktwirtschaft daher durch soziale Ausgleichszahlungen, Versicherungen und Armenfürsorge. Im Rahmen des **Sozialstaats**, der zu einem zentralen Merkmal der Bundesrepublik wurde, half man zunächst Opfern des Zweiten Weltkriegs, v. a. Witwen, Waisen, Invaliden, Wohnungslosen und Vertriebenen. 1957 führte die Regierung Adenauer die **umlagefinanzierte, „dynamische" Rente** ein, mit der die Altersarmut gelindert werden konnte. In den Folgejahren expandierte der Sozialstaat weiter.

Darüber hinaus erschloss die Einbindung in den **europäischen** und den **Welthandel** der Bundesrepublik **wichtige Absatzmärkte**. Der **Koreakrieg 1950–1953** kurbelte die Weltkonjunktur an („Korea-Boom"), wovon die westdeutsche Konsumgüterproduktion deutlich profitierte. Zudem legte Westdeutschland zusammen mit fünf weiteren westeuropäischen Staaten mit EGKS 1951 und EWG 1957 den Grundstein für einen **europäischen Wirtschaftsraum**.

– Einbindung in den europäischen und internationalen Handel

Die Auswirkungen auf die westdeutsche Gesellschaft waren enorm und **stabilisierten** das neu etablierte System nachhaltig. Menschen, die zum Teil zwei Weltkriege sowie (Hyper-)Inflation und Weltwirtschaftskrise erlebt hatten, sahen eine bisher ungekannte **Zunahme von Wohlstand**. Bis zum ersten „Ölpreisschock" 1973 wuchs die Wirtschaft kontinuierlich. Die **Reallöhne** stiegen; gleichzeitig sank die Arbeitszeit, wodurch viele Menschen mehr Freizeit hatten. Die Arbeitsplätze waren sicher, es herrschte quasi **Vollbeschäftigung** und sogar **Arbeitskräftemangel**, der mit **Gastarbeitern** aus Südeuropa kompensiert wurde. Auch Arbeiter und einfache Angestellte konnten sich nun **Konsumgüter** kaufen, die vor dem Boom Luxusprodukte gewesen waren (z. B. Fernseher, Kühlschränke, Telefone, Autos). Erste Urlaubsaufenthalte im Ausland wurden erschwinglich. In der Bundesrepublik entwickelte sich eine **Konsumgesellschaft**.

Auswirkungen
– Wohlstand für weite Teile der Bevölkerung

Das „Wirtschaftswunder" brachte der breiten Bevölkerung relativen **Wohlstand** und vielfältige **Konsumchancen**. Bildung und Leistung ermöglichten die Verbesserung der eigenen Lebenssituation. Die **soziale Mobilität** nahm zu, ein Aufstieg aus den unteren Schichten der Gesellschaft war leichter möglich. In diesem Zusammenhang wird oft von der **nivellierten Mittelstandsgesellschaft** gesprochen, die durch eine breite Mittelschicht mit ähnlichen Lebensbedingungen gekennzeichnet sei. Zwar profitierten nicht alle Menschen gleichermaßen vom Wirtschaftsboom, doch konnten Schwächere durch die Sozialpolitik aufgefangen werden.

Die **politische Stabilität** der westdeutschen Demokratie stellte nach den Verbrechen der NS-Diktatur und dem Zweiten Weltkrieg einen großen Erfolg dar, der ohne das „Wirtschaftswunder" nicht zu erklären ist. Zwar hatten sich die Mütter und Väter des Grundgesetzes Gedanken über eine kluge Ausgestaltung der neuen politischen Ordnung gemacht; zudem gelang es der Bundesrepublik 1954/55, ihre **Souveränität** fast vollständig wiederzugewinnen, in die NATO aufgenommen zu werden und im Rahmen der europäischen Integration internationale Anerkennung zu erlangen. Die Zustimmung der eigenen Bürgerinnen und Bürger wurde allerdings stark durch den beispiellosen Anstieg des Wohlstands unterstützt. Der Wirtschaftsboom steigerte nicht nur das Selbstbewusstsein, sondern nahm auch viele Menschen für die **liberale Demokratie nach westlichem Vorbild** ein. Selbst überzeugte Antidemokraten, die die Republik ablehnten, mussten anerkennen, dass im neuen System ein Wohlstand erreicht wurde, den die deutsche Bevölkerung so vorher nicht gekannt hatte.

– Akzeptanz für das neue politische System

Der **wirtschaftliche Aufschwung in Westdeutschland** nach dem Zweiten Weltkrieg, der bis in die 1970er-Jahre anhielt, hatte mehrere Ursachen, brachte der Bevölkerung großen Wohlstand und führte zur Herausbildung einer **Konsumgesellschaft**. Auch sind die politische Stabilität und der Erfolg der westdeutschen Demokratie ohne das „**Wirtschaftswunder**" nicht zu erklären.

Fazit

2

> **TIPP** *Anforderungsbereich: II, Verrechnungspunkte: 14*
>
> Die zweite Teilaufgabe verlangt von Ihnen eine systematische Auswertung von drei Materialien. Stellen Sie M 1 a–c jeweils kurz vor und beschreiben Sie dann die zentralen Aussagen. Machen Sie deutlich, ob es sich im konkreten Fall um absolute oder relative Zahlen handelt und setzen Sie die Zahlen zueinander in Beziehung. Anschließend erläutern Sie den historischen Hintergrund, nämlich die wirtschaftliche Entwicklung Westdeutschlands in den 1970er- und 1980er-Jahren, und stellen dabei den Bezug zu den Materialien her.

Die **Statistik** M 1 a zeigt tabellarisch wesentliche Angaben zur **wirtschaftlichen Entwicklung** der Bundesrepublik **1970–1985** in Fünfjahresschritten: Inflation, Zahl der Erwerbspersonen und Arbeitslosen, Arbeitslosenquote und Wachstumsrate.

Analyse von M 1 a
kurze Vorstellung

Betrachtet man die verschiedenen Kategorien und Kennziffern der westdeutschen Volkswirtschaft, so entwickelte sich nur die **Zahl der Erwerbspersonen** durchgehend positiv. 1970 waren 26 817 000 als Erwerbspersonen registriert, 1975 waren es bereits mehr als 27 Millionen. Bis 1985 wuchs diese Zahl auf rund 28,9 Millionen an.

zentrale Aussagen

Die anderen Indikatoren ergeben **kein so eindeutiges Bild** und weisen auf Phasen der wirtschaftlichen **Stagnation bzw. Rezession** hin. Während für 1970 noch ein **Wirtschaftswachstum** von 5,4 % festzustellen ist, schrumpfte die westdeutsche Wirtschaft 1975 und verzeichnete mit -1,1 % den schlechtesten Wert. Diese negative Entwicklung spiegelte sich am **Arbeitsmarkt** wider: 1970 herrschte mit 149 000 Arbeitslosen und einer Arbeitslosenquote von 0,7 % quasi Vollbeschäftigung. Bis 1975 verachtfachte sich die Arbeitslosigkeit jedoch, bei einer Arbeitslosenquote von 4,6 %. 1980 scheint sich die Lage wieder etwas entspannt zu haben, ohne aber auf das Vorkrisenniveau zurückgekehrt zu sein. Die Arbeitslosenquote sank auf 3,6 %, zudem war laut M 1 a ein **leichtes Wirtschaftswachstum** von 0,9 % zu verzeichnen. Dieses Bild bestätigt sich beim Blick auf den **Geldwert**: 1970 lag die **Inflationsrate** bei 3,3 %, schnellte 1975 auf 5,9 % und ging innerhalb der nächsten fünf Jahre etwas zurück auf 5,5 %. Bemerkenswert ist das Jahr 1975, in dem sowohl die **Inflation** als auch die wirtschaftliche **Rezession** ihren **Höchststand** erreichten.

Das Jahr 1985 zeigt **keine eindeutige Entwicklung:** Die Anzahl der Erwerbspersonen stieg weiter, die Inflation sank auf 2 %, die Wirtschaft wuchs wieder etwas deutlicher (1,9 %). Diese **positiven Tendenzen** spiegelten sich jedoch nicht auf dem Arbeitsmarkt wider: Die **Arbeitslosigkeit** war mit 2,3 Millionen Arbeitslosen und einer Arbeitslosenquote von 8,9 % auf einem **Rekordwert**.

Die zwei anderen Materialien verdeutlichen **strukturelle Veränderungen** der westdeutschen Wirtschaft. Das **Säulendiagramm** M 1 b zeigt den Anteil, den **Wirtschaftsbereiche** wie Land-/Forstwirtschaft, produzierendes Gewerbe, Handel/Verkehr und Dienstleistungen an der **gesamtwirtschaftlichen Leistung** hatten, und zwar in den Jahren 1960, 1970, 1980 und 1990. Die tabellarisch dargestellte **Statistik** M 1 c thematisiert auch die Rolle des **primären, sekundären und tertiären Sektors**, konzentriert sich allerdings in Fünfjahresschritten auf den Anteil der **Erwerbstätigen** 1970–1985.

Analyse von M 1 b und M 1 c
kurze Vorstellung

1960 war die Bundesrepublik ein **Industriestaat**, in dem das produzierende Gewerbe für 53,2 % der wirtschaftlichen Gesamtleistung verantwortlich war und somit eine **Schlüsselposition** einnahm. Bis 1970 sank der Anteil leicht, betrug aber immer noch 51,7 %; zudem waren die meisten Menschen weiterhin in der Industrie beschäftigt (46,5 %). In den nächsten Jahren vollzog sich allerdings ein **tiefgreifender Wandel** der Wirtschaftsstruktur. So arbeiteten 1975 mit 51 % mehr Erwerbstätige im **tertiären Dienstleistungssektor** als in der Industrie (42,4 %). Auch überholten die Bereiche „Handel und Verkehr", „Dienstleistungsunternehmen" und „Staat u. a." zwischen 1970 und 1980 zusammen das produzierende Gewerbe (1980:

zentrale Aussagen

53,7 % zu 44,1 %) in ihrem Beitrag zur wirtschaftlichen Gesamtleistung; noch eindeutiger fiel dieses Verhältnis 1990 aus (57,2 % zu 41,1 %). Die beiden Statistiken verdeutlichen also den Strukturwandel der Bundesrepublik **von der Industrie- zur Dienstleistungsgesellschaft**. Die **Landwirtschaft**, die bis zur Industrialisierung jahrhundertelang das wirtschaftliche Leben geprägt hatte, spielte nur noch eine kleine Rolle: Der Beitrag des primären Sektors an der Wirtschaftsleistung sank zwischen 1960 und 1990 von 5,8 % auf 1,7 %; die Beschäftigtenzahl halbierte sich von 1970 bis 1985 fast.

Die Materialien zeigen das **Ende des „Wirtschaftswunders"** sowie den **Strukturwandel** der westdeutschen Wirtschaft in den 1970er- und 1980er-Jahren. Der enorme wirtschaftliche Aufschwung der Nachkriegszeit war vorbei. Inzwischen waren die Kriegsschäden beseitigt und viele Konsumbedürfnisse befriedigt; auch war die wirtschaftliche Aufholjagd Europas auf die USA beendet.

historischer Hintergrund

Dazu kamen **internationale Entwicklungen**, die stark zur ökonomischen **Stagnation und Rezession** in der Bundesrepublik beitrugen: So brach Anfang der 1970er-Jahre das **internationale Währungssystem von Bretton Woods** mit dem US-Dollar als Leitwährung zusammen; an den Devisenmärkten bestimmten sich die Wechselkurse fortan **flexibel** nach Angebot und Nachfrage. Die daraus entstehenden Unsicherheiten destabilisierten die Weltwirtschaft, was gerade für die **exportstarke westdeutsche Industrie** von zentraler Bedeutung war. Zudem wirkten sich die **zwei Ölkrisen** bzw. „**Ölpreisschocks**" 1973 und 1979/80 negativ auf die westlichen Industriestaaten aus; auch Westdeutschland wurde stark von den Preiserhöhungen durch die ölproduzierenden Länder getroffen. Öl hatte als Energieträger erst die Kohle abgelöst und war in vielen Branchen unverzichtbar. Das knappere Angebot und die zusätzlichen Kosten waren wesentliche Gründe für die Stagnation und sogar **Rezession**, die in M 1 a zu sehen ist. Da diese Entwicklung mit einer **hohen Inflationsrate** einherging (vgl. M 1 a), spricht man von **Stagflation**.

Die Krise der deutschen Volkswirtschaft lässt sich auch an der **stark gestiegenen Arbeitslosigkeit** sehen: Während 1970 Vollbeschäftigung herrschte, nahm die Zahl der Arbeitslosen rund um die beiden Ölkrisen klar zu (vgl. M 1 a) und befand sich 1985 auf einem Höchststand, obwohl schon eine gewisse wirtschaftliche Erholung eingesetzt hatte. Dies zeigt, dass auch der damalige **Strukturwandel** (vgl. M 1 b und M 1 c) mit seinen Folgen für den Arbeitsmarkt zu berücksichtigen ist. Der **technologische Fortschritt** (v. a. Mikroelektronik, Computertechnik, Telekommunikation) ermöglichte Produktionsprozesse, für die weniger Arbeitskraft gebraucht wurde. **Automatisierung**, **Rationalisierung** und **Digitalisierung** steigerten zwar die

Effizienz, setzten aber auch Arbeitskräfte frei. Dazu kam der **Bedeutungsverlust traditioneller Industrien**, der viele Langzeitarbeitslose mit sich brachte. Zwar entstanden durch den technologischen Wandel neue Arbeitsplätze, die jedoch Qualifikationen voraussetzten, die „klassische" Arbeiter kaum erfüllen konnten. Diese Entwicklung verursachte **strukturelle Arbeitslosigkeit**, die selbst bei konjunktureller Erholung nicht verschwand (**Sockelarbeitslosigkeit**).

Das in M 1 a–c aufgeführte statistische Material zeigt **wirtschaftliche Probleme**, mit denen die Bundesrepublik ab den 1970er-Jahren zu kämpfen hatte: Die Ära des „**Wirtschaftswunders**" war **vorbei**. Nun begann eine Phase, die geprägt war von geringem Wirtschaftswachstum, von Inflation, wachsender Arbeitslosigkeit, wirtschaftlichem Strukturwandel und wachsender sozialer Ungleichheit. Fazit

---

3 | **TIPP** *Anforderungsbereich: III, Verrechnungspunkte: 16*

Der Operator „beurteilen" fordert hier, zur Bedeutung der zivilgesellschaftlichen Aufbruchsversuche in der DDR ein eigenes Urteil zu entwickeln. Beschreiben Sie einleitend, was mit „Aufbruchsversuche" gemeint ist und welche Bewegungen entstanden sind. Dabei können Sie Gruppierungen, die Sie aus dem Unterricht kennen, darstellen. Überlegen Sie sich dann, was diese Bewegungen in den 1970er- und 1980er-Jahren erreichen wollten und unter den damaligen Rahmenbedingungen tatsächlich bewirken konnten. Strukturieren Sie Ihre Ausführungen anhand sinnvoller Kategorien und achten Sie auf eine stichhaltige, angemessene und gut begründete Argumentation. Schließen Sie mit einem differenzierten Fazit. Dabei könnten Sie ergänzend einen kurzen Ausblick auf die weitere Entwicklung während und nach der Wiedervereinigung geben.

Westdeutschland erlebte infolge der 68er-Bewegung und daran anknüpfender Reformen einen **Liberalisierungsschub**. Die Pluralisierung der Lebensformen, der allgemeine Wertewandel und die Emanzipation von Minderheiten bewirkten eine deutliche **Politisierung:** Proteste, Bürgerinitiativen und soziales Engagement waren in den 1970er-/1980er-Jahren sichtbare Zeichen für eine zunehmend **aktive Zivilgesellschaft** in der Bundesrepublik. In der **DDR** herrschten systembedingt **andere Rahmenbedingungen**, die eine solche Entwicklung ver-/behinderten. Trotzdem gab es auch im Osten Aufbruchsversuche, deren Bedeutung im Folgenden diskutiert werden soll. Einleitung

Obwohl die DDR-Verfassung Grundrechte wie Meinungs-, Presse-, Vereinigungs- und Versammlungsfreiheit enthielt, waren Proteste, Demonstrationen, Bürgerinitiativen und andere Partizipationsmöglichkeiten der Bevölkerung unerwünscht. Die **SED** kontrollierte als Beurteilung
Rahmenbedingungen

Staatspartei die politische, wirtschaftliche und gesellschaftliche Entwicklung. Demokratische Wahlen fanden nicht statt; ein funktionierender Rechtsstaat, der die Grundrechte der Bürgerinnen und Bürger vor staatlichen Übergriffen geschützt hätte, existierte nicht. Das **Ministerium für Staatssicherheit** überwachte die Bevölkerung und wandte verschiedene Maßnahmen an, um systemkritisches Verhalten zu unterbinden und zu bestrafen. Viele Menschen zogen sich resigniert ins Private zurück und äußerten sich nicht mehr öffentlich über Politik (**Nischengesellschaft**).

1975 unterzeichnete die DDR allerdings die **KSZE-Schlussakte** von Helsinki, die die teilnehmenden Staaten u. a. zur **Achtung der Menschen- und Bürgerrechte** verpflichtete. Fortan konnten sich DDR-Bürger darauf berufen, dass die SED-Spitze der Einhaltung von Gedanken-, Gewissens-, Religions- und Reisefreiheit zugestimmt hatte.

Vor diesem Hintergrund bildete sich trotz staatlicher Überwachung, Zensur und Verfolgung eine **oppositionelle Bürgerrechtsbewegung**, die aus oft miteinander vernetzten Gruppen bestand und einige Gemeinsamkeiten mit den gleichzeitig in der Bundesrepublik auftretenden „Neuen Sozialen Bewegungen" hatten. So gab es eine nichtstaatliche **Frauenbewegung**, die auf eklatante Widersprüche zwischen der propagierten Gleichberechtigung und der realen Situation hinwies: Auch in der DDR erlebten viele Frauen die **Mehrfachbelastung durch Familie, Haushalt und Beruf**. Zwar konnten sie von staatlicher Förderung und flächendeckender Kinderbetreuung profitieren, waren aber am Arbeitsplatz oft durch geringere Löhne und schlechtere Karrierechancen benachteiligt. Für ihre Forderung, dem sozialistischen Anspruch der DDR mehr Geltung zu verschaffen, wurde die Bewegung von der „Stasi" schikaniert.

Gruppen und Inhalte
– Frauenbewegung

Neben Teilen der Frauenbewegung sammelte sich die **Friedensbewegung** seit den 1970er-Jahren unter dem Dach der **evangelischen Kirche**, die im gewissen Umfang Raum und Schutz für oppositionelle Arbeit bot. Unter dem Motto „Schwerter zu Pflugscharen" richteten sich die Proteste gegen die **Aufrüstung**, die drohende Gefahr eines **Atomkriegs** und die schleichende **Militarisierung der DDR-Gesellschaft**. Auch die Friedensaktivistinnen und -aktivisten wiesen darauf hin, dass eine große **Diskrepanz zwischen der offiziellen Propaganda** – hier die DDR als antiimperialistischer und antimilitaristischer Friedensgarant – **und der Wirklichkeit** herrschte.

– Friedensbewegung

Ebenfalls unter dem Dach der evangelischen Kirche bildeten sich erste **Umweltgruppen**, die die intensive **Zerstörung der Natur** und die **schweren Gesundheitsbelastungen der Menschen** durch die in der DDR forcierte Schwerindustrie kritisierten.

– Umweltbewegung

Zwar gab es viele Menschen, die die DDR möglichst schnell **verlassen** wollten, Reisefreiheit einforderten und sich in der entstehenden **Ausreisebewegung** mit Gleichgesinnten zusammenschlossen. Die meisten Aktivisten standen der DDR allerdings im Sinne einer **sozialistischen Alternative zum kapitalistischen Westen** grundsätzlich offen gegenüber. Eine Abwicklung Ostdeutschlands und eine Wiedervereinigung mit der Bundesrepublik waren zuerst keine zentralen Forderungen: Der **Sozialismus** sollte nicht überwunden, sondern durch **Reformen** menschlicher werden.

Ziele der Gruppen und Reaktion der DDR

Obwohl viele Aufbruchsversuche auf eine „**bessere DDR**" abzielten, verhielt sich die SED-Spitze ablehnend und reagierte mit systematischer Überwachung und Verfolgung. Besonders hart ging sie gegen Oppositionelle vor, die sie als **gefährliche Dissidenten** einstufte und durch Publikations- und Auftrittsverbote, Inhaftierung und Ausbürgerung bekämpfte, u. a. regimekritische Intellektuelle und Künstler wie **Robert Havemann** und **Wolf Biermann**. Dennoch wurde die **staatliche Zensur** auf unterschiedlichen Wegen umgangen, z. B. durch Untergrundzeitungen und Veröffentlichungen in westdeutschen Medien. Zudem kritisierten Kabarettisten und Sänger bei Auftritten offen die Zustände in der DDR. Oppositionelle, die freiwillig oder gezwungenermaßen in den Westen gegangen waren, prangerten von dort aus weiter die Reformunfähigkeit des SED-Regimes an.

Zunächst blieben der Oppositions- und Bürgerrechtsbewegung **Einfluss und Erfolg verwehrt:** Trotz gravierender Probleme weigerte sich die SED-Spitze, Reformen durchzuführen und Fehler einzugestehen. Allerdings gaben die Bewegungen der starken Unzufriedenheit ein Gesicht, äußerten zumindest in begrenztem Rahmen Kritik und waren Anlaufpunkt für Gleichgesinnte und Verfolgte.

Bedeutung in den 1980er-Jahren

Ihre große Chance sollte 1989 kommen: Die **Friedliche Revolution** kann **als Sternstunde der ostdeutschen Zivilgesellschaft** angesehen werden. Ermuntert durch den neuen Kurs in der **UdSSR (Perestroika, Glasnost)** und verärgert über die massive Fälschung der Kommunalwahlen im Mai 1989 verstärkten die Bürgerrechtler ihre **Forderung nach demokratischen Grundrechten** und umfassenden Reformen. Gerade weil die DDR-Führung jegliche Veränderungen auch jetzt noch kategorisch ausschloss, wuchs die Enttäuschung. Trotz massiver Überwachung verloren immer mehr Menschen die Angst vor dem Regime. **Öffentliche Proteste und Massendemonstrationen** entwickelten sich im Sommer und Herbst 1989 zu einem Phänomen, das es in der DDR seit dem Volksaufstand vom 17. Juni 1953 nicht mehr gegeben hatte: Von den Friedensgebeten in Leipzig ausgehend versammelten sich immer mehr Bürgerinnen und Bürger

Bedeutung für die Friedliche Revolution bis zum Mauerfall 1989

zu regelmäßigen **Montagsdemonstrationen** in verschiedenen Städten der DDR und skandierten ihre politischen Forderungen.

Zusätzlichen Druck auf die DDR-Führung übte die **Ausreise- und Fluchtbewegung** aus: Hunderttausende verließen ihre Heimat über bundesdeutsche Botschaften im Ostblock oder nutzten den neuen Fluchtweg über Ungarn. Die SED-Spitze agierte zunehmend hilflos. Obwohl sie zunächst noch über eine **gewaltsame Unterdrückung der Proteste** nachgedacht hatte, verzichtete sie letztlich auf eine „chinesische Lösung". Im Oktober 1989 wurde Erich **Honecker** im SED-Politbüro **gestürzt**. Und als die Regierung am 9. November 1989 auf missverständliche Weise eine neue Reiseverordnung verkündete, musste sie dem immensen Druck nachgeben und die Grenzen zum Westen öffnen. Das Regime hatte vor der eigenen Bevölkerung kapituliert. Die **Friedliche Revolution** hatte **gesiegt**.

Der **Fall der Berliner Mauer** kam für alle Beteiligten überraschend. Als sich anschließend die Frage nach der **Zukunft der DDR** stellte, zeigte sich, dass es **kein Konzept** gab, auf das sich alle Akteure der Bürgerrechtsbewegung hätten einigen können. Manche Gruppierungen, die sich während der Friedlichen Revolution gegründet hatten, wollten die **DDR reformieren** und einen „**dritten Weg**" zwischen bisherigem Staatssozialismus und liberal-westlichem Kapitalismus beschreiten. Zunehmend wurden diese reformbereiten Akteure aber an den Rand gedrängt. Auf den andauernden Massendemonstrationen rückte die Forderung nach **sofortiger Wiedervereinigung** auf die Tagesordnung. Zwar war es den Oppositionsgruppen durch ihre Proteste gelungen, das **SED-Regime in die Knie zu zwingen**, auf den anschließenden Prozess hatten sie letztlich aber wenig Einfluss und waren politisch marginalisiert.

Bedeutung für die Zukunft der DDR 1989/90

Die Aufbruchsversuche der DDR-Zivilgesellschaft können als **großes Vorbild für mutiges, engagiertes Vorgehen gegen einen autoritären Staat** gelten. Trotz systematischer Verfolgung ließen sich die verschiedenen Protestgruppen nicht einschüchtern und trugen wesentlich dazu bei, das **SED-Regime in der Friedlichen Revolution zu Fall zu bringen**. Allerdings ging die DDR unter, obwohl viele Bürgerrechtlerinnen und Bürgerrechtler sie reformieren und retten wollten. Letztendlich kam es im Osten Deutschlands nicht zu einem Liberalisierungsschub innerhalb des bestehenden Systems, wie es nach der 68er-Bewegung in der Bundesrepublik der Fall gewesen war. Stattdessen traten Politik, Wirtschaft und Gesellschaft der ehemaligen DDR in einen **gewaltigen Transformationsprozess** ein, der nicht nur begrüßt, sondern oft auch als **Zusammenbruch und Verlust** empfunden wurde.

Fazit und Ausblick

4 **TIPP** *Anforderungsbereich: II, Verrechnungspunkte: 16*

Die letzte Aufgabe ist zweigeteilt. Werten Sie zunächst systematisch M 2 aus: Stellen Sie die Quelle kurz vor, fassen Sie ihren Inhalt nach übergeordneten Gesichtspunkten zusammen und ordnen Sie sie in den historischen Kontext ein. Im nächsten Schritt vergleichen Sie die Textquelle M 2 mit der Karikatur M 3 und arbeiten Gemeinsamkeiten und Unterschiede heraus. Es ist sinnvoll, hierbei auf Vergleichskriterien wie Quellenart, Urheber, Adressat, Entstehungszeitpunkt, Inhalt und Perspektive zurückzugreifen. Abschließend formulieren Sie ein Fazit, das Ihre Ergebnisse prägnant zusammenfasst.

M 2 ist eine **Rede**, die **Michail Gorbatschow** am 2. November **1987** anlässlich des **70. Jahrestages der Oktoberrevolution** 1917 gehalten hat. Darin stellt der KPdSU-Generalsekretär sein **Reformprogramm** vor. Im vorliegenden Auszug geht es schwerpunktmäßig um die **Demokratisierung der Gesellschaft** und die **Umgestaltung der Wirtschaft**, was die „revolutionäre Läuterung und Wiedergeburt" (Z. 7) der UdSSR im Rahmen des Sozialismus ermöglichen sollte.	**Analyse von M 2** kurze Vorstellung
Alle Menschen, so Gorbatschow, seien Individuen, die ihre **eigenen** „**sozialen Erfahrungen**" (Z. 13) gemacht hätten und in unterschiedlichem Umfang mit „**Wissen und Bildung**" (Z. 13 f.) ausgestattet seien. Daher gebe es in der Gesellschaft ein „ungewöhnlich breite[s] **Spektrum von Meinungen**" (Z. 14 f.). Der Redner wirbt dafür, vor einem „reiche[n] geistige[n] Leben" (Z. 16) keine Angst zu haben, sondern diese **Vielfalt** als Chance zu begreifen, um gesellschaftliche **Probleme offen und kritisch thematisieren** und zur bestmöglichen Lösung gelangen zu können (vgl. Z. 13–20).	Inhalte – Demokratisierung der Gesellschaft
Als entscheidende Grundlage für einen „beschleunigten Vormarsch in allen Richtungen" (Z. 21) mahnt der Generalsekretär deutliche **wirtschaftliche Veränderungen** an: Die ganze Volkswirtschaft der UdSSR müsse **grundlegend umgewandelt** werden (vgl. Z. 21–26). Hierfür kündigt er eine Reform an, die die strikte Zentralverwaltungswirtschaft aufbrechen und demokratischer gestalten werde. Das neue Wirtschaftssystem solle das „Verhältnis von Zentralleitung und Selbstverwaltung" (Z. 30 f.) optimieren (vgl. Z. 27–31).	– Wirtschaftsreformen
Der Redner bezeichnet sein Wirtschaftsprogramm zwar als **radikal**, hält die geplanten Reformen aber mit der Ideologie des Kommunismus **vereinbar**: Der **Marxismus-Leninismus** sei nicht starr, sondern durchaus **offen** und flexibel. Es sei möglich, veraltete Gesellschaftsstrukturen und überholte Arbeitsprozesse zu modernisieren. „Stagnation und Konservatismus" (Z. 3) könnten ebenso überwunden werden wie Fehler, die in der Vergangenheit gemacht wurden. Es bestehe die Hoffnung, durch die Berücksichtigung der Potenziale	– Vereinbarkeit mit dem Marxismus-Leninismus

der Menschen „gewaltig[e] sozial[e] Ressourcen" (Z. 8) zu erschließen und so den **Sozialismus weiterzuentwickeln** (vgl. Z. 1–9).

Die Rede wirkt zunächst **paradox**, da Rhetorik und Inhalt nur wenig zusammenzupassen scheinen. Gorbatschow wirbt für die **Demokratisierung** von Wirtschaft und Gesellschaft. Gleichzeitig stellt er seine Ideen in die **Tradition des Marxismus-Leninismus** und behauptet, das kommunistische System nicht stürzen zu wollen. Rhetorisch ist M 2 klar in der **Ideologie des Sozialismus** verankert. Der Generalsekretär spricht seine Zuhörer als Genossen an (vgl. Z. 21), verteidigt die marxistisch-leninistische Lehre und verspricht die Verbesserung bzw. „Wiedergeburt" (Z. 7) des Sozialismus. Werte wie **Freiheit des Individuums, Meinungspluralismus und Demokratie**, die er dabei berücksichtigen will, sind dagegen zentrale Forderungen des **politischen Liberalismus**, des ideologischen Gegners im Kalten Krieg. Die Tatsache, dass er die **UdSSR für westliche Werte öffnen** möchte, um den „real existierenden Sozialismus" zu retten, unterstreicht die **enorme Bedeutung seiner Pläne**.

Perspektive und Intention

Als Gorbatschow 1985 **sowjetischer Staats- und Parteichef** wurde, fand er das Land in einer tiefgreifenden Strukturkrise vor: Ende der 1970er-Jahre hatte sich der **Kalte Krieg** erneut **verschärft**; der **Rüstungswettlauf** mit den USA war wieder eskaliert, was die **Staatsverschuldung** in die Höhe trieb und die sowjetische Wirtschaft vor große Herausforderungen stellte. Die Planungsbehörden waren mit der effizienten Steuerung der Wirtschaft und Verteilung der knapper werdenden Ressourcen zunehmend überfordert. Es gab **kaum Anreize für Innovationen**, was sich gerade im Bereich der Hochtechnologie zeigte. Der **Primat der Schwerindustrie** ging zulasten der Konsumgüterproduktion und der Versorgung der Bevölkerung. Zudem nahm die Zerstörung der Umwelt immer größere Ausmaße an. Auch politisch-gesellschaftlich hatte die Sowjetunion, wie der ganze Ostblock, mit einer **Legitimationskrise** zu kämpfen. **Demokratische Partizipation** war in der „Diktatur des Proletariats" **nicht vorgesehen**, die politische Macht lag in den Händen überalterter Kader der kommunistischen Partei. Der breiten Bevölkerung wurden **Freiheitsrechte** konsequent **verweigert**.

historischer Hintergrund

Gorbatschow wollte der Krise mit **tiefgreifenden Reformen** begegnen: Die **grundlegende Modernisierung** von Politik, Wirtschaft und Gesellschaft sollte die UdSSR wettbewerbsfähiger machen, ohne den Kommunismus als grundlegende Ideologie abzulösen. „**Perestroika**" (Umgestaltung) versprach u. a. die Verbesserung der ineffizienten Planwirtschaft, indem man gewisse marktwirtschaftliche Strukturen zuließ. „**Glasnost**" (Transparenz) sollte mehr Meinungsfreiheit und öffentliche Diskussion bringen. Politische Häftlinge wurden aus dem Gefängnis entlassen und Demonstrationen zugelassen. Ein Erfolg der Reformen **blieb** aber weitgehend **aus:** Während die wirtschaftliche Öffnung Versorgungsengpässe verschärfte und die Inflation ankurbelte, verstärkten die neuen Partizipationsmöglichkeiten die **Legitimationskrise** des Regimes.

M 3 thematisiert ebenfalls Gorbatschows **Reformprogramm**, allerdings aus westlicher Perspektive. Es handelt sich um eine **Karikatur** von **Horst Haitzinger**, die **1988** in einer westdeutschen Zeitung veröffentlicht wurde. Während in der **Rede M 2 von 1987** das Reformprogramm vom sowjetischen Parteichef persönlich vorgestellt und begründet wird, macht sich der Künstler in M 3 über die vermeintlichen **Folgen des neuen Moskauer Kurses für die DDR** lustig.

<small>Vergleich mit M3
Thema, Autor, Quellenart, Perspektive</small>

Der **Ostblock** wird hier als **Hausgemeinschaft** angedeutet; zu sehen sind zwei übereinanderliegende Wohnungen, die mit **UdSSR** (oben) und **DDR** (unten) gekennzeichnet sind. Im ersten Stock bringt Gorbatschow ein Gemälde mit einem prunkvollen Rahmen an. Es zeigt einen lächelnden Engel, der ein Banner mit der Aufschrift „**Glasnost**" hält. Die **Modernisierung der Sowjetunion** wird als Renovierung bzw. Verschönerung der Wohnung dargestellt. Durch das Einschlagen des Nagels fällt jedoch im Erdgeschoss ein Bild mit der Aufschrift „**Opposition**" von der Wand und stürzt dem völlig überraschten **Erich Honecker** auf den Kopf. Der SED-Generalsekretär sitzt auf einem Sofa, liest Zeitung und trinkt Kaffee. Das O von „Opposition" ist mit Teufelshörnern und langen Eckzähnen gezeichnet.

<small>Inhalt: Darstellung der Reformen</small>

Haitzinger sieht Gorbatschows Reformprogramm **durchaus positiv und wohlwollend**. Er verweist aber auch darauf, dass „**Glasnost**" die DDR vor große Herausforderungen stellte. Tatsächlich konnten sich die **oppositionellen Bürgerrechtsbewegungen**, die das SED-Regime schon länger kritisierten, auf den **Politikwechsel in Moskau** berufen und ihrer Kritik und ihren Forderungen mit Verweis auf die Führungsmacht des Ostblocks Nachdruck verleihen. Der Karikaturist weist zu Recht darauf hin, dass die politische Führung der DDR darauf **nicht vorbereitet war** und es ablehnte, einen ähnlichen Kurs einzuschlagen. Die Reformen in der UdSSR hatten Haitzinger zufolge eine nicht beabsichtigte Folge: die **Destabilisierung der DDR**.

Während in M 2 der sowjetische Staats- und Parteichef persönlich um **Unterstützung für sein Reformprojekt** wirbt, beschäftigt sich M 3 bereits **kritisch mit den Auswirkungen** seiner Ideen auf andere Ostblock-Länder: Am Beispiel der DDR wird ironisch verdeutlicht, dass die Vorgänge in der UdSSR weitreichende Folgen hatten. Dass diese Dynamik sogar zum **Zusammenbruch des Ostblocks** führte, ist aber in M 3 nicht ersichtlich.

<small>Fazit</small>

Baden-Württemberg Geschichte
Schriftliche Abiturprüfung ▪ Übungsaufgabe 4

WEST- UND OSTEUROPA NACH 1945: WEGE IN DIE POSTINDUSTRIELLE ZIVILGESELLSCHAFT
(4) wirtschaftlicher Aufschwung in West- und Osteuropa bis Anfang der 1970er-Jahre; (5) Umgang mit Protest in West- und Osteuropa; (9) wirtschaftliche Krisen der 1970er- und 1980er-Jahre; (11) Zusammenbruch des Ostblocks

Aufgabenstellung

1 Analysieren Sie M 1 und vergleichen Sie M 1 mit M 2.

2 Erläutern Sie den unterschiedlichen Umgang mit Protest in West- und Osteuropa in den 1950er- und 1960er-Jahren an je einem Beispiel Ihrer Wahl.

3 Analysieren Sie M 3.

4 Die DDR ist an ihrer Reformunfähigkeit zugrunde gegangen. Überprüfen Sie diese These.

M1 Wahlwerbeschreiben Konrad Adenauers (August 1957, Auszug)

Meine lieben Landsleute,
seit acht Jahren trage ich die Verantwortung für die deutsche Politik. Heute wende ich mich an Sie, um Ihnen für das Vertrauen zu danken, das Sie mir in dieser langen und schicksalsschweren Zeit geschenkt haben. [...]

Im Jahre 1949 waren wir noch ein verarmtes und rechtloses Volk. Die Schatten des verlorenen Krieges verdunkelten unser Leben.

Sie haben es miterlebt, wie sich die Dinge Schritt für Schritt zum Besseren gewendet haben. Heute stehen wir wieder fest auf eigenen Füßen. Die Bundesrepublik ist ein souveräner, gleichberechtigter Staat. Unsere Stimme wird gehört: in Washington, London, Paris und in Moskau. <u>Wir sind nicht mehr allein.</u> Die Mächte der freien Welt sind unsere Freunde; sie verbürgen unsere Sicherheit. [...]

Die deutsche Wirtschaft hat einen großen Aufschwung genommen. Die D-Mark ist stabil, sie ist mit dem Dollar und dem Schweizer Franken die <u>beste Währung der Welt</u>. [...]

Der Lebensstandard in der Bundesrepublik ist von Jahr zu Jahr gestiegen; jeder hat seinen Teil davon bekommen. Wir haben über die Sorge für die Schaffenden in Stadt und Land auch das Alter nicht vergessen: die Rentenreform sichert heute allen, die nicht mehr im Berufsleben stehen, einen sorgenfreien Lebensabend.

Glauben Sie, daß dieser Aufstieg aus dem Nichts ein Zufall war? Gewiss, Sie haben oft über Ihre Kräfte hinaus gearbeitet. Aber auch unsere Brüder und Schwestern in der Sowjetzone sind in diesen Jahren fleißig gewesen. Wie sieht jedoch ihr Leben aus? Sie hatten nicht das Glück, in Freiheit eine Regierung zu wählen, die für das Wohl des gesamten Volkes arbeitet. Ein unbarmherziges System, das auf den Menschen und seine Bedürfnisse keine Rücksicht nimmt, hat sie um die Früchte ihres Schaffens betrogen. [...]

Der Wille der Sowjetunion, die Welt zu erobern, besteht nach wie vor. <u>Wir dürfen vor der kommunistischen Gefahr nicht die Augen verschließen.</u> [...] Es liegt bei Ihnen, meine lieben Landsleute, ob die erfolgreiche Politik der Bundesregierung in den nächsten vier Jahren fortgesetzt werden kann oder nicht. Es erscheint mir ein Gebot der Klugheit, <u>jetzt keine Experimente zu machen.</u>

Original in Privatbesitz; Unterstreichungen entsprechen dem Original.

| M2 | Erfolge des ersten Fünfjahrplans – Plakat von 1952

Quelle: https://ddr-reklame.tumblr.com/post/182784569009/ein-f%C3%BCnfjahresplan-auch-f%C3%BCnfjahrplan-oder (letzter Zugriff: 13. 07. 22)

Hinweis: Eine Farbabbildung des Bildes zum Download finden Sie unter:
https://www.stark-verlag.de/mystark (Zugangscode vgl. Umschlaginnenseite).

| M3 | Bundeskanzler Helmut Schmidt vor dem Deutschen Bundestag zur Lage der Nation, 9. April 1981

Nun haben gleichzeitig die **Strukturkrise der Weltwirtschaft** und die **Folgen der zweiten Ölpreisexplosion** […] unser eigenes Land hart getroffen. Wir in der Bundesrepublik haben Mühe, die seit 1978 eingetretene abermalige Verdoppelung unserer jährlichen Ölrechnung auf 60 Milliarden DM zu verkraften. Unter dem Druck von
5 außen werden auch bei uns **Bruttosozialprodukt und Volkseinkommen** in diesem Jahr real etwas zurückgehen. […] Die Sorge um Arbeitsplätze hat zugenommen. […]

Für uns kommt es vor allem darauf an, unser **Leistungsbilanzdefizit**[1] zu **verringern**, es abzubauen. [...] Wir können nicht auf die Dauer höhere Rechnungen an das Ausland bezahlen, als wir selber an Zahlungen aus dem Ausland erhalten. Dies bedeutet vor allem, unsere Einfuhr an Öl weiterhin zu drosseln. Es bedeutet ebenso allgemeine Einsparung von Energie, und es bedeutet ebenso, die Wettbewerbsfähigkeit unserer Produkte am Weltmarkt nochmals zu verbessern, um mehr verkaufen zu können. [...]

Bei uns – und ähnlich in der DDR – gibt es manchen, der sich Sorgen um seine wirtschaftliche Zukunft macht. Angst um den Frieden, Angst um Sicherheit insgesamt kommen hinzu, und dies keineswegs nur unter jüngeren Menschen. Gewiß kann niemand ihnen Sicherheit gegen alle Fährnisse des Lebens bieten. [...] Gewiß soll auch keiner die Probleme anderer, zumal ihre Sorgen und Ängste, kleiner schreiben, als sie sind.

Aber es bleibt auch richtig, daß die allermeisten Menschen auf der ganzen Welt ihren Platz gern mit einem Deutschen tauschen würden. [...]

Der Beginn der 80er Jahre stellt an die **Gesellschaft** Anforderungen von größerer Bedeutung und von anderer Bedeutung, anderer Qualität als der Beginn der 70er Jahre. Die Bürger müssen sich **aus dem einseitigen Anspruchsdenken befreien**, das die Wachstumsgesellschaft zunächst mit sich gebracht hat. [...]

Sie müssen lernen, ihre Lebenschancen wirklich zu nutzen, die im Kern etwas wesentlich anderes und wesentlich mehr als nur die Chance zur fortlaufenden Steigerung des Lebensstandards darstellen. [...]

Wir haben in der heutigen Gesellschaft große Möglichkeiten zur Verwirklichung jener Entfaltungsideale der Person, wie sie von der Arbeiterbewegung und der Sozialdemokratie, wie sie vom freiheitlichen Bürgertum und vom Liberalismus verstanden wurden und verstanden werden. Wer seine **Chance zur Selbstverwirklichung** bewußt nutzt, der muß keine Angst haben. [...]

Allerdings kann er dabei nicht allein bestehen. Der **Grundwert der Brüderlichkeit** ist als Solidarität der Arbeitenden untereinander und der Arbeitenden mit den sozial Schwachen in unsere umfassende Sozialgesetzgebung weitgehend eingegangen. Aber damit ist er allein noch nicht gesichert. Es gibt zum Beispiel Auswüchse, die bei einigen auf eine verkümmernde Sozialfähigkeit und Sozialverantwortung hinweisen. Das Verhältnis zu den bei uns lebenden und bei uns arbeitenden Ausländern gibt dafür mancherorts beredte Beispiele.

Manche **Minoritäten** werden bisweilen ziemlich brutal von der Solidarität ausgeschlossen. Sicherlich mangelt es bisweilen auch an der Solidarität gegenüber der Jugend und auch gegenüber künftigen Menschen, die erst noch geboren werden sollen, wenn die Heutigen die natürliche Umwelt bisweilen unbedacht zerstören lassen.

Aus: Helmut Schmidts Bericht zur Lage der Nation, in: Deutscher Bundestag. Stenographischer Bericht 31. Sitzung (Bonn, 9. April 1981), S. 1543–1545 (Hervorhebungen folgen der Vorlage.)

Anmerkung
1 Leistungsbilanz(-defizit): Ausgaben und Einnahmen einer Volkswirtschaft aus dem Import und Export von Waren und Dienstleistungen. Es besteht ein Defizit, wenn eine Volkswirtschaft mehr Geld für Importe ausgibt, als sie mit Exporten verdient.

Lösungsvorschlag

1 **TIPP** *Anforderungsbereich: II, Verrechnungspunkte: 16*

Die erste Aufgabe besteht aus zwei Teilen. Analysieren Sie zunächst systematisch die Quelle M 1: Stellen Sie sie kurz vor, fassen Sie den Inhalt nach übergeordneten Gesichtspunkten zusammen und ordnen Sie sie in den historischen Kontext ein. Im Anschluss untersuchen Sie M 1 und M 2 auf Gemeinsamkeiten und Unterschiede. Benennen Sie sinnvolle Vergleichskriterien wie Quellenart, Urheber, Adressaten, Entstehungszeitpunkt, Inhalt und Intention. Abschließend formulieren Sie ein Fazit, das Ihre Ergebnisse prägnant zusammenfasst.

Bei der Quelle M 1 handelt es sich um den Auszug aus einem **Wahlwerbeschreiben** vom **August 1957**. Darin wendet sich der damalige **Bundeskanzler Konrad Adenauer** (CDU) im Wahlkampf zur anstehenden Bundestagswahl direkt an die **Bürgerinnen und Bürger der Bundesrepublik** und ruft zu seiner Wiederwahl auf.

Analyse von M 1
kurze Vorstellung der Quelle

Adenauer blickt zunächst zurück auf den **Beginn seiner Kanzlerschaft**. Dabei zeichnet er die Lage Westdeutschlands im Jahr **1949** in düsteren Farben. Die (West-)Deutschen seien „ein verarmtes und rechtloses Volk" (Z. 5) gewesen, über dem die „Schatten des verlorenen Krieges" gelegen hätten (Z. 5 f.). Ausgehend von dieser Bestandsaufnahme beschreibt der Bundeskanzler die seiner Ansicht nach positiven **politisch-wirtschaftlichen Veränderungen**, die die Bundesrepublik in den letzten acht Jahren **unter seiner Führung** erfahren habe: „Sie haben es miterlebt, wie sich die Dinge Schritt für Schritt **zum Besseren** gewendet haben." (Z. 7 f.)

zentrale Aussagen
– Ausgangslage 1949

Adenauer verweist darauf, dass Westdeutschland wieder den Status eines „**souveräne[n], gleichberechtigte[n] Staat[es]**" (Z. 9) erlangt habe, der sich in der internationalen Politik bei den Siegermächten Gehör verschaffen könne (vgl. Z. 9–10). Dabei verweist er auf die in seinen Augen existenzielle **Integration der Bundesrepublik in das westliche Bündnissystem**: „Wir sind nicht mehr allein." (Z. 10)

– politische Veränderungen

Die wirtschaftliche Entwicklung Westdeutschlands beschreibt der Verfasser als **Wirtschaftsboom**, der sich günstig auf das Leben aller Bürgerinnen und Bürger auswirke; so sei deren „**Lebensstandard** […] von Jahr zu Jahr gestiegen" (Z. 15). Durch die Politik seiner Regierung werde der **Wohlstand** auch gerecht in der Bevölkerung verteilt. Besonders hebt er die **stabile, starke Währung** und die **Rentenreform** hervor, die den Rentnerinnen und Rentnern „einen sorgenfreien Lebensabend" (Z. 18) ermögliche (vgl. Z. 12–18).

– wirtschaftliche Veränderungen

Anschließend vergleicht Adenauer die Lage der Bürger im Westteil Deutschlands mit derjenigen „**unsere[r] Brüder und Schwestern in der Sowjetzone**" (Z. 20 f.). Letztere hätten genauso hart und fleißig gearbeitet, seien aber „um die Früchte ihres Schaffens **betrogen**" (Z. 24 f.) worden. Dies liege am dortigen „**unbarmherzige[n] System**" (Z. 23), in dem der Einzelne, seine Bedürfnisse und sein Wohlergehen keine Rolle spielen würden (vgl. Z. 23–25). Die **vehemente Ablehnung des Kommunismus** spricht auch aus den Äußerungen zur **Sowjetunion** (vgl. Z. 26 f.): Da diese weiterhin die Welt erobern wolle, dürfe man, so Adenauers Warnung, „vor der **kommunistischen Gefahr** nicht die Augen verschließen" (Z. 27).

– Antikommunismus

Am Ende des Wahlwerbeschreibens **appelliert** der amtierende Bundeskanzler an die Bürgerinnen und Bürger, ihn und seine Partei **wiederzuwählen**, um den so positiv beschriebenen **Kurs fortsetzen** zu können (vgl. Z. 27–30). Er schließt M 1 mit dem leicht abgewandelten Wahlspruch der CDU 1957: „[K]eine Experimente" (Z. 30).

– Aufforderung, Adenauer wiederzuwählen

Die Quelle ist im Kontext des **Kalten Krieges**, der **deutschen Teilung** und des „**Wirtschaftswunders**" der 1950er-Jahre zu verorten. Nach der **Gründung der Bundesrepublik** im Mai 1949 unterstützte die Regierung Adenauer entschlossen die **Integration** des Landes in das **politische, wirtschaftliche und militärische System des Westens**. So wurde Westdeutschland 1954/55 Mitglied der NATO und erhielt (mit Ausnahme gewisser alliierter Vorbehaltsrechte) die Souveränität zurück.

Einordnung in den historischen Kontext
– Westintegration der Bundesrepublik

Als weiterer **Stabilitätsanker** für die **junge parlamentarisch-liberale Demokratie** erwies sich der **beispiellose wirtschaftliche Boom**, der Westeuropa nach dem Zweiten Weltkrieg erfasste. Das über Jahre in Westdeutschland anhaltende **Wirtschaftswachstum** hatte unterschiedliche Ursachen: So waren die Industrieanlagen durch den Krieg weniger zerstört als angenommen. Die 1948 eingeführte **D-Mark** entwickelte sich zu einer **stabilen Währung**. Die Einbindung in das westeuropäische Wirtschaftssystem und die steigende Nachfrage nach westdeutschen Produkten infolge des Koreakriegs („**Korea-Boom**") eröffneten der bundesdeutschen Wirtschaft große Absatzmärkte. Der wirtschaftliche Aufschwung beseitigte die **Arbeitslosigkeit**, bis quasi **Vollbeschäftigung** herrschte, und eröffnete neue Konsummöglichkeiten, sodass sich zum ersten Mal in der deutschen Geschichte eine **Konsumgesellschaft** herausbildete.

– „Wirtschaftswunder"

Als Erfolgsmodell stellte sich das von Wirtschaftsminister **Ludwig Erhard** forcierte Konzept der **Sozialen Marktwirtschaft** heraus, das die Marktwirtschaft mit sozialem Ausgleich verband: Während der Staat Privateigentum, freien Wettbewerb und freie Preisbildung am Markt gesetzlich garantieren, auf weitergehende wirtschaftliche Eingriffe aber möglichst verzichten sollte, galt es durch den **Ausbau des Sozialstaats** soziale Härten des kapitalistischen Systems zu mildern und „**Wohlstand für alle**" (Erhard) zu ermöglichen. So richtete sich z. B. die **Rentenreform** 1957 („Generationenvertrag", „dynamische Rente") gegen Altersarmut und ließ auch Rentnerinnen und Rentner **am Wirtschaftswachstum teilhaben**.

Der scharfe **Antikommunismus**, der in M 1 anklingt, war prägender Bestandteil der damaligen politischen Kultur in der Bundesrepublik. In den 1950er-Jahren zeigte er sich anlassbezogen (v. a. Koreakrieg) sowie grundsätzlich im **Verhältnis zum ostdeutschen Teilstaat:** Die Bundesregierung erkannte die DDR nicht als souveränen Staat an und unterhielt damals noch keine diplomatischen Beziehungen mit ihr. Offiziell sprach man u. a. von der „Sowjetzone". In diesem Zusammenhang ist auch die **Westbindung der Bundesrepublik** zu sehen, die in der „Ära Adenauer" als alternativlos galt.

– deutsche Teilung und Antikommunismus

Adenauer zeigt sich in M 1 als **geschickter Wahlkämpfer**, der den Bürgerinnen und Bürgern bewusst vor Augen führt, welch erfolgreiche Entwicklung die Bundesrepublik seit ihrer Gründung zurückgelegt hat. Dabei stellt er konkrete Maßnahmen seiner Kanzlerschaft gezielt heraus (z. B. Rentenreform). Die **freundliche Ansprache** und die Darstellung der **positiven Errungenschaften** seiner Regierungszeit sind gepaart mit der schroffen Ablehnung des Kommunismus, wobei die **sozialistische DDR als negatives Gegenbeispiel** herangezogen wird. Letztlich schürt der Bundeskanzler auch unterschwellig **Angst**, indem er den Eindruck erweckt, dass der hohe Lebensstandard und die Freiheit in Westdeutschland auf dem Spiel stünden, sollte die CDU nicht wiedergewählt werden.

Perspektive und Intention

Vergleicht man Adenauers Wahlschreiben mit dem **Plakat aus der DDR**, so fallen ein paar **Gemeinsamkeiten** auf. Auch in M 2 steht die **wirtschaftliche Entwicklung** des eigenen Staates (hier also der DDR) im Mittelpunkt, die ebenfalls sehr **positiv dargestellt** wird und die jeweilige Bevölkerung für ihre Regierung einnehmen soll. So zeigt das Plakat **lächelnde Männer und Frauen**, die gemeinsam und voller Tatkraft eine Mauer errichten. Im Hintergrund sind Industrieanlagen und bewirtschaftete Ackerflächen zu sehen. Durch die Bildunterschrift wird verkündet, dass der **wirtschaftliche Aufbau** der DDR-Wirtschaft **schnell voranschreite**. Der Stolz auf den wirtschaftlichen Fortschritt im Rahmen des sozialistischen Systems wird durch das **Symbol des Fünfjahresplans** oben links verdeutlicht: Hammer, Zirkel, Kornähren sowie die Zahl 5 in den deutschen Farben **Schwarz-Rot-Gold**.

Vergleich M 1 und M 2
Gemeinsamkeiten
– positive Darstellung der wirtschaftlichen Entwicklung

Auch spielt die **Warnung vor dem politischen Gegner** hier eine ähnliche Rolle wie in M 1. Während Adenauer eindringlich mahnt, die **Gefahr des Kommunismus** weiterhin ernst zu nehmen, wird auf dem Plakat der **Westen als Feind** dargestellt: Ein amerikanischer Soldat (Mütze mit der Aufschrift „US") und drei schwarz gekleidete Politiker versuchen – letztlich erfolglos – die vermeintlichen Errungenschaften der DDR mit einer dunklen Plane, auf deren Flicken „**Lügen**" und „**Hetze**" zu lesen ist, zu verdecken. Ein weiterer Mann mit einem aus **Zeitungspapier** gefalteten Hut, der neue Stücke an die Plane näht, steht für die Rolle der westlichen Medien.

– Warnung vor dem politischen Gegner

Ungeachtet der Ähnlichkeiten wird aber deutlich, dass sich die beiden Quellen auch in vielen Punkten **unterscheiden**. So ist M 1 eine **Textquelle** von **1957**, M 2 dagegen ein **Plakat**, das bereits fünf Jahre zuvor, **1952**, veröffentlicht wurde.

Unterschiede
– Formales

Zudem stehen die zwei Materialien für **verschiedene Systemvorstellungen** im Kontext des Kalten Kriegs. Die DDR begriff sich als **Arbeiter- und Bauernstaat** und sah sich (zumindest theoretisch) der **Idee einer klassenlosen Gesellschaft** verpflichtet. Die Wirtschaft wurde zentral geplant und organisiert (**Plan-/Zentralverwaltungswirtschaft**), besonders durch Fünf- bzw. Siebenjahrespläne. 1952 lief gerade der **erste Fünfjahresplan**.

– Darstellung unterschiedlicher Systeme

Der **Aufschwung**, den der Osten Deutschlands in den 1950er-Jahren durchaus erlebte, fiel **bescheidener** aus als im Westen, weil die **Rahmenbedingungen schlechter** waren. So waren nach 1945 große Teile der Industrieanlagen und der Infrastruktur von der sowjetischen Besatzungsmacht **demontiert** und als **Reparationsleistungen** in die UdSSR verbracht worden. Zudem zeigte sich die zentrale **Planungsbehörde** bald mit der Steuerung der Volkswirtschaft **überfordert**, was zu Zulieferproblemen bei Rohstoffen und Vorprodukten führte. Das **Recht auf Arbeit** bedeutete zwar, dass es offiziell keine Arbeitslosigkeit gab, was aber kaum die vielen wirtschaftlich-sozialen Probleme und politischen Unfreiheiten verdeckte. Dies gelang auch nicht durch den Anspruch, dass der **Versorgungsstaat** allen Bürgerinnen und Bürgern kostenlose Sozialleistungen garantieren und Grundbedürfnisse befriedigen sollte. Problematisch war zudem, dass die SED den **gezielten Auf- und Ausbau der Schwerindustrie** forcierte und dafür die Konsumgüterproduktion vernachlässigte.

Die Wirtschaft der DDR war zwar eine der **erfolgreichsten Ökonomien des ganzen Ostblocks**, allerdings blieben die Qualität der Produkte und der Wohlstand der Bevölkerung weit hinter dem Westen zurück. Da die Einwohner der DDR ihre Situation und ihren Lebensstandard vor allem **mit der Bundesrepublik verglichen**, versuchte die SED, die Bürgerinnen und Bürger mit **Propaganda** wie M 2 von ihren Erfolgen zu überzeugen. Letztlich verfingen derartige Botschaften jedoch kaum, was zur **Destabilisierung des SED-Regimes** maßgeblich beitrug. So verließen zahlreiche Bürgerinnen und Bürger in den 1950er-Jahren bis zum Mauerbau 1961 das Land.

Beide Quellen verfolgen das Ziel, die **eigene Bevölkerung** von den **vermeintlichen Erfolgen** der jeweiligen Regierung zu überzeugen. Adenauer wirbt mit dem beispiellosen Wirtschaftsboom und warnt vor dem Kommunismus, um seine Wiederwahl zu ermöglichen. Das Propagandaplakat feiert den wirtschaftlichen Aufbau der DDR und verurteilt Kritik als Lüge und Hetze.

Fazit

---

2 **TIPP** *Anforderungsbereich: II, Verrechnungspunkte: 14*

Die zweite Teilaufgabe fordert von Ihnen, dass Sie den Umgang mit Protesten in West- und Osteuropa bis zum Ende der 1960er-Jahre an zwei geeigneten Beispielen „erläutern". Eine reine Aufzählung von Ereignissen reicht dafür nicht aus. Sie müssen ausführlicher erklären, warum der Umgang mit konkreten Formen des Widerstands und Protests in Ost und West unterschiedlich ausfiel und welche Folgen dies nach sich zog. Als Alternativen zu den im Folgenden ausgewählten Beispielen sind die Wiederbewaffnungs-Debatte in der Bundesrepublik, der Ungarnaufstand 1956 und der „Prager Frühling" 1968 denkbar.

Wie unterschiedlich die Möglichkeiten der Bevölkerung in Ost und West waren, **durch Proteste Kritik** am politischen, wirtschaftlichen und gesellschaftlichen System zu **artikulieren** und die Politik zu Reformen zu bewegen, kann beispielhaft am **Aufstand des 17. Juni 1953 in der DDR** und an der **68er-Bewegung in der Bundesrepublik** gezeigt werden.

Einleitung

Im März 1953 starb **Stalin**, der über 30 Jahre lang die Sowjetunion beherrscht hatte. Daraufhin verfügte die **neue Führung in Moskau** einen „**Neuen Kurs**", der die Lebensmittelversorgung der Bevölkerung verbessern und die systematische Verfolgung durch die Sicherheitsbehörden beenden sollte. Diese Anfänge einer „Entstalinisierung" wurden auch den anderen Ländern des Ostblocks empfohlen.

Ost: Volksaufstand vom 17. Juni 1953
Tod Stalins und „Neuer Kurs" Moskaus

In der **DDR** reagierte die **SED-Führung unter Walter Ulbricht** mit hinhaltendem Widerstand gegen die Reformvorschläge des „Neuen Kurses". Ulbricht war überzeugter Anhänger Stalins gewesen und wurde nun von den Vorschlägen aus Moskau überrumpelt. Demonstrativ hielt die DDR-Regierung am 1952 proklamierten „**planmäßigen Aufbau des Sozialismus**" fest. Zwar kündigte sie auf sowjetischen Druck hin ebenfalls einen „Neuen Kurs" (u. a. mehr Förderung

Reaktion der DDR-Führung

der Konsumindustrie, Einstellung repressiver Maßnahmen gegen Systemkritiker) an und gestand Fehler ein; allerdings erhöhte sie gegen den Willen Moskaus im Mai 1953 die **Arbeitsnormen** in der Industrie, was Lohnkürzungen für die Arbeiterschaft bedeutete.

Die Enttäuschung der Bevölkerung, die auf Reformen gehofft hatte, äußerte sich am **16./17. Juni 1953 in Streiks und Arbeitsniederlegungen**, die sich von Berlin aus auf die **ganze DDR** ausbreiteten. Neben der Rücknahme der Normerhöhungen wurden **freie Wahlen, die Absetzung der Regierung und die Wiedervereinigung** gefordert. Den Demonstrationen schlossen sich auch Angehörige der städtischen Mittelschicht, Bauern und Intellektuelle an, wodurch sich die Erhebung zu einem **Volksaufstand** entwickelte. Die politische Führung hatte die Lage nicht mehr im Griff, Polizei und Staatssicherheit konnten die Proteste nicht eindämmen.

Entwicklung des Aufstands

In der Reaktion auf die Erhebung zeichnete sich ein Muster ab, das sich **in anderen Ostblockländern wiederholen** sollte: Verloren die Regierungen die Kontrolle über das Geschehen, **intervenierte Moskau militärisch** zugunsten der jeweiligen kommunistischen Partei. Der Volksaufstand in der DDR wurde **gewaltsam** mit Panzern der Roten Armee **niedergeschlagen**. Die während der Proteste geforderten politisch-wirtschaftlichen Reformen wurden nicht umgesetzt, die **Überwachung der Bevölkerung** durch das Ministerium für Staatssicherheit ausgeweitet. Anstatt sich selbst und die eigene Agenda zu hinterfragen, erklärte die SED-Führung, der Aufstand sei **ein vom Westen unterstützter „faschistischer Putschversuch"** gewesen. Viele Bürger traten daraufhin die **Flucht in den Westen** an. Die von der DDR-Führung als **„Republikflucht"** geschmähte „Abstimmung mit den Füßen" konnte erst mit der Abriegelung der Grenzen und dem **Bau der Berliner Mauer 1961** beendet werden.

Reaktion der Machthaber

Die **Proteste der 68er-Bewegung in der Bundesrepublik** hatten andere Ursachen. Sie wurden maßgeblich getragen durch die **junge Nachkriegsgeneration**, die während des „Wirtschaftswunders" mit starkem Wirtschaftswachstum, Massenwohlstand und ungeahnten Konsumchancen sozialisiert wurde und Krieg und Entbehrung nur aus Erzählungen kannte. In den 1960er-Jahren erfasste ein **tiefgreifender Wertewandel** die westlichen Gesellschaften: Bisherige Leitwerte wie Pflichterfüllung, Disziplin, Gehorsam und Autoritätshörigkeit wurden zunehmend von **Freiheit, Selbstverwirklichung und Individualismus** abgelöst. Der daraus resultierende **Generationenkonflikt** wurde in der westlichen Welt wesentlich von Studenten getragen, die v. a. Reformen an den Universitäten einforderten. Zudem protestierten sie vehement **gegen die USA**, die sie durch den brutal geführten **Vietnamkrieg moralisch diskreditiert** sahen, und

West: 68er-Bewegung
Themen und Forderungen

solidarisierten sich mit den kommunistischen Kräften in Vietnam. In der Bundesrepublik verband sich diese Kritik noch mit der Forderung nach **konsequenter Aufarbeitung der NS-Vergangenheit.** Die junge Generation warf ihren Eltern vor, die Verbrechen der NS-Zeit und des Zweiten Weltkriegs nicht kritisch thematisiert zu haben. Auch hatten die Studenten maßgeblichen Anteil an der „**Außerparlamentarischen Opposition**" gegen die 1966 gebildete **Große Koalition.** Als die Regierung aus CDU/CSU und SPD 1968 die **Notstandsgesetze** durch das Parlament brachte, durch die Grundrechte eingeschränkt werden können, sahen sich viele APO-Mitglieder an die Notverordnungen nach **Art. 48 der Weimarer Verfassung** erinnert, die den **Aufstieg der Nationalsozialisten** befördert hatten.

Der **Protest gegen das „Establishment"** äußerte sich in vielfältiger Weise. So organisierten die Studenten u. a. **Massendemonstrationen, Sitzstreiks und Diskussionsrunden** an Universitäten. Dabei kam es wiederholt zu schweren Auseinandersetzungen mit der Polizei und nahezu vergiftete Beziehungen mit den Medien, besonders der Springer-Presse. Ihren Höhepunkt erreichte die Bewegung 1968 („**68er**"), danach zerfiel sie überraschend schnell in unterschiedliche Strömungen. Das **liberale, pluralistische System** der Bundesrepublik ermöglichte es, die eigene Meinung in etablierten Institutionen einzubringen. Viele gemäßigte Studierende traten **Parteien** bei und begannen den „**langen Marsch durch die Institutionen**". Erleichtert wurde ihnen dieses Engagement durch den Regierungswechsel 1969 und die **Reformprojekte der sozialliberalen Regierung unter Willy Brandt** (SPD), die Forderungen der „68er" aufgriffen und einen Liberalisierungsschub in Politik und Gesellschaft bewirkten. Die zunehmende Politisierung und Pluralisierung der Bevölkerung setzte sich in den **Bürgerrechtsbewegungen** der 1970er-/1980er-Jahre fort, die sich u. a. für die Emanzipation der Frau, den Schutz der Umwelt oder den Weltfrieden einsetzten. Ein radikaler Teil der Studentenbewegung blieb allerdings kritisch gegenüber dem parlamentarischen System. Besonders herausgefordert wurde die Bundesrepublik durch linksextreme Gruppierungen wie die **Rote Armee Fraktion**, die einen Umsturz mit terroristischen Mitteln anstrebten.

Protestformen und Entwicklung

Vergleicht man den Umgang mit Protesten in Ost- und Westdeutschland, so wird deutlich, dass **systembedingt** unterschiedlich vorgegangen wurde. Bereits 1953 zeigte sich, dass der **Staatssozialismus** in der DDR **reformunfähig** und die SED-Führung nicht zu Zugeständnissen bereit war. Die Tatsache, dass zahlreiche Arbeiter an dem Aufstand beteiligt waren, **delegitimierte den „Arbeiter- und Bauern-Staat"**, der in seinem Selbstverständnis stets die wahren Interessen der Bevölkerung im Blick habe. Nachdem die kommunistischen Kader in Ost-Berlin vollständig die Kontrolle verloren und die

Fazit

Intervention der Roten Armee benötigt hatten, war ihnen klar, dass sie sich nicht auf die Akzeptanz der eigenen Bevölkerung verlassen konnten, was zum **Ausbau des Überwachungs- und Unterdrückungsapparats** der DDR führte.

Die Bundesrepublik konnte wegen der **auf Pluralismus ausgelegten Demokratie** anders mit Protesten umgehen. Zwar gab es durchaus Grenzen in Bezug auf radikale Strömungen, die zur Anwendung von Gewalt bereit waren; allerdings gelang es, dem gemäßigten Teil der 68er-Bewegung Partizipationsangebote zu machen. Das politische System der Bundesrepublik zeigte sich **flexibler, anpassungsfähiger und offener für neue Ideen** als dasjenige der DDR. Zwar verliefen die Auseinandersetzungen auch im Westen nicht vollkommen harmonisch und waren teils sogar erbittert; trotzdem ermöglichten die Proteste der „68er" einen **Liberalisierungsschub** von Politik, Kultur und Gesellschaft, den es in der DDR nicht gegeben hat.

3 | **TIPP** Anforderungsbereich: II, Verrechnungspunkte: 14

In dieser Teilaufgabe ist erneut eine systematische Quellenanalyse verlangt. Stellen Sie zunächst M 3 mit den wichtigsten Informationen vor. Fassen Sie dann den Inhalt nach übergeordneten Gesichtspunkten zusammen, arbeiten Sie Perspektive und Intention des Autors heraus und ordnen Sie die Quelle schließlich in den historischen Kontext ein.

M 3 ist eine **Rede**, die **Bundeskanzler Helmut Schmidt** (SPD) am **9. April 1981** im Deutschen Bundestag gehalten hat. In seiner Ansprache zur Lage der Nation, die sich über die anwesenden Abgeordneten hinaus an die ganze **bundesdeutsche Bevölkerung** richtet, analysiert er die **damalige Krise der Bundesrepublik** und skizziert seine politischen Vorstellungen. Dabei geht er im vorliegenden Auszug v. a. auf ökonomische und gesellschaftliche Aspekte ein.

<small>Vorstellung von M 3</small>

Schmidt beschreibt zunächst die **gravierenden Auswirkungen der weltweiten Wirtschaftskrise**, ausgelöst durch die „Strukturkrise der Weltwirtschaft" (Z. 1) und den „**Ölpreisschock**" 1978, auf die Bundesrepublik. Die Kosten für die Ölimporte hätten sich verdoppelt, was Westdeutschland in eine **Rezession** geführt habe: Bruttosozialprodukt und Volkseinkommen würden sinken, die Arbeitslosigkeit dagegen steigen (vgl. Z. 1–6). Perspektivisch empfiehlt der Bundeskanzler, das durch hohe Importkosten verursachte **Leistungsbilanzdefizit** durch die geringere Einfuhr von Öl und das Sparen von Energie auszugleichen. Auch müsse man in die Wettbewerbsfähigkeit westdeutscher Produkte investieren, um den Absatz auf dem Weltmarkt zu steigern (vgl. Z. 7–10).

<small>Inhalte von M 3
Auswirkungen der weltweiten Wirtschaftskrise</small>

Diese wirtschaftliche Entwicklung mache ein **Umdenken der Bürgerinnen und Bürger notwendig**. Während des Wirtschaftsbooms sei eine **einseitige Anspruchshaltung** der westdeutschen Bevölkerung entstanden. Mit dem Ende der Wachstumsgesellschaft müssten sich die Menschen **neu orientieren** (vgl. Z. 21–27). Obwohl auch in der Bundesrepublik generationenübergreifend **Sorgen um die wirtschaftliche Zukunft, Frieden und Sicherheit** vorhanden seien (vgl. Z. 13–18), würden wohl „die allermeisten Menschen auf der ganzen Welt ihren Platz gerne mit einem Deutschen tauschen" (Z. 19 f.).

Konsequenzen für die Bevölkerung

Schmidt **beruhigt** die Zuhörer jedoch auch: Es gebe keinen Grund, vor den Herausforderungen, die auf die Gesellschaft zukämen, Angst zu haben. Die **freie Entfaltung der Person** sei in hohem Maße möglich, was sowohl Forderungen der Sozialdemokratie als auch des Liberalismus erfülle. Es gelte, die „**Chance zur Selbstverwirklichung**" (Z. 31) tatsächlich zu nutzen (vgl. Z. 28–32). Er mahnt aber auch zur **Solidarität** innerhalb der Gesellschaft. Die sozial Stärkeren müssten solidarisch mit den Schwachen sein. Der Staat leiste mit der **Sozialgesetzgebung** seinen Teil, der Umgang mit in Deutschland arbeitenden **Ausländern** ist aber für den Redner ein Beleg dafür, dass einige Bürger eine „verkümmernde Sozialfähigkeit und Sozialverantwortung" (Z. 37) an den Tag legten. Es gebe Minderheiten, die „ziemlich brutal" (Z. 40) ausgeschlossen seien. Aus Rücksicht auf die Jugend und nachfolgende Generationen mahnt Schmidt auch einen **bewussteren Umgang mit der Umwelt** an, die „bisweilen unbedacht" (Z. 43) zerstört werde (vgl. Z. 33–43).

Selbstverwirklichung und Solidarität

Mit seiner Rede **informiert** der Bundeskanzler die Bundestagsabgeordneten und die bundesdeutsche Bevölkerung über die aktuellen wirtschaftlichen und gesellschaftlichen Entwicklungen in der Bundesrepublik. Seine **Analyse der damaligen Lage** verbindet er mit **Appellen**, die bestehenden Probleme aktiv und mit Zuversicht anzugehen. Dabei verzichtet Schmidt auf politische Polemik und betont Werte, die von beiden Koalitionsparteien, SPD und FDP, vertreten werden: **Freiheit, Selbstverwirklichung und Solidarität**.

Perspektive und Intention

In den 1970er-Jahren **endete** in Westeuropa der **langjährige Wirtschaftsboom** der Nachkriegszeit („**Golden Age**"), was die westeuropäischen Staaten vor enorme Herausforderungen stellte. Gründe hierfür waren der allgemeine **Strukturwandel** der Wirtschaft und die **massive Verteuerung von Erdöl**, das Kohle als Energieträger ersetzt hatte, durch die **Ölkrisen** 1973 und 1979/80 (vgl. Z. 1 f.). Die Bundesrepublik erlebte in den 1970er- und frühen 1980er-Jahren Phasen der „**Stagflation**": Die Wirtschaft **stagnierte** und befand sich zwischenzeitlich sogar in einer Rezession, während die **Inflation** das Geldvermögen entwertete. Der gleichzeitige Strukturwandel hin zu

historischer Hintergrund

neuen Technologien (Computer, Roboter, Mikroelektronik) und der **Übergang von der Industrie- zur Dienstleistungsgesellschaft** verursachten **strukturelle Arbeitslosigkeit**. Viele Menschen, die ihre Arbeit verloren hatten, fanden u. a. wegen ihrer Qualifikation oder ihres Alters selbst in Zeiten wirtschaftlicher Erholung keine Stelle. Diese **Sockelarbeitslosigkeit** führte zur wachsenden Spaltung der Gesellschaft. Die Errungenschaften des Nachkriegsbooms waren zwar nicht verschwunden, die Zukunftsaussichten verdüsterten sich aber. Vor diesem Hintergrund waren Einsparungen in der Sozialpolitik und eine **Pause beim Ausbau des Wohlfahrtsstaats** nötig.

Auch **gesellschaftlich** erlebte die Bundesrepublik einen starken Wandel. Die Reformen der seit 1969 bestehenden sozialliberalen Koalition hatten Politik, Gesellschaft und Kultur **liberalisiert**. Viele Menschen erlebten diese Zeit als **Aufbruch** und nutzten verschiedene **Partizipationsmöglichkeiten**, um sich vielfältig zu engagieren. Im Rahmen der **Neuen Sozialen Bewegungen** setzten sie sich für die Emanzipation der Frau, den Umweltschutz, die „Dritte Welt" und für Weltfrieden und Abrüstung ein.

Schmidts Rede zeigt eine gewisse **Sorge** der Regierung wegen der großen Herausforderungen, denen sich die Bundesrepublik 1981 angesichts der damaligen Wirtschaftskrise widmen musste. Der Bundeskanzler ruft die Bevölkerung dazu auf, ihre Lebenschancen zu nutzen. Außerdem deutet er an, dass **neue politische, wirtschaftliche und gesellschaftliche Themen** sowie Möglichkeiten der Selbstverwirklichung und Partizipation auf die Tagesordnung rückten.

Fazit

---

4 **TIPP** *Anforderungsbereich: III, Verrechnungspunkte: 16*

In der vierten Teilaufgabe ist Ihr Urteil gefragt. Überprüfen Sie die vorgegebene These, die DDR sei an ihrer Reformunfähigkeit zugrunde gegangen, indem Sie verschiedene Gründe für ihren Zusammenbruch darstellen. Dabei können Sie auch andere inhaltliche Schwerpunkte setzen und müssen nicht zum gleichen Ergebnis kommen wie die folgende Musterlösung. Achten Sie aber in jedem Fall darauf, dass Sie zentrale Begrifflichkeiten korrekt verwenden und dass Sie Ihre Argumentation und Ihr Fazit schlüssig begründen.

Als am **9. November 1989** die **Berliner Mauer** fiel, waren viele Beobachter verblüfft, dass die **Friedliche Revolution** in der DDR gesiegt hatte. Nun rückte das Ende des SED-Regimes nahe. Eine solche Entwicklung hatte sich bereits abgezeichnet, jedoch hatte wohl kaum jemand mit der Geschwindigkeit, mit der das System zusammenbrach, gerechnet. Im Folgenden werden konkrete **Ursachen des**

Einleitung

Scheiterns der DDR **diskutiert: Hätte die SED-Spitze deren Untergang durch Reformen verhindern** können?

In den 1970er- und 1980er-Jahren befanden sich die Staaten des **Ostblocks** in einer **gravierenden politisch-wirtschaftlichen Krise** und litten unter ähnlichen Problemen, die auf strukturelle Defizite zurückgingen. Die Planungsbehörden der Zentralverwaltungswirtschaften waren überfordert mit der effektiven Steuerung der Wirtschaftsprozesse und der optimalen Zuteilung der knapper werdenden Ressourcen, was zu dauerhaften **Versorgungsengpässen** v. a. bei Konsumgütern führte und zur wachsenden Staatsverschuldung beitrug. Das militärische **Wettrüsten** im Rahmen des Kalten Kriegs riss weitere Löcher in die Staatshaushalte. Trotz großer Aufwendungen konnten **Innovationsdefizite** (z. B. in der Elektrotechnik) nicht aufgeholt werden. Durch die Konzentration auf die Schwerindustrie und den Raubbau natürlicher Ressourcen verstärkte sich die Umweltzerstörung, was auch gesundheitliche Folgen für die Bevölkerung hatte.

Ausgangslage: Krise des Ostblocks (auch der DDR)

Neben den wirtschaftlichen Verhältnissen sorgten **politische Unfreiheit, Erstarrung und Repression** für große Unzufriedenheit. Pluralismus und abweichende Meinungen waren nicht erwünscht, Oppositionelle wurden strengstens überwacht, in der DDR durch die „Stasi". Mehrfach hatte die UdSSR Aufbruchsversuche in Ostblockländern unterbunden (z. B. DDR 1953, ČSSR 1968). Nachdem die Unterzeichnung der KSZE-Schlussakte von 1975 erste Hoffnungen auf Veränderungen geweckt hatte, schlug mit dem **Machtwechsel in Moskau 1985** die Stunde der Reformer: Der neue Staats- und Parteichef **Michail Gorbatschow** wollte die Krise mit tiefgreifenden Reformen bekämpfen. Unter den Schlagworten „**Glasnost**" (Offenheit) und „**Perestroika**" (Umgestaltung) sollten der Sozialismus demokratischer und die Wirtschaft leistungsfähiger werden.

In der DDR wurden Gorbatschows Reformvorschläge aufgegriffen und zwar von **Oppositionellen und Vertretern der Bürgerrechtsbewegungen**, die schon länger die demokratischen Defizite, die fehlenden Grund- und Freiheitsrechte, den Rüstungswettlauf, die Umweltverschmutzung und die schlechte Versorgungslage kritisierten. Durch den neuen Kurs in Moskau (Reformen, Ende der „Breschnew-Doktrin") schöpften sie wieder Mut. Die **SED-Führung** unter Erich Honecker **lehnte** allerdings jedwede Reformbestrebung **ab**.

Überprüfung der These: Lage in der DDR
Reaktionen auf Gorbatschows Reformkurs

Die Reformunfähigkeit des SED-Regimes sorgte für **große Enttäuschung** und bestärkte zahlreiche Bürger in ihrem Wunsch, die DDR gen Westen zu verlassen. Die **Ausreisebewegung** stand damit im Widerspruch zu den Bürgerrechtsgruppen, die Reformen in der DDR forderten. Trotz aller Gegensätze erhöhten sie gemeinsam den **Druck auf das SED-Regime: 1989** beteiligten sich immer mehr Menschen

zunehmender Druck: Proteste, Flucht/Ausreise

an Massendemonstrationen, stellten Ausreiseanträge oder wagten die Flucht, v. a. über Ungarn, das sich an Gorbatschows Kurs orientierte. Obwohl die hilflose SED-Spitze angesichts der Proteste eine gewaltsame Lösung nicht ausschloss, verzichtete sie letztlich auf ein solches Vorgehen. Auch Honeckers Rücktritt im Oktober 1989 hielt die Friedliche Revolution nicht mehr auf. Mit der (von der SED nicht gewollten) Öffnung der Mauer am 9. November 1989 war der **endgültige Zusammenbruch** der DDR gewaltlos eingeleitet.

Tatsächlich hat die SED-Führung durch ihren Widerstand gegen jede Reform den **Untergang der DDR maßgeblich mitverschuldet**. Viele Oppositionelle und Bürgerrechtler der 1980er-Jahre standen dem Sozialismus grundsätzlich wohlwollend gegenüber. Sie forderten daher weniger die Abschaffung als vielmehr die Veränderung der DDR und waren durchaus bereit, an einer **Reform des sozialistischen Systems** mitzuwirken. Da die SED-Spitze sämtliche Reformen strikt verweigerte, **verstärkte** sie die Legitimationskrise; das Misstrauen und die Enttäuschung der Bevölkerung wurden größer.

Rettung durch Reformen?

Ob die DDR allerdings mit behutsamen Reformen zu retten gewesen wäre, kann **nicht klar beantwortet** werden. Selbst in osteuropäischen Ländern (allen voran der UdSSR), in denen sich die kommunistischen Parteien an die Spitze der Reformbewegungen setzten, war die tiefe Strukturkrise nicht leicht zu beheben. Zudem war die DDR-Führung mit einem Problem konfrontiert, das es im restlichen Ostblock nicht gab: die staatliche **Teilung Deutschlands**. Die kapitalistisch-liberale **Bundesrepublik** bildete das **ideologische Gegenstück** zur DDR und zog viele Ostdeutsche durch politische Freiheit und Wohlstand an, was sich v. a. an den hohen Fluchtzahlen 1949–1961 und 1989 zeigte. Die SED musste befürchten, dass ein Reformprogramm mit Zugeständnissen und Lockerungen letztlich sogar die Forderung nach der deutschen Wiedervereinigung auf den Plan rufen würde. Wegen der anhaltenden Strukturkrise, der großen Unzufriedenheit der Bürger und des neuen Kurses in Moskau waren Reformen zwar dringend nötig, stellten jedoch auch eine **Bedrohung für die staatliche Existenz** der DDR dar. Aus diesem Dilemma fand die SED-Spitze bis zuletzt keinen Ausweg.

Zusammenfassend kann man durchaus die Meinung vertreten, dass die **DDR an ihrer Reformunfähigkeit gescheitert** ist. Fraglich ist allerdings, ob eine größere Bereitschaft zur Reform des Sozialismus dem ostdeutschen Staat das Überleben gesichert hätte, zumal sich viele DDR-Bürger mehr an der politisch-wirtschaftlich starken Bundesrepublik orientierten. Schließlich war mit dem **Zusammenbruch des sozialistischen Ostblocks**, der die DDR jahrzehntelang gestützt hatte, das **Ende des SED-Regimes und der DDR** besiegelt.

Fazit

Baden-Württemberg Geschichte
Schriftliche Abiturprüfung – Übungsaufgabe 5

WEST- UND OSTEUROPA NACH 1945: WEGE IN DIE POSTINDUSTRIELLE ZIVILGESELLSCHAFT

(4) wirtschaftlicher Aufschwung in West- und Osteuropa bis Anfang der 1970er-Jahre; (8) Aufbruchsversuche in West und Ost zu mehr Bürgerbeteiligung; (9) wirtschaftliche Krisen der 1970er- und 1980er-Jahre; (11) Zusammenbruch des Ostblocks

Aufgabenstellung

1 Arbeiten Sie aus M 1 die Merkmale des „Goldenen Zeitalters" heraus und erläutern Sie zusätzliche Aspekte am Beispiel der Bundesrepublik Deutschland.

2 Arbeiten Sie die Kernaussagen der Tabelle M 2 heraus und analysieren Sie das Material.

3 Analysieren Sie M 3 und erläutern sie die Zusammenhänge von M 2 und M 3 mit dem in M 1 beschriebenen Ende des „Goldenen Zeitalters".

4 „[Alle] Probleme, die die Autoren als ‚fundamentale Weltprobleme' aufgerollt haben, sind in den sozialistischen Ländern heute entweder überhaupt keine Probleme oder solche, die im Laufe der Zeit gelöst werden."

DDR-Wirtschaftswissenschaftler Jürgen Kuczynski im Jahr 1973 über den Bericht „Grenzen des Wachstums" (1972) des „Club of Rome", in dem vor den Folgen ungebremsten Wirtschaftswachstums (u. a. Umweltprobleme, Verknappung von Rohstoffen) gewarnt wird

Zitiert in: Wolfgang Girnus (Hrsg.): Sozialistischer Weltbürger und Enzyklopädist: Mosaiksteine zu Jürgen Kuczynski, Leipziger Universitätsverlag: Leipzig 2007, S. 87

Überprüfen Sie – unter Einbeziehung von Kuczynskis Aussage – den Umgang in Ost und West mit der wirtschaftlichen und ökologischen Krise der 1980er-Jahre.

M1   Eric Hobsbawm[1]: Das Zeitalter der Extreme (1995, Auszug)

Wenig überraschend war der Energieverbrauch überall in die Höhe geschossen – in den USA hatte er sich zwischen 1950 und 1973 verdreifacht [...]. Denn ein Grund, der das Goldene Zeitalter letztlich so golden machte, war der Preis für ein Barrel[2] saudisches Öl: Die ganze Spanne zwischen 1950 und 1973 kostete es im Durchschnitt weniger als zwei Dollar, wodurch Energie lächerlich billig geworden war und immer billiger wurde. Die OPEC (das Kartell der erdölproduzierenden Länder) beschloß erst 1973 endlich, den Höchstpreis zu verlangen, den der Markt noch zu zahlen bereit war [...]; ironischerweise haben die Umweltschützer erst danach begonnen, von den Auswirkungen des explodierenden Autoverkehrs Notiz zu nehmen, der schon damals den Himmel über den Großstädten in den motorisierten [...] Weltregionen verdunkelt hat. [...]

Zuerst war dieser ungewöhnliche wirtschaftliche Aufschwung nur als gigantische Version dessen erschienen, was schon längst bestand: als Globalisierung des Zustands, in dem sich die USA schon vor 1945 befunden hatten und dem es zu verdanken war, daß dieses Land zum Modell der kapitalistischen Industriegesellschaft schlechthin werden konnte. In gewissem Sinn war dies auch so. Das Zeitalter des Automobils hatte in Nordamerika schon längst begonnen; nach dem Krieg brach es auch in Europa an und etwas später und in bescheidenerem Maß auch in der sozialistischen Welt und in der lateinamerikanischen Mittelklasse. Billiges Benzin machte Lastwagen und Busse zu den wichtigsten Transportmitteln in fast allen Gebieten dieser Erde. Der Aufstieg der westlichen Wohlstandsgesellschaft könnte anhand der Vermehrung von privaten PKWs gemessen werden [...]. [...]

Was einst Luxus gewesen war, gehörte nun zumindest in den reichen Ländern zum selbstverständlichen Komfort: der Kühlschrank, die private Waschmaschine, das Telefon. 1971 gab es über 270 Millionen Telefone auf der Welt, die meisten davon in Nordamerika und Westeuropa, und es sollten zusehends mehr werden: Zehn Jahre später hatte sich die Zahl nahezu verdoppelt. [...]

Am auffälligsten an dieser Periode ist, in welchem Ausmaß der wirtschaftliche Aufschwung von der technologischen Revolution angetrieben wurde. Sie vervielfachte nicht nur verbesserte Produkte der alten Art, sie brachte auch ganz beispiellose Produkte mit sich, wozu viele gehörten, die vor dem Krieg nicht einmal vorstellbar gewesen wären. [...]

Mehr als jede frühere Periode basierte das Goldene Zeitalter auf wissenschaftlicher Forschung. Sie war nicht nur fortgeschrittener und oft dem Laien unverständlicher denn je, sondern konnte auch im Lauf von nur wenigen Jahren ihre praktische Anwendung finden. Industrie und sogar die Landwirtschaft hatten zum erstenmal entschlossen die Grenzen der Technologie des 19. Jahrhunderts überschritten [...]. [...]

Der schreckliche und unausweichliche Zyklus aus Auf- und Abschwüngen, der sich zwischen den Kriegen so mörderisch ausgewirkt hatte, verwandelte sich dank des intelligenten makroökonomischen Managements von Regierungen – zumindest glaubten dies die keynesianischen Ökonomen, die mittlerweile Regierungen berieten – in eine Abfolge von milden Fluktuationen. Massenarbeitslosigkeit? Wo in der entwickelten Welt hat es sie in den sechziger Jahren noch gegeben? [...] Und hätte nicht für den

Fall, daß wieder einmal schlechte Zeiten anbrechen sollten, ein großzügiger Wohlfahrtsstaat (der sich immer mehr durchgesetzt hatte) Schutzmaßnahmen angeboten,
von denen man früher nicht einmal geträumt hatte und die mittlerweile nicht nur vor
den Risiken von Krankheit und Unglück, sondern sogar vor Not im Alter schützten,
die die Armen so gefürchtet hatten? Die Einkommen stiegen beinahe schon automa-
tisch Jahr für Jahr an. Warum sollten sie nicht auch in Zukunft steigen?

*Aus: Eric Hobsbawm: Das Zeitalter der Extreme. Weltgeschichte des 20. Jahrhunderts, Carl Hanser
Verlag: München, Wien 1995, S. 331–334, 337. Übersetzt von Yvonne Badal.*

Anmerkung
1 Eric Hobsbawm: britischer Historiker (1917–2012), der besonders im Bereich Wirtschafts- und Sozialgeschichte geforscht hat.
2 Barrel: 159-Liter-Fass; im angloamerikanischen Raum verwendetes Hohlmaß, das als Maßeinheit für Rohöl verwendet wird.

M2 Primärenergieverbrauch in der Bundesrepublik Deutschland

Jahr	Mineral öl	Stein- kohle	Braun kohle	Erd- gas	Kern- energie	Wasser kraft	Sonsti- ge	Ins- gesamt
	Mio. t SKE[1]							
1957	21,6	137,1	28,8	0,6	–	5,5	2,4	196,1
1960	44,4	128,4	29,2	0,9	–	6,6	2,0	211,5
1970	178,9	96,8	30,6	18,3	2,1	8,4	1,7	336,8
1973	208,9	84,2	33,1	38,6	3,9	8,2	1,6	378,5
1979	206,9	75,8	38,1	65,9	13,9	5,8	1,8	408,2
1980	185,7	77,1	39,2	64,3	14,3	7,6	2,0	390,2
1981	167,5	78,3	39,8	60,0	17,6	8,6	2,1	374,1
1982	159,8	76,7	38,4	55,1	20,9	8,1	2,5	361,5
1983	158,5	77,7	38,3	56,7	21,6	9,0	2,9	364,7
1984	158,0	79,3	38,4	59,7	30,4	6,8	3,5	376,1
1985	159,9	79,4	36,1	59,6	41,1	5,9	3,6	385,0
1986	167,6	77,7	33,1	58,8	38,7	7,1	3,4	386,4
1987	161,0	75,0	31,3	64,5	42,2	7,7	4,3	386,0

Aus: Gerhard Voss: Belastungen und Risiken, in: Informationen zur politischen Bildung 219: Umwelt, 2. Quartal 1988, S. 8–20, hier: S. 11.

Anmerkung
1 SKE = Steinkohleeinheiten

M3 Entwicklung von Wirtschaftswachstum und Arbeitslosigkeit in der Bundesrepublik 1962–2001

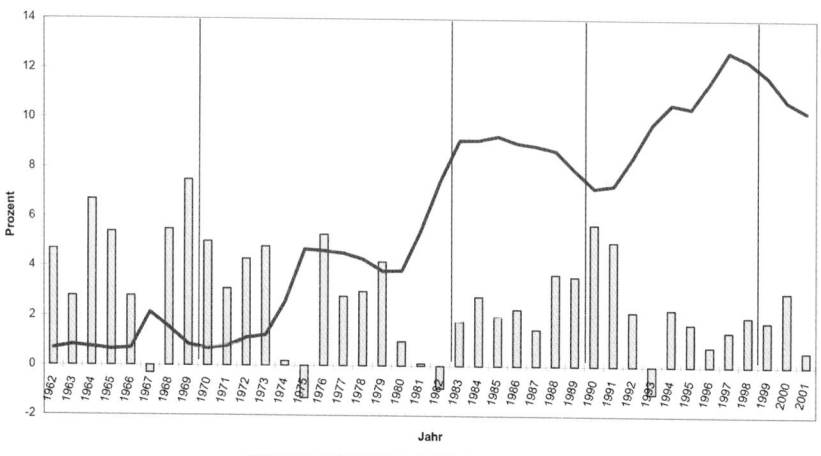

Aus: Jutta Hinrichs/Elvira Giebel-Felten: Die Entwicklung des Arbeitsmarktes 1962–2001, S. 6, abrufbar unter: https://www.kas.de/c/document_library/get_file?uuid=21593393-4d59-3806-114c-17d164465456&groupId=252038 (letzter Zugriff: 13.07.22.)

Anmerkung
Bruttoinlandsprodukt (BIP): Das BIP ist der Gradmesser für die Wirtschaftsleistung einer Volkswirtschaft. Beim realen BIP wird der Wert des BIP anhand der Preise eines Basisjahres bemessen. Preisveränderungen (z. B. durch Inflation) spielen hier also (anders als beim nominalen BIP) keine Rolle.

Lösungsvorschlag

1 **TIPP** *Anforderungsbereich: I/II, Verrechnungspunkte: 14*

Der erste Teil der Aufgabe verlangt, dass Sie bestimmte Inhalte aus dem Material „herausarbeiten" (AFB I), also dem Text die wichtigsten Gesichtspunkte und Sachverhalte entnehmen. Da sich M 1 allgemein auf das „Goldene Zeitalter" und nicht explizit auf Westdeutschland bezieht, wird erwartet, dass Sie noch weitere, für die Bundesrepublik relevante Aspekte „erläutern" (AFB II). Vermeiden Sie die Wiederholung von Punkten, die Sie schon näher ausgeführt haben, und bringen Sie regelmäßig Beispiele/Belege an entsprechenden Stellen ein.

In dem vorliegenden Auszug aus dem wissenschaftlichen Werk „**Das Zeitalter der Extreme**" von **1995** beschreibt der Historiker **Eric Hobsbawm** das 20. Jahrhundert aus einer übergeordneten weltgeschichtlichen Perspektive. Konkret geht es um das „**Goldene Zeitalter**", das er zwischen dem Ende der unmittelbaren Nachkriegszeit um **1950** und der ersten Ölpreiskrise **1973** ansetzt.

Einleitung
kurze Vorstellung des Materials

Die Grundlage des enormen **wirtschaftlichen Aufschwungs** war, so Hobsbawm, das **billige Erdöl aus Saudi-Arabien**, dessen Preis im genannten Zeitraum bei durchschnittlich weniger als zwei Dollar pro Barrel lag. In diesem Kontext habe sich der **Energieverbrauch** insgesamt deutlich erhöht, in den USA beispielsweise verdreifacht. Erst 1973 habe sich die **OPEC** darauf verständigt, nun den **Höchstsatz am Markt für Erdöl** zu verlangen (vgl. Z. 1–7).

Merkmale des „Goldenen Zeitalters"
billiges Erdöl als Energieträger

Die wirtschaftliche und gesellschaftliche Entwicklung vor allem in Westeuropa sieht er als „**Globalisierung** des Zustands, in dem sich die USA schon vor 1945 befunden hatten" (Z. 13 f.), geht also davon aus, dass sich die westlichen und zumindest in Ansätzen die sozialistischen Staaten zeitversetzt auf dem **Weg zu einer Massenkonsumgesellschaft** befanden (vgl. Z. 12–16). Hobsbawm spricht hier auch vom „**Zeitalter des Automobils**" (Z. 16), dessen Verbreitung als Indikator des Aufschwungs, der steigenden Mobilität und der „westlichen **Wohlstandsgesellschaft**" (Z. 21) gesehen werden könne (vgl. Z. 16–22). Zudem seien **langlebige Gebrauchsgegenstände** wie Waschmaschine, Kühlschrank und Telefon keine Luxusgüter mehr, sondern „selbstverständliche[r] Komfort" (Z. 24, vgl. Z. 23–27).

westliche Wohlstandsgesellschaft mit Massenkonsum

Als weitere zentrale Merkmale der damaligen Entwicklung betont er die Bedeutung der „**technologischen Revolution**" (Z. 29) und der **wissenschaftlichen Forschung:** Es sei nun möglich, neue Wege in Industrie und Landwirtschaft zu bestreiten, innovative Produkte zu schaffen und alte Waren zu verbessern. Dabei habe sich eine bis dato ungekannte Dynamik entwickelt (vgl. Z. 28–37).

technologischer und wissenschaftlicher Fortschritt

Schließlich kommt der Autor auf den **Staat** zu sprechen. Mit makroökonomischen, vom **Keynesianismus** geprägten Mitteln habe man den „Zyklus aus Auf- und Abschwüngen" (Z. 38), also die **Konjunktur**, in eine „Abfolge von milden Fluktuationen" (Z. 42) verwandelt (vgl. Z. 38–42). Die Arbeitslosigkeit sei stark zurückgegangen. Zudem habe sich ein „**großzügiger Wohlfahrtsstaat**" (Z. 44 f.) entwickelt, der die Bürger vor „den Risiken von **Krankheit und Unglück** [und] vor Not im Alter" (Z. 47) schütze. Auch würden die **steigenden Löhne** positive Erwartungen wecken (vgl. Z. 42–49): „Warum sollten sie nicht auch in Zukunft steigen?" (Z. 49)

Zusammenspiel Wirtschaft und Staat

Hobsbawm schildert die **Erfolgsgeschichte der westlichen Nachkriegsgesellschaften** aus der zeitlich übergeordneten Perspektive eines Historikers, der um das Ende des „Goldenen Zeitalters" in den 1970er-Jahren weiß. Dabei deutet er wiederholt an, was er von konkreten Entwicklungen hält: Erdöl sei „lächerlich billig" (Z. 5) gewesen, die OPEC habe 1973 „endlich" (Z. 7) mehr verlangt, die Umweltschützer hätten die negativen Auswirkungen der Mobilisierung „ironischerweise" (Z. 8) erst durch den „Ölpreisschock" realisiert und die Keynesianer „glaubten" (Z. 40), die Konjunktur zu kontrollieren.

Zwischenfazit

Blickt man auf die **Nachkriegsgeschichte der Bundesrepublik**, so kann man die in M 1 genannten Ursachen und Entwicklungen des „Goldenen Zeitalters" weitgehend **bestätigen**, muss diese aber noch durch spezifische Aspekte **ergänzen**, um das westdeutsche „**Wirtschaftswunder**" umfassend erklären zu können. So wurde der große Bedarf an Kapital für den wirtschaftlichen Wiederaufbau u. a. durch die Hilfsmittel des US-amerikanischen **Marshallplans** von 1948 sowie durch die erfolgreiche **Währungsreform** und die Einführung der **Deutschen Mark** als stabiler Währung 1948 gedeckt. Obwohl Millionen Flüchtlinge und Vertriebene aus den früheren Ostgebieten in den Westzonen bzw. der Bundesrepublik integriert wurden, waren Arbeitskräfte wegen des „Wirtschaftswunders" bald Mangelware, sodass man gezielt „**Gastarbeiter**" aus Südeuropa anwarb.

Besonderheiten des westdeutschen „Wirtschaftswunders"
Marshallplan und Währungsreform

Anwerbung von Gastarbeitern

In wirtschaftspolitischer Hinsicht war das „Wirtschaftswunder" eng mit dem Prinzip der **Sozialen Marktwirtschaft** verbunden, das maßgeblich auf den ersten Wirtschaftsminister, **Ludwig Erhard**, zurückging und den freien Wettbewerb mit sozialstaatlichen Maßnahmen verknüpfte. Als die Bundesrepublik in den 1960er-Jahren erstmals eine Phase konjunkturellen Abschwungs erlebte, wurden 1967 mit dem Stabilitätsgesetz wesentliche **Gedanken des Keynesianismus** in die Wirtschafts- und Fiskalpolitik integriert. Insgesamt erwies sich der „**Rheinische Kapitalismus**" als so erfolgreich, dass er zu einem weltweiten Vorbild für andere Staaten wurde. Die Kooperation einer stark gewerkschaftlich organisierten Arbeitnehmerschaft (DGB) und der Unternehmerverbände verschonte das Land vor größeren Streikwellen und trug zur Stabilität bei. Die **große Nachfrage im Inland** und die durch den „Korea-Boom" einsetzenden **Exporterfolge** (v. a. im Maschinenbau und in der Automobil-, Chemie- und Elektroindustrie) sorgten für hohe Wachstumsraten. Zu bedenken ist jedoch, dass der Ausgangspunkt (**Basiswert**) nach der Kriegsniederlage von 1945 sehr niedrig war und das Wachstum deshalb besonders gewaltig erschien (Basiseffekt).

Soziale Marktwirtschaft, Keynesianismus, „Rheinischer Kapitalismus"

Insgesamt lässt sich das westdeutsche „**Wirtschaftswunder**" klar in das von Hobsbawm beschriebene „**Goldene Zeitalter**" einordnen,

Fazit

da es zur Ausbildung einer regelrechten „**Wohlstandsgesellschaft**" kam. In Westdeutschland spielte der wirtschaftliche Erfolg zudem eine große **politische Rolle**, da er der neuen Demokratie zu Akzeptanz verhalf. Allerdings war der enorme wirtschaftliche Aufschwung auch einer der Gründe, warum die Auseinandersetzung mit der NS-Vergangenheit zunächst deutlich in den Hintergrund rückte.

2

> **TIPP** *Anforderungsbereich: II, Verrechnungspunkte: 12*
>
> Der Operator „herausarbeiten" verlangt von Ihnen zunächst, die Hauptaussagen der Tabelle in Worte zu fassen. Bei der Analyse sollten Sie dann über die reine Wiedergabe hinaus gezielt Zusammenhänge suchen und auswerten. Greifen Sie dabei auf das Material und auf Ihr historisches Hintergrundwissen zurück.

Die **tabellarische Übersicht** über den „**Primärenergieverbrauch** in der Bundesrepublik Deutschland" stammt aus einer Publikation der **Bundeszentrale für politische Bildung** aus dem Jahr 1988. Sie enthält **statistisches Material** zum Einsatz verschiedener **Energieträger** (Mineralöl, Stein- und Braunkohle, Erdgas, Kernenergie und Wasserkraft). Um **Vergleichbarkeit** zu gewährleisten, sind alle Angaben in „Steinkohleeinheiten" (SKE, nach der damals gängigen Energiequelle) umgerechnet. Ganz links ist eine **Zeitachse** eingetragen, die **nicht linear** verläuft: Für die Jahre 1957–1979 springt sie in scheinbar willkürlichen Intervallen wie im „Zeitraffer", während der Zeitraum 1979–1987 im jährlichen Rhythmus dargestellt ist.

Vorstellung von M 2

Betrachtet man den **Gesamtenergieverbrauch**, der ganz rechts **als Summe der anderen Spalten** vermerkt ist, fällt auf, dass dieser sich zwischen 1957 und 1979 mehr als verdoppelte und 1979 mit 408,2 Mio. t SKE den Höchstwert erreichte. Dann hatte er eine leicht sinkende, ab 1983 wieder eine überwiegend steigende Tendenz.

Inhalte von M 2
Gesamtenergieverbrauch

Vergleich man die Spalten für **Steinkohle und Mineralöl**, zeigt sich eine **gegenläufige Entwicklung** bei diesen Ressourcen: Die Steinkohle machte 1957 noch mehr als die Hälfte des ganzen Energieverbrauchs aus und war somit der klare **Hauptenergieträger**. Bis 1979 halbierte sich der Wert aber von 137,1 Mio. t SKE auf 75,8 Mio. t SKE und pendelte sich dann auf fast gleichbleibenden Niveau ein. Der Mineralölverbrauch wuchs im gleichen Zeitraum dagegen rasant an. Hatte er 1957 noch einen recht niedrigen Wert (21,6 Mio. t SKE), so verzehnfachte er sich bis 1979 (206,9 Mio. t SKE). Bereits 1970 hatte das Mineralöl die Steinkohle **als dominierenden Energieträger abgelöst** und deckte nun über die Hälfte des Bedarfs.

Entwicklung von Steinkohle und Mineralöl

Der Verbrauch von **Braunkohle** war annähernd konstant von geringer Bedeutung und wurde 1973 vom **Erdgas** überholt, das 1987 etwa doppelt so stark nachgefragt wurde (64,5 zu 31,3 Mio. t SKE). Für die **Kernenergie** liegen erst ab 1970 Angaben vor, ab 1985 lag sie zumindest über der Braunkohle. Kaum eine Rolle spielten die **Wasserkraft** (konstant unter 10 Mio. t SKE) und weitere Energieträger.

Braunkohle, Kernenergie und Wasserkraft

Die Tabelle spiegelt anhand aussagekräftigen, verständlichen Zahlenmaterials den Bedeutungsverlust der **Steinkohle als einstiger Hauptenergieträger** und den umfassenden Einstieg in die **Mineralölwirtschaft** wider. Damit verbunden war die **starke Abhängigkeit** von ausländischen Energielieferanten, was sich 1973 und 1979 zeigte, als die in der OPEC vereinten arabischen Länder **die Preise drastisch erhöhten** (vgl. auch M 1) und damit die westlichen Volkswirtschaften schwer trafen. In M 2 spiegelt sich dies in den Daten ab 1979 wider: Hier deutet sich an, dass in Reaktion auf die „**Ölpreisschocks**" versucht wurde, den Verbrauch von Öl und somit den Gesamtenergieverbrauch zu reduzieren. Dass dies über Jahre gelang – erst 1986 stieg die eingesetzte Mineralölmenge wieder an –, könnte die Folge der während der Ölpreiskrisen gedrosselten Industrieproduktion, von Effizienzgewinnen (z. B. Rationalisierungs- und Optimierungsprozesse in Betrieben) und Energiesparmaßnahmen sein. Der ab dem zweiten „Ölpreisschock" 1979 zunehmende, im Vergleich zum Mineralöl aber noch maßvolle Einsatz der **Kernenergie** hatte dagegen in den 1980er-Jahren gesellschaftspolitische Folgen: So war die **Umwelt- und Anti-Atom-Kraft-Bewegung** sowohl gegen die militärische als auch die **zivile Nutzung der Atomenergie** und demonstrierte z. B. gegen den Bau von Kernkraftwerken.

Einordnung in den historischen Kontext

3 **TIPP** *Anforderungsbereich: II, Verrechnungspunkte: 16*

In dieser Teilaufgabe sollen Sie alle drei Materialien einbeziehen. Analysieren Sie zunächst die neue Grafik M 3, indem Sie auf formale Aspekte, Inhalte und Quellenwert eingehen. Vergessen Sie dann nicht, noch die Zusammenhänge zwischen M 1–3 zu verdeutlichen und mit Beispielen zu belegen. Es bietet sich an, dies in einem Abschnitt zum historischen Hintergrund vorzunehmen.

Die **Grafik „Wirtschaftswachstum und Arbeitslosigkeit"** stammt aus einer Publikation von **Jutta Hinrichs und Elvira Giebel-Felten** und wurde online veröffentlicht. Sie zeigt **Datenmaterial zur Entwicklung der bundesdeutschen Wirtschaft** von den 1960er-Jahren bis zur Jahrtausendwende.

Analyse von M 3 Formales

Es handelt sich um eine Kombination aus **Säulendiagramm** („reales BIP") und **Liniendiagramm** („Arbeitslosenquote"). Die horizontale Achse bildet den **Zeitraum 1962–2001** in Jahresschritten ab, über die Vertikale werden Angaben **in Prozent** zur Entwicklung des BIP bzw. zur Arbeitslosigkeit gemacht.

Darstellung und Inhalte

Die Balken stellen jeweils die **Veränderung des BIP** im Vergleich zum Vorjahr dar. Hier wird die **Konjunktur**, also die zyklische Entwicklung des Wirtschaftswachsums sichtbar, im idealtypischen Fall eine Art Sinuskurve mit vier Phasen: Aufschwung, Boom (Hochkonjunktur), Abschwung (Rezession) und Krise (Depression). Ein Beispiel hierfür liefern die Jahre 1963–1967.

– Entwicklung des BIP (Konjunkturverlauf)

Generell ist erkennbar, dass die jährlichen Wachstumsraten eher kleiner wurden, nachdem 1969 der Höchstwert mit über 7 % erreicht war. Im weiteren Verlauf auffällig sind nur die zwei aufeinanderfolgend starken Jahre 1990/91, die von der Grundtendenz abweichen. Diese Grundtendenz (geringere Wachstumsraten) lässt sich mit dem **Basiseffekt** erklären: Je größer die Wirtschaft schon geworden ist, desto geringer wirken sich einige Milliarden Zuwachs auf das BIP aus.

Problematisch sind die Jahre, in denen das Wachstum unter die horizontale Achse, also in den Minusbereich fällt: In diesen Jahren kam es zu einer so **heftigen Rezession**, dass die Wirtschaftsleistung im Vergleich zum Vorjahr sogar „**geschrumpft**" ist. Die betroffen Jahre kann man historisch erklären: 1967 befand sich die Steinkohleindustrie in der Krise, 1975 und 1982 zeigten sich die Auswirkungen der „Ölpreisschocks" und 1993 machten sich die Folgen der deutschen Wiedervereinigung bemerkbar.

Die Linie bildet die **Arbeitslosenquote** ab, also den Anteil der registrierten Arbeitslosen an der Zahl der abhängig Beschäftigten. Auch hier zeigt sich eine **zyklische Bewegung**, die jedoch entgegengesetzt zur Konjunktur verläuft. Da die Arbeitslosigkeit in Abschwungphasen und besonders in Krisen steigt, im Aufschwung aber wieder fällt, ist dieser Zusammenhang leicht verständlich.

– Entwicklung der Arbeitslosigkeit

Über den gesamten Zeitraum zeigt sich allerdings eine **gravierende Erhöhung der Arbeitslosenquote** von weniger als 1 % 1962 auf mehr als 10 % 2001; 1987 erreichte sie mit über 12 % ihren Höchststand. Das bedeutet, dass sich der bundesdeutsche Arbeitsmarkt von der **Vollbeschäftigung** Anfang der 1960er-Jahre hin zur dauerhaften **Massenarbeitslosigkeit** entwickelt hat. Es ist auffällig, dass die Arbeitslosigkeit auf dem Weg zu den zwischenzeitlichen Höhepunkten (z. B. 1967, 1975, 1983) steil ansteigt, der anschließende Rückgang dagegen stets flacher verläuft und weniger tief geht, sodass eine Art Treppe erkennbar ist. Nach den wirtschaftlichen Krisenjahren 1967,

1975, 1982 und 1993 blieb also jeweils eine höhere **Sockelarbeitslosigkeit**. Da diese nicht mehr allein durch die Konjunktur erklärbar ist, liegt es nahe, **strukturelle Ursachen** (u. a. Rationalisierung und Digitalisierung) zu vermuten. Insgesamt kann man von einer „Entkopplung" der zwei Darstellungen sprechen: Das Wirtschaftswachstum braucht offensichtlich weniger Menschen, die es produzieren.

M 3 ist **übersichtlich** und scheinbar **leicht verständlich**, da die Entwicklung beider Werte durch die gleiche Jahres- bzw. prozentuale Skala abgebildet werden kann und somit keine separaten Grafiken nötig ist. Die Darstellung enthält aber auch eine Tücke: Es wird nicht klar, ob sich die Zahlen nach der deutschen Einheit 1990/91 auf Gesamtdeutschland oder weiter nur auf das alte Bundesgebiet beziehen. Hier müsste man die angegebene Publikation konsultieren.

Quellenkritik

Das von **Hobsbawm** in M 1 beschriebene „**Goldene Zeitalter**" kam mit den beiden Ölkrisen der 1970er-Jahre zu einem **abrupten Ende**. Starke **Konjunktureinbrüche** und **Massenarbeitslosigkeit** zeigten, dass die keynesianischen Vorstellungen von einer intelligenten Wirtschaftssteuerung teils illusionär waren. Stetig steigender Wohlstand war nicht mehr selbstverständlich.

Erläuterung des historischen Kontextes (mit M1–3)
Ende des ständig steigenden Wohlstands

Die gerade erst von Steinkohle auf Erdöl umgestellte westliche Wirtschaft erlebte 1973 und 1979/80 durch die **Preispolitik der OPEC zwei schwere Schocks**, gegen die man nicht gewappnet war und die man nicht durch andere Energieträger (wie die neue Atomkraft) auffangen konnte. Nun musste sogar Energie gespart werden (vgl. M 2).

Bedeutung der „Ölpreisschocks"

Vor diesem Hintergrund begann man, mehr über die **ökologischen Folgen des massiven Energieeinsatzes** zu sprechen. Zu dieser Zeit war den wenigsten bewusst, wie sich z. B. der **Verbrauch fossiler Brennstoffe** (v. a. Kohle, Öl, Gas) auf den Treibhauseffekt auswirkt. Diskutiert wurde eher über Einzelaspekte, wie z. B. die Luftqualität („Smog"), das „Waldsterben" und die Endlichkeit der Ressourcen.

Umweltprobleme

Die „**technologisch[e] Revolution**" (M 1, Z. 29), so legt es M 2 nahe, half dabei, in der Folge der Ölkrisen mit weniger Primärenergie auszukommen und die Erholung der Wirtschaft im Verlauf der 1980er-Jahre bei gleichem Energieeinsatz voranzutreiben. Die Arbeitslosenkurve in M 3 deutet dagegen darauf hin, dass die technologischen Fortschritte es auch ermöglichten, **Wachstum mit weniger Arbeitskraft** zu **erzeugen**. Damals machte die Bundesrepublik einen Transformationsprozess **von der Industrie- zur Dienstleistungsgesellschaft** durch, was von regional hoher Arbeitslosigkeit begleitet war. Besonders betroffen waren z. B. die Steinkohleindustrien an Ruhr und Saar, die zuvor schon die Energiewende von der Steinkohle zum Erdöl erlebt hatten.

Strukturwandel

4 **TIPP** *Anforderungsbereich: III, Verrechnungspunkte: 18*

Unter Einbeziehung des Zitats eines DDR-Wirtschaftswissenschaftlers aus dem Jahr 1973 sollen Sie den Umgang in Ost und West mit der Wirtschafts- und Umweltkrise der 1980er-Jahre kritisch anhand Ihres Fachwissens beleuchten und ein begründetes Urteil fällen. Bringen Sie dabei konkrete Beispiele ein, die Sie im Unterricht bei der Behandlung der weltwirtschaftlichen Entwicklung, aber auch der Neuen Sozialen Bewegungen bzw. der Dissidentenbewegungen kennengelernt haben. Die folgende Lösung liefert Ihnen einige Anhaltspunkte.

1972 warnte der „**Club of Rome**" mit der Studie „**Grenzen des Wachstums**" vor den Folgen uneingeschränkten Wirtschaftswachstums, u. a. vor massiven Umweltproblemen und Ressourcenknappheit. Auf diesen Bericht bezieht sich das Zitat des DDR-Wirtschaftswissenschaftlers Jürgen Kuczynski, das Bestandteil der folgenden Überprüfung werden soll: Wie ging man in **Ost und West** mit der **Wirtschafts- und Umweltkrise der 1980er-Jahre** um?   *Einleitung*

In den 1980er-Jahren kämpften die Volkswirtschaften weltweit auf unterschiedliche Weise mit den Folgen der „Ölpreisschocks". Im Westen kam es zu einer Kombination aus Wachstumsschwäche und gleichzeitiger Inflation („**Stagflation**"), als der bis dato billige Energieträger Erdöl deutlich höhere Kosten erforderte. Da die Krise mit bisherigen wirtschaftspolitischen Maßnahmen nicht zu beheben war, kam es zu einem Umdenken: Ausgehend vom angelsächsischen Raum setzte man auf den **Neoliberalismus**, der im keynesianischen Modell nicht die Lösung, sondern ein Problem sah. Statt der Nachfrage- wollte man die Angebotsseite stärken. Nun wurden der Staatsanteil der Wirtschaft verringert und die Bedingungen für Unternehmen verbessert; statt auf teure Konjunkturprogramme setzte man auf Geldmengensteuerung durch die Zentralbank. Besonders radikal wurde der Neoliberalismus in Großbritannien und den USA umgesetzt, gemäßigter u. a. in der Bundesrepublik (ab 1982 unter Helmut Kohl, CDU). Der wirtschaftspolitische Richtungswechsel hatte mehr oder weniger starke sozialpolitische Folgen: Während die angelsächsischen Länder eher dazu neigten, den **Sozialstaat** abzubauen, und auf Wachstum und freie Märkte setzten, hielt die Bundesrepublik am wohlfahrtsstaatlichen Modell weitgehend fest.   *Umgang mit der wirtschaftlichen Krise*
Westen

Im Westen äußerte sich die angespannte Lage besonders in der stark gestiegenen **Arbeitslosigkeit**, die es im **Sozialismus** per Definition nicht gab, obgleich sie de facto oft durch Leerlauf und geringe Produktivität verschleiert wurde. Die durch die „Ölpreisschocks" ausgelöste Krise zeigte sich aber auch im **Ostblock**, wo sie auf die **strukturellen Schwächen** des sozialistischen Wirtschaftssystems traf.   *Osten*

Den **Zentralverwaltungswirtschaften** gelang es immer weniger, die Versorgung der Bevölkerung zu sichern. Nach wie vor herrschte eine „**Tonnenideologie**": Die Erfüllung meist unrealistischer Wirtschaftspläne stand im Vordergrund; Qualität, tatsächliche Nachfrage und Umweltfolgen waren zweitrangig. In die Infrastruktur und neue, effektivere und womöglich umweltschonendere Produktionsanlagen wurde kaum investiert.

Im Westen hatte der Zugang zu **scheinbar unbegrenzten, billigen Ressourcen** (v. a. Erdöl) das gewaltige Wirtschaftswachstum des „Goldenen Zeitalters" ermöglicht; über die Folgen für die Umwelt, die die massive Nutzung fossiler Brennstoffe hat, wurde jedoch erst allmählich gesprochen, eine staatliche Umweltpolitik lief schleppend an. Nachdem Willy Brandt 1961 im Wahlkampf gegen Konrad Adenauer gefordert hatte, dass der „Himmel über dem Ruhrgebiet wieder blau" werden müsse, verabschiedete die von ihm geführte sozialliberale Koalition 1971 das erste Umweltprogramm. Durch umweltpolitische Eingriffe versuchte man fortan, erkennbaren Umweltschäden meist durch Ver- und Gebote (u. a. Grenzwerte für Schadstoffe), Anreize oder Steuererhebung zu begegnen.

Umgang mit der ökologischen Krise
Westen

Der Umgang mit der ökologischen Krise erreichte besonders in der Bundesrepublik die **Zivilgesellschaft**, die selbst aktiv wurde. Man diskutierte in den 1980er-Jahren u. a. über das „Waldsterben" und über die Folgen des Atomunglücks in Harrisburg, USA. Die **Umwelt- und Anti-Atomkraft-Bewegung** führte zu Bürgerinitiativen, Verbänden und einer Partei: So wurde 1975 der Bund für Umwelt und Naturschutz (BUND) gegründet, 1980 formierten sich die „**Die Grünen**", die 1983 erstmals in den Bundestag einzogen.

Angesichts der Entwicklung im Osten, wo stark auf den Energieträger Kohle gesetzt wurde und umweltpolitische Innovationen keine Rolle spielten, wirkte die Umweltproblematik im Westen geradezu geringfügig. Im Ostblock waren die vermutlich **schmutzigsten Industrierevière** der Welt anzutreffen, wie z. B. die Chemieregion um Bitterfeld in der DDR und das schlesische Kohlerevier um Katowice in Polen. **Luft, Böden und Gewässer** waren flächendeckend **verseucht**. 1986 kam es dann noch zum Super-GAU von Tschernobyl in der UdSSR.

Osten

Staatliche Stellen kümmerten sich weniger um die Umweltprobleme selbst als um die **Unterdrückung** derer, die sie öffentlich machen wollten. Das Verbot von Monika Marons Romans „Flugasche" 1981 in der DDR war dafür charakteristisch. Auch hatte die **Zivilgesellschaft** im Osten aufgrund des repressiven politischen Systems einen **deutlich schwereren Stand** als diejenige im Westen. Zwar gab es oppositionelle Kräfte wie die Bewegung „**Charta 77**" in der ČSSR, die sich auf die KSZE-Schlussakte von Helsinki 1975 berief, oder die polnische „**Solidarność**", die 1980 unter Führung Lech Wałęsas als erste freie Gewerkschaft des Ostblocks gegründet wurde. Beide Bewegungen entsprangen aber dem Bedürfnis nach politischer Freiheit, Bürgerrechten oder besserer Versorgung; der Umweltaspekt war bestenfalls sekundär. In der DDR dagegen wurde Umwelt zu einem wichtigen Thema der stärker werdenden **Friedens- und Bürgerrechtsbewegung**, der es tatsächlich gelang, das Bewusstsein für die Problematik zu schärfen. Allerdings war die **staatliche Verfolgung** zu hoch, um mehr erreichen zu können.

Zum Umgang des **Westens** – den Kuczynski im vorliegenden Zitat nicht (explizit) anspricht – mit der wirtschaftlichen und ökologischen Krise der 1980er-Jahre lässt sich folgendes Fazit ziehen: Die Wirtschaftskrise, die in den frühen 1970er-Jahren dem scheinbar unbegrenzten Wachstum des „Goldenen Zeitalters" ein Ende gesetzt hatte, war im Westen **keineswegs gelöst** und die Hoffnungen der Keynesianer hatten sich nicht erfüllt. So führten heftige Rezessionen durch „Ölpreisschocks", Globalisierung und Strukturwandel u. a. zu dauerhafter **Massenarbeitslosigkeit**. Diese Folgen wurden im Westen mithilfe des Neoliberalismus bekämpft, wobei sich Unterschiede z. B. im Umgang mit dem Sozialstaat zeigten. In der Umweltpolitik wurden der Staat, besonders aber die **zivilgesellschaftliche Umweltbewegung** zunehmend aktiv, um auf die Gefahren einer exzessiven Wirtschafts- und Energiepolitik aufmerksam zu machen. Insgesamt kann man die **Bilanz des Westens** als „**gemischt**" bezeichnen.

Fazit
(mit Einbindung des Zitats)

Den **Ostblock** spricht Kuczynski dagegen explizit an. Seine Behauptung, im Sozialismus seien die vom „Club of Rome" genannten Probleme überhaupt nicht vorhanden oder lösbar, erweist sich aber eindeutig als falsch: Zwar gab es im Sozialismus systembedingt **kein Gewinnstreben** wie im westlichen Kapitalismus, das zulasten der Umwelt hätte gehen können. Allerdings erwies sich die im Ostblock typische Produktionsorganisation nicht nur als unökonomisch und angesichts der weltweiten Wirtschaftskrise unflexibel, sondern war auch unökologisch, ja regelrecht **rücksichtslos gegenüber Natur und Mensch** und somit alles andere als nachhaltig. Auf die Warnungen der Umweltschützer wurde nicht gehört; diese wurden stattdessen als unerwünschte Überbringer schlechter Nachrichten bespitzelt und verfolgt.

Baden-Württemberg Geschichte
Schriftliche Abiturprüfung ▪ Übungsaufgabe 6

WEST- UND OSTEUROPA NACH 1945: WEGE IN DIE POSTINDUSTRIELLE ZIVILGESELLSCHAFT
(5) Umgang mit Protest in West- und Osteuropa; (11) Zusammenbruch des Ostblocks

Aufgabenstellung

1 Analysieren Sie M 1.

2 Vergleichen Sie M 2 und M 3.

3 Stellen Sie eine Oppositionsbewegung in einem Staat des Ostblocks dar und beurteilen Sie deren Beitrag zum Ende der bipolaren Weltordnung.

4 Überprüfen Sie die These des Historikers Eric Hobsbawm zu Michail Gorbatschow: „Wenn es überhaupt irgendeinem einzelnen Menschen zugeschrieben werden kann, den vierzigjährigen globalen Kalten Krieg beendet zu haben, dann ihm."

Eric Hobsbawm: Das Zeitalter der Extreme. Weltgeschichte des 20. Jahrhunderts, Carl Hanser Verlag: München, Wien 1995, S. 594. Übersetzt von Yvonne Badal.

M 1 Horst Haitzinger, Satirezeitschrift „Nebelspalter" (Schweiz) September 1969

© *Horst Haitzinger*

Die Abbildung zeigt den Generalsekretär der KPdSU, Leonid Breschnew, bei der Arbeit. Im Hintergrund ist Mao Zedong zu sehen, der Chef der Kommunistischen Partei Chinas, die 1949 die Macht in China übernommen hat. Zwischen der UdSSR und der Volksrepublik China kam es 1969 zu militärischen Auseinandersetzungen am Grenzfluss Ussuri. Vorausgegangen waren jahrelange Spannungen und Streitigkeiten über die weitere Entwicklung des Kommunismus.

M2 Rede des Generalsekretärs der KPdSU, Leonid Breschnew, auf dem V. Parteitag der Polnischen Vereinigten Arbeiterpartei, 12. November 1968

Es ist bestens bekannt, daß die Sowjetunion manches für die reale Stärkung der Souveränität und Selbständigkeit der sozialistischen Länder getan hat. Die KPdSU setzte sich immer dafür ein, daß jedes sozialistische Land die konkreten Formen seiner Entwicklung auf dem Wege zum Sozialismus unter Berücksichtigung der Eigenart seiner nationalen Bedingungen selbst bestimmte. Aber bekanntlich, Genossen, gibt es auch allgemeine Gesetzmäßigkeiten des sozialistischen Aufbaus, und ein Abweichen von diesen Gesetzmäßigkeiten könnte zu einem Abweichen vom Sozialismus im allgemeinen führen. Und wenn innere und äußere dem Sozialismus feindliche Kräfte die Entwicklung eines sozialistischen Landes zu wenden und auf eine Wiederherstellung der kapitalistischen Zustände zu drängen versuchen, wenn also eine ernste Gefahr für die Sache des Sozialismus in diesem Lande, eine Gefahr für die Sicherheit der ganzen sozialistischen Gemeinschaft entsteht – dann wird dies nicht nur zu einem Problem für das Volk dieses Landes, sondern auch zu einem gemeinsamen Problem, zu einem Gegenstand der Sorge aller sozialistischen Länder.

Fundort: Russischer Text in der „Prawda" vom 13. November 1968, deutsche Übersetzung in der Beilage zu „Sowjetunion heute" vom 16. Dezember 1968.

M3 Erklärung der Teilnehmerstaaten des Warschauer Paktes, Juli 1989 (Auszug)

Am 7./8. Juli 1989 traf sich der Politische Beratende Ausschuss des Warschauer Pakts in der rumänischen Hauptstadt Bukarest. Zu den anwesenden führenden Staatsmännern des Ostblocks gehörten neben Michail Gorbatschow (UdSSR) u. a. auch Erich Honecker (DDR) und Wojciech Jaruzelski (Polen).

Die verbündeten sozialistischen Staaten messen der Gewährleistung der militärisch-politischen und territorialen Stabilität in Europa erstrangige Bedeutung bei. Sie gehen davon aus, daß jedes Volk selbst das Schicksal seines Landes bestimmt und das Recht hat, selbst das gesellschaftspolitische und ökonomische System, die staatliche Ordnung, die es für sich als geeignet betrachtet, zu wählen. Für die Gestaltung der Gesellschaft gibt es nicht nur einen Standard.

Stabilität setzt den Verzicht auf Konfrontationsdoktrinen, auf Gewalt sowie die Unzulässigkeit einer direkten und indirekten Einmischung in die inneren Angelegenheiten anderer Staaten voraus. Kein Land darf den Verlauf der Ereignisse innerhalb eines anderen Landes diktieren, keiner darf sich die Rolle eines Richters oder Schiedsrichters anmaßen.

Aus: Tagung des Politischen Beratenden Ausschusses der Teilnehmerstaaten des Warschauer Vertrages, Bukarest, 7./8. Juli 1989, Dietz Verlag: Berlin 1989, S. 25 f.

Lösungsvorschlag

1 **TIPP** *Anforderungsbereich: II, Verrechnungspunkte: 14*

Nach einer kurzen Einleitung, in der Sie die Formalia von M 1 anführen, sollten Sie wesentliche Bild- und Textelemente der Karikatur beschreiben und in einen Zusammenhang bringen. Ordnen Sie die Abbildung anschließend in den historischen Kontext der Breschnew-Ära ein und deuten Sie die Aussageabsicht. Achten Sie bei der Bearbeitung der Aufgabe auch auf die zusätzlichen Hinweise unter der Karikatur zu den Beziehungen zwischen der Sowjetunion und China.

Die **Karikatur (M 1)** von **Horst Haitzinger** stammt aus der Satirezeitschrift „Nebelspalter". Sie wurde im **September 1969**, also rund ein Jahr nach der Niederschlagung des „Prager Frühlings" veröffentlicht. Trotz der relativ geringen Reichweite des Schweizer Mediums kann davon ausgegangen werden, dass die ganze **westliche Öffentlichkeit** angesprochen werden sollte.

Analyse von M 1
Formalia

In der Mitte von M 1 sieht man einen korpulenten **Totengräber** bei der Arbeit. Er steht in einem breiten, schon recht tief ausgehobenen **Grab**. Im Vordergrund befinden sich **drei kleinere Gräber**, über die bereits „Gras gewachsen" ist. Die Grabsteine sind schlicht gestaltet und unterscheiden sich lediglich durch ihre **Inschriften: „Berlin 1953", „Ungarn 1956"** und **„CSSR 1968"**. Vom Totengräber unbemerkt betrachtet ein asiatisch aussehender Herr das Geschehen. Über seinem Kopf befindet sich eine im Comic-Stil gestaltete Gedankenblase mit einem **großen Fragezeichen**.

Beschreibung und Deutung der Bildinhalte

Der Totengräber, der sich mit missmutiger Miene auf seine Arbeit konzentriert, ist aufgrund der charakteristischen Gestaltung seiner Gesichtszüge als **Leonid Breschnew** zu identifizieren, der zu dieser Zeit **Chef der KPdSU** und somit führender Mann der Sowjetunion war. Die Figur im Hintergrund stellt den Vorsitzenden der Kommunistischen Partei Chinas, **Mao Zedong** dar, erkennbar an der schlichten Uniform im „Mao-Look". Er wirkt **alarmiert** und scheint sich zu fragen, für wen das große Grab, das Breschnew gerade aushebt, bestimmt sein könnte.

Die Inschriften der drei kleinen Gräber weisen auf **Opfer der sowjetischen Machtpolitik** in Europa hin. Es wird angespielt auf die Niederschlagung des **Volksaufstandes in der DDR** 1953 durch sowjetische Panzer, die blutige Beendigung des **Ungarnaufstandes** unter Imre Nagy 1956 und die in der unmittelbaren Vorgeschichte von M 1 liegende Intervention in der ČSSR gegen den Reformkommunismus Alexander Dubčeks, den **„Prager Frühling"** 1968.

Diese drei Ereignisse waren nicht nur für die betroffenen kommunistischen Regierungen, sondern gerade auch für die Sowjetunion als Führungsmacht des Ostens von **existenzieller Bedeutung:** Sie stellten den bisher praktizierten Staatssozialismus infrage und waren auf diese Weise eine Bedrohung für den Bestand des Ostblocks und die Aufrechterhaltung des Kommunismus. Nach dem „Prager Frühling" 1968 formulierte die Spitze der UdSSR mit der „**Breschnew-Doktrin**" den Anspruch, dort zu intervenieren, wo der Sozialismus in Gefahr sei. Darüber hinaus gab es seit geraumer Zeit **Konflikte mit dem kommunistischen China unter Mao:** Es ging um den „richtigen" Weg bei der Ausgestaltung des Sozialismus und um die Vorherrschaft in der kommunistischen Welt. 1969 mündeten diese Spannungen sogar in eine bewaffnete Auseinandersetzung am Grenzfluss Ussuri. In diesem Sinne ist Maos fragender Blick in M 1 zu deuten: Drohte auch für China Gefahr aus Moskau?

Einordnung in den historischen Kontext

Der Blick auf die Vorgänge im Ostblock erfolgt aus **westlicher Sicht.** Die Intention des Karikaturisten ist es, **Kritik an den Verhältnissen in der kommunistischen Welt** zu üben: Offensichtlich konnte die Sowjetunion eine Reihe von sozialistischen Staaten **nur mit Gewalt unter Kontrolle** halten. Die zentrale Figur ist Breschnew, der gerade erst durch seine „Doktrin" von der **begrenzten Souveränität der kommunistischen Staaten** (vgl. M 2) das Vorgehen der UdSSR im Ostblock gerechtfertigt hatte. Im weiteren Sinne könnte man aus M 1 ableiten, dass Breschnew auch der „**Totengräber" des Sozialismus im Westen** sei, da sich um 1970 kommunistische Parteien in Italien, Spanien und Frankreich vom sowjetischen Vormachtanspruch lösten und sich als „**Eurokommunisten**" den parlamentarischen Demokratien annäherten.

Perspektive und Intention

2 TIPP *Anforderungsbereich: II, Verrechnungspunkte: 14*

Nachdem Sie die Materialien M 2 und M 3 mit ihren Basisinformationen in den jeweiligen Kontext eingeordnet haben, müssen Sie Gemeinsamkeiten und Unterschiede beider Quellen einander gegenüberstellen. Insgesamt sollten Sie die historische Bedeutung der zwei Texte gewichten.

M 2 ist eine **Rede,** die der Generalsekretär der KPdSU, **Leonid Breschnew,** im November **1968** persönlich auf dem 5. Parteitag der Polnischen Vereinigten Arbeiterpartei, also einer „Bruderpartei" der KPdSU, gehalten hat. Sie richtet sich in erster Linie an die Entscheidungsträger der sozialistischen Parteien. Als öffentliche Ansprache, die zudem noch publiziert wurde, hatte sie jedoch auch eine darüber hinausgehende **Signalwirkung.**

Vergleich von M 2 und M 3
Formales
– M 2

Bei M 3 handelt es sich dagegen um eine gemeinsame **Erklärung der Staaten des Warschauer Paktes** vom Juli **1989**. Bei den Beratungen, die dieser Textquelle zugrunde lagen, war auch der damalige KPdSU-Parteichef und führende Mann des Ostblocks, **Michail Gorbatschow**, anwesend. Das Dokument richtet sich grundsätzlich an die gesamte Welt, ist aber besonders für die sozialistischen Staaten sowie für Europa von Bedeutung.

– M 3

M 2 und M 3 sind **unterschiedlichen Quellenarten** zuzuordnen, geben jedoch beide **Einblick in die offizielle Linie der UdSSR**, vertreten durch die jeweiligen Generalsekretäre der KPdSU. Von daher definieren sie zentrale Positionen der mächtigsten Führer des „sozialistischen Lagers", die die politische Ausrichtung des Ostblocks entscheidend festlegten.

Inhaltlich geht es sowohl in der Rede von 1968 als auch in der Erklärung von 1989 um die **Ausgestaltung der „sozialistischen Gemeinschaft"** (M 2, Z. 12) bzw. das **Verhältnis der „verbündeten sozialistischen Staaten"** (M 3, Z. 1), v. a. um die Frage, wie abhängig bzw. unabhängig diese von der Sowjetunion agieren konnten. Hierbei sind deutliche **Unterschiede** auszumachen.

Zusammenfassung und Deutung der Inhalte

Zwar betont Breschnew, dass die KPdSU die Ostblockstaaten stets bei der **selbstständigen Ausgestaltung des Kommunismus** unterstützt habe (vgl. M 2, Z. 1–5). Allerdings beruft er sich anschließend auf „allgemeine **Gesetzmäßigkeiten** des sozialistischen Aufbaus" (M 2, Z. 6), von denen man **nicht abweichen** dürfe. Der Generalsekretär spielt auf die marxistische Vorstellung an, die Geschichte der Menschheit sei geprägt von Klassenkämpfen und werde von der antiken „Sklavenhaltergesellschaft" zum **klassenlosen Kommunismus** führen. Demgemäß befanden sich die Staaten des Ostblocks gerade im **Sozialismus**, einer Übergangsphase zwischen Kapitalismus und Kommunismus. Darauf nimmt Breschnew Bezug, wenn er vor einer „Wiederherstellung der kapitalistischen Zustände" (M 2, Z. 9 f.) warnt, die durch „innere und äußere **dem Sozialismus feindliche Kräfte"** (M 2, Z. 8) angestrebt werde. Dies sei nicht nur ein Problem des betroffenen Landes, sondern eine **gemeinsame Gefahr für alle sozialistischen Staaten**.

– M 2

In M 2 sieht der Redner den (von Karl Marx ursprünglich als Ergebnis einer Weltrevolution gedachten) **Weg vom Sozialismus zum Kommunismus bedroht**, da es noch reaktionäre Kräfte gebe, die das Rad der Geschichte zurückdrehen wollten. Angesichts des anhaltenden **Systemkonflikts im Kalten Krieg** betrachteten führende Vertreter des Ostblocks nichtsozialistische und vor allem kapitalistische Länder als **Gefahr**, der die sozialistische Staatengemeinschaft unter Führung der Sowjetunion gemeinsam begegnen sollte. Der entscheidende Anstoß kam von Breschnew selbst, der sich die **Rolle eines Richters über die sozialistischen Länder** und ihre innere Entwicklung zuschrieb.

In der gemeinsamen Erklärung der Ostblockstaaten von 1989, angeführt von der Sowjetunion unter Gorbatschow, wird dagegen betont, dass ein ausdrücklicher „**Verzicht auf Konfrontationsdoktrinen**" (M 3, Z. 7) nötig sei, um die „militärisch-politisch[e] und territorial[e] Stabilität in Europa" (M 3, Z. 1 f.) zu erhalten. Im Gegensatz zu M 2 wird hier die „Rolle eines Richters oder Schiedsrichters" (M 3, Z. 10) im Hinblick auf die Verhältnisse in fremden Ländern klar abgelehnt. Stattdessen wird auf zentrale Gedanken des Völkerrechts wie das **Selbstbestimmungsrecht der Völker**, **Gewaltverzicht** und die **Nichteinmischung** „in die Angelegenheiten anderer Staaten" (M3, Z. 8 f.) verwiesen. Jedes Volk solle berechtigt sein, „das gesellschaftspolitische und ökonomische System [und] die staatliche Ordnung" (M 3, Z. 4 f.) **selbst zu wählen**.

– M 3

Während in M 2 klare Vorgaben und **Grenzen bei der Ausgestaltung des Sozialismus** gesetzt werden und das kapitalistische System als Bedrohung angesehen wird, sollen gemäß M 3 alle Staaten ihr „Schicksal" (M 3, Z. 3) selbst bestimmen können. Zumindest im vorliegenden Auszug klingt es sogar so, als dürften sich auch die „verbündeten sozialistischen Staaten" (M 3, Z. 1) vollständig **gegen den Sozialismus entscheiden**.

Die zwei Quellen müssen mit ihren **gegensätzlichen Inhalten** noch vor ihrem jeweiligen historischen Hintergrund beleuchtet werden. Dabei ist die „**Breschnew-Doktrin**", wie die Ausführungen aus M 2 später genannt wurden, als **Rechtfertigung für die Beendigung des „Prager Frühlings"** wenige Monate zuvor zu verstehen. Gleichzeitig diente sie als **Warnung an die sozialistischen Staaten**, nicht zu eigenständig zu werden und den Vorrang der UdSSR stets zu achten. Die Berufung auf angebliche historische „Gesetzmäßigkeiten" sollte den **Machtanspruch der Sowjetunion** über ihre Satellitenstaaten philosophisch-ideologisch begründen und ihre **Führungsposition** im östlichen Bündnis **unantastbar** machen. In diesem Sinne könnte neben dem Zeitpunkt von M 2 die Wahl des Ortes relevant gewesen sein: Nachdem bereits die Bewegungen bzw. Aufstände in der **DDR** 1953, in **Ungarn** 1956 und in der **Tschechoslowakei** 1968 niedergeschlagen worden waren, war es **Polen**, das Schauplatz von Breschnews historischer Rede wurde.

historischer Kontext
– M 2

M 3 kann als direkte Bezugnahme auf Breschnews Mahnung und als Absage an seine Vorstellung von der Ordnung der sozialistischen

Staatenwelt verstanden werden. Die Erklärung steht im **Kontext von Gorbatschows Reformpolitik** (ab 1985). Unter den Schlagworten „**Glasnost**" (Offenheit) und „**Perestroika**" (Umgestaltung) wollte der neue KPdSU-Generalsekretär der gravierenden Strukturkrise in seinem Land entgegenwirken und die Sowjetunion durch eine **vorsichtige Reform des Sozialismus** politisch-wirtschaftlich stärken. Dabei ermunterte er auch die sozialistischen „Bruderstaaten", eigene Wege zu gehen. In Anlehnung an ein bekanntes Lied des US-amerikanischen Sängers Frank Sinatra („My Way") wurde diese Neuausrichtung „**Sinatra-Doktrin**" genannt. Gleichzeitig signalisierte Gorbatschow dem Westen sein Interesse **an Entspannung im Kalten Krieg**, was sich ebenfalls in M 3 bemerkbar macht: Anders als in M 2 klingt das Denken in ideologischen Blöcken nicht an.

Gorbatschows Reformpolitik, die in der Erklärung von 1989 zum Ausdruck kommt, hatte entscheidende Auswirkungen auf den Ostblock. Für die sozialistischen Staatsführungen und „Bruderparteien" war sie ein Signal, dass sie zukünftig **keine Hilfe aus Moskau** mehr zu erwarten hätten, wenn der Sozialismus vor Ort in Bedrängnis geriet. Reformbereite Politiker und besonders die bisher von „oben" bekämpften **Oppositionsbewegungen** konnten sich dagegen ermuntert fühlen, Veränderungen in ihrem Land voranzutreiben: Ob „**Solidarność**"-Bewegung in Polen, „**Friedliche Revolution**" in der DDR oder „**Samtene Revolution**" in der Tschechoslowakei – all diese Reformbestrebungen und Umbrüche waren nun „inner[e] Angelegenheiten" (M 3, Z. 8) und bestimmten das „Schicksal" (M 3, Z. 3) der jeweiligen Staaten. Da sich die Sowjetunion selbst letztlich als nicht reformierbar erwies und keines der „Bruderländer" das sozialistische System beibehielt, war die „Sinatra-Doktrin" historisch gesehen ein Schritt auf dem Weg zum Zusammenbruch der „ganzen sozialistischen Gemeinschaft" (M 2, Z. 11 f.)

3 **TIPP** *Anforderungsbereich: II, Verrechnungspunkte: 16*

Die Aufgabe stellt Ihnen die Wahl eines geeigneten Beispiels, das Sie ausführlicher behandeln, frei: Zu denken ist hier an Bewegungen in der DDR (z. B. Bürgerrechts-, Umwelt-, Ausreise-, Friedensbewegung) sowie an Oppositions- und Unabhängigkeitsbewegungen in anderen Ostblockstaaten (u. a. Akteure der „Charta 77" und der „Samtenen Revolution" in der Tschechoslowakei). In der folgenden Lösung geht es um die Solidarność in Polen. Achten Sie in Ihrer Darstellung darauf, dass alle Zusammenhänge klar werden. Da außerdem eine Beurteilung verlangt ist, sollten Sie ausführen, inwiefern Ihr Beispiel einen Beitrag zum Ende des Ost-West-Konflikts geleistet hat.

Die **polnische Gewerkschaftsbewegung „Solidarność"** (polnisch für „Solidarität") hat eine besonders wichtige Rolle im Hinblick auf den Umbruch in Polen sowie im ganzen Ostblock gespielt und soll daher im Folgenden näher behandelt werden.

Darstellung: die Solidarność

Die **unabhängige Gewerkschaft** Solidarność ging **1980** aus einer Streikbewegung in Polen hervor: Damals begann die Arbeiterschaft, ausgehend von der Lenin-Werft in **Danzig**, sich zu organisieren und politische sowie wirtschaftliche Forderungen zu stellen. Unter der Führung des charismatischen Elektrikers **Lech Wałęsa** entwickelte sie sich zu einer starken Konkurrenz für die **Polnische Vereinigte Arbeiterpartei** (PZPR) und deren Alleinherrschaft. Da die PZPR im Verbund mit den von ihr abhängigen Gewerkschaften den Erfolg der Solidarność nicht verhindern konnte, wurde die Legitimationsbasis des kommunistischen Staates in ihrem Kern angegriffen: Streiks und Massendemonstrationen der Arbeiterschaft und Proteste gegen die dominierende Arbeiterpartei waren in einem „Arbeiter-und-Bauern-Staat" eine geradezu **systemsprengende Herausforderung**.

Entstehung und frühe Entwicklung

In der Folge wurde die Solidarność immer mehr zu einem **Sammelbecken** der gesellschaftlichen Opposition und zog Millionen Menschen an, die mit dem realsozialistischen System in Polen **unzufrieden** waren, neben Arbeitern z. B. viele Intellektuelle. Dazu kam eine polnische Besonderheit: Das in der Bevölkerung starke **Bekenntnis zum Katholizismus** förderte die Abkehr vom „gottlosen" (= atheistischen) System des Sozialismus und war **identitätsbildend** gegenüber der Sowjetunion, der Vormacht im Ostblock. Dieser Gegensatz verschärfte sich noch mit dem Amtsantritt des strikt antikommunistischen polnischen Papstes **Johannes Paul II.** 1978, der bereits ein Jahr nach seiner Wahl nach Polen reiste und sich bei seinem zweiten Besuch in der Heimat 1983 mit Wałęsa traf. Zudem bot die katholische Kirche **Schutz und Freiräume** für oppositionelle Tätigkeiten.

Bedeutung des Katholizismus

Im Laufe des Jahres 1981 nahmen die Spannungen zwischen Regierung und Opposition immer mehr zu. Um eine **Intervention Moskaus** zur Aufrechterhaltung des Sozialismus gemäß der „**Breschnew-Doktrin**" zu verhindern, ergriff die polnische Führung selbst Maßnahmen, anders, als dies in weiteren Ländern des Ostblocks der Fall gewesen war (z. B. Volksaufstand in der DDR 1953, „Prager Frühling" 1968). Der damalige Ministerpräsident General **Wojciech Jaruzelski**, der zudem den Oberbefehl über die **Streitkräfte** inne hatte, rief den **Kriegszustand** aus und regierte fortan mithilfe des Militärs und des **Kriegsrechts** – die Armee hatte quasi die Macht übernommen. Da die Bewegung mittlerweile aber eine kritische Größe überschritten hatte, konnten das 1982 ausgesprochene **Verbot der Solidarność** und die **Repressionen** sie nicht mehr stoppen.

Kriegsrecht und Verbot

1983 wurde der Kriegszustand endgültig aufgehoben, 1988 erzwangen Streiks die **Wiederzulassung der Solidarność**. Anschließend begannen Gespräche zwischen reformbereiten Kräften in der Partei- und Staatsführung sowie Vertretern von Kirche und Opposition, u. a. der Solidarność („**Runder Tisch**"). Im Folgenden wurde die Macht der Kommunisten schrittweise eingeschränkt. 1989 wurde der Oppositionelle und Solidarność-Berater **Tadeusz Mazowiecki** erster nichtkommunistischer Regierungschef im Ostblock. Wałęsa, der 1983 den **Friedensnobelpreis** erhalten hatte, wurde nach dem Ende des Sozialismus 1990 erster frei gewählter **Staatspräsident Polens**.

Wiederzulassung, Rolle 1988/89

Die Entwicklung in Polen hat in mehrfacher Hinsicht einen zentralen **Beitrag zum Ende der bipolaren Weltordnung** geleistet: So war die Solidarność anderen oppositionellen Bewegungen des Ostblocks um Jahre voraus, was auch damit zusammenhing, dass sich die ökonomischen **Probleme der Planwirtschaft** in Polen besonders stark zeigten und regelmäßig Proteste auslösten. Zudem handelte es sich bei der polnischen Streikbewegung um eine **Massenbewegung** von unten, die nicht nur von intellektuellen und kirchlichen Oppositionellen, sondern von einer breiten Schicht getragen wurde, nämlich der für sozialistische Systeme zentralen **Arbeiterklasse**. Dieser Umstand erschwerte es der Staatsmacht, sie zu diskreditieren und zu isolieren. Dabei profitierte die Opposition von einer **nationalpolnischen, katholischen Grundströmung**, die wesentlicher Bestandteil der polnischen Identität war und bis heute ist. Polen, das im Laufe seiner Geschichte wiederholt von seinen mächtigen Nachbarn zerrieben worden war, hatte sich gerade in den Phasen, in denen es nicht als Staat existierte, über den Katholizismus definiert und abgegrenzt. Durch die Forderung nach demokratischen Reformen und das beharrliche Engagement für inneren Wandel nahm die maßgeblich von der Solidarność geprägte polnische Opposition eine **Vorreiterrolle** ein und zeigte den Nachbarstaaten, dass die **Allmacht der sozialistischen Einheitsparteien nicht unüberwindbar** bleiben musste.

Bedeutung der Solidarność für das Ende der bipolaren Welt

---

4 | **TIPP** *Anforderungsbereich: III, Verrechnungspunkte: 16*

Da die zu überprüfende Aussage den historischen Begriff „Kalter Krieg" enthält, empfiehlt es sich, diesen vorab kurz zu definieren. Beziehen Sie Hobsbawms These mit ein und nutzen Sie diese als Überleitung zum Hauptteil, in dem Sie dann das Urteil des Historikers über Gorbatschow und das Ende des Ost-West-Konflikts anhand konkreter Sachverhalte untersuchen. Dabei können Sie auch andere Erklärungsversuche als die in der folgenden Lösung entwickelten Argumente heranziehen. Bitte beachten Sie: Der Teilstandard 12, in dem es um die

> deutsche Wiedervereinigung und den endgültigen Zusammenbruch der Sowjetunion geht, ist im Abitur 2024 nicht verpflichtend. Sollten Sie aber hierzu Wissen in Ihre Lösung einfließen lassen wollen (z. B. Ausblick zu Gorbatschows weiterer Rolle im Hinblick auf das Ende der UdSSR), so ist dies durchaus möglich.

Als „**Kalter Krieg**" wird eine Epoche bezeichnet, die mit dem Zerbrechen der „unnatürlichen" Anti-Hitler-Koalition der kapitalistischen Westmächte und der sozialistischen UdSSR 1945/47 begann und in den darauffolgenden Jahrzehnten mehr oder weniger kritische Momente erlebte. Der Systemkonflikt wurde durch den Umbruch im Ostblock abgemildert und 1990 offiziell für beendet erklärt. **Hobsbawms These** bezieht sich auf die **Endphase** des Kalten Kriegs in den 1980er-Jahren, als sich der Ost-West-Gegensatz nach dem sowjetischen Einmarsch in Afghanistan nach jahrelanger Entspannungspolitik erneut verschärft hatte. Dass es dennoch gelingen sollte, den „**vierzigjährigen globalen Kalten Krieg" zu beenden**, schreibt der Historiker sehr stark einem Mann zu: **Michail Gorbatschow**.

Einführung
Bestimmung und zeitliche Einordnung des Begriffs „Kalter Krieg"

Einbindung von Hobsbawms These

Gorbatschow wurde 1985 **Generalsekretär des Zentralkomitees der KPdSU und mächtigster Mann des gesamten Ostblocks**. Er beendete eine lange Phase der **Stagnation**, die seine Vorgänger zu verantworten hatten (Breschnew) bzw. nicht überwinden konnten, da sie nur kurz im Amt waren (Tschernenko, Andropow). Nun setzte er sich mit der für die Sowjetunion sehr schmerzhaften Erkenntnis auseinander, dass die **sozialistische Planwirtschaft** und das verkrustete **politische Einparteiensystem** stark reformbedürftig waren, was auch außenpolitische Folgen hatte: Vor dem Hintergrund neuer Spannungen im Kalten Krieg zeigte sich immer deutlicher, dass sich die UdSSR den **Rüstungswettlauf** mit dem Westen gar nicht mehr leisten konnte, was die Bereitschaft zu einer Politik der Abrüstung erhöhte. Auf den desolaten Zustand der Sowjetunion reagierte Gorbatschow mit einem **Reformprogramm** unter den Schlagworten „**Glasnost**" (Offenheit, Transparenz) und „**Perestroika**" (Umbau, Umgestaltung). Seine politischen, wirtschaftlichen und gesellschaftlichen Liberalisierungspläne stießen auf ein über viele Jahre aufgebautes zentralistisches Kommandosystem und zu wenig Expertise, auf die man bei der ökonomische Umgestaltung hin zu mehr Marktwirtschaft hätte zurückgreifen können. Letztlich blieb Gorbatschow der Erfolg verwehrt: Es kam nicht zur Reform des sozialistischen Systems, sondern zum völligen **Zusammenbruch der UdSSR**.

Überprüfung
Rolle Gorbatschows für den Umbruch im Ostblock und für das Ende des Kalten Kriegs

Sein Kurs hatte nicht nur Auswirkungen auf die Sowjetunion, sondern wegen der **Führungsrolle der UdSSR** auch auf den gesamten Ostblock und sogar auf die Entwicklung des Kalten Kriegs. So galt er in einer Reihe osteuropäischer Satellitenstaaten als großer **Hoffnungsträger reformbereiter und oppositioneller Kräfte**, die sich seine Unterstützung für Veränderungen erhofften, v. a. in Polen und Ungarn sowie in der DDR-Bürgerrechtsbewegung. Dazu trug auch die Abkehr von der „Breschnew-Doktrin" bei: Die Ostblockstaaten sollten neue Wege einschlagen dürfen („**Sinatra-Doktrin**").

Für den Westen war er ein **unverhoffter Gewinn als zugänglicher Verhandlungspartner**, der an friedlicher Koexistenz und **Entspannung** interessiert war. So führte er 1986 in Reykjavik erste **Abrüstungsgespräche** mit US-Präsident Ronald Reagan, denen weitere Treffen und Vereinbarungen zwischen den Blöcken folgten. Auch für die deutsche Wiedervereinigung spielte er eine wichtige Rolle. Während der **Friedlichen Revolution in der DDR** 1989 griff die UdSSR (anders als beim Volksaufstand 1953) nicht militärisch ein und stimmte 1990 sogar der **deutschen Einheit** zu.

Bei der Würdigung von Gorbatschows Verdiensten muss relativierend angemerkt werden, dass er mit seinem Reformprogramm auf **strukturelle Notwendigkeiten** reagierte: Die geringe Produktivität der sozialistischen Zentralverwaltungswirtschaft, die ständigen Versorgungsprobleme und die teure Rüstung wirkten sich auf Dauer immer negativer auf den allgemeinen Lebensstandard aus und sorgten für **Unzufriedenheit**. Da die Bevölkerung jedoch mehrheitlich keine Erfahrung mit ökonomischer und politischer Freiheit besaß, wäre eine Fortsetzung der Stagnation durchaus denkbar gewesen. Ob Gorbatschows Vorgänger (v. a. Breschnew) in seiner Lage ähnliche Entscheidungen getroffen und offen die **Schwächen des kommunistischen Systems** angesprochen hätten, kann zwar nicht beantwortet werden; so recht vorstellbar erscheint es aber nicht.

Natürlich spielten im Hinblick auf die Entwicklung und das Ende des Kalten Kriegs auch die **Westmächte** (mit der Bundesrepublik) **und ihr politisches Personal** eine wichtige Rolle. Hier wurde die Blockbildung zwar oft beklagt, man hatte sich aber mittlerweile in der bipolaren Weltordnung eingerichtet. Eine Überwindung des Ost-West-Konflikts und der deutschen Teilung schien in den 1980ern in weite Ferne gerückt. Zu dieser Einstellung passen die Reaktionen auf den unerwarteten Fall der Berliner Mauer am 9. November 1989, der plötzlich die Frage der **Wiedervereinigung** aktuell werden ließ: **Entsetzen und Abwehr** (Großbritannien, Frankreich) bzw. große **Überraschung** (Bundesregierung unter Helmut Kohl). Zuerst äußerten sich nur US-Vertreter wie Außenminister Baker positiv.

Rolle der Westmächte und ihres politischen Personals

In gewisser Hinsicht hatte die feste Haltung der westlichen Mächte in der **Frage der Nachrüstung** ihren Anteil an der Beendigung des

Konflikts. Trotz heftiger Proteste der Friedens- und Anti-Atomkraftbewegung hielten sie an der Stationierung von Mittelstreckenraketen in Westeuropa und besonders der Bundesrepublik fest. Kombiniert war der „NATO-Doppelbeschluss" allerdings mit dem Angebot, **Gespräche über Abrüstung** zu führen und mit dem Osten in Kontakt zu bleiben. Zwar wirkten Hochrüstungspläne der US-Regierung unter Reagan (z. B. SDI = Programm zur Militarisierung des Weltraums) und eine aggressive Rhetorik des US-Präsidenten (Sowjetunion als „Reich des Bösen") nicht gerade vertrauensbildend. Der ständige und um 1980 wieder verschärfte Rüstungswettlauf hat aber die Kosten für die UdSSR derart hochgetrieben, dass sich dort die Einsicht breit machte, dass der Kalte Krieg nicht zu gewinnen sei. Als Gorbatschow vorschlug, über Rüstungsbegrenzung zu verhandeln, nahm der Westen das Angebot an. Nun war eine neue **Phase der Entspannung in den Ost-West-Beziehungen** möglich, die auf früheren Annäherungsinitiativen wie der Neuen Ostpolitik der sozialliberalen Bundesregierung und dem KSZE-Prozess aufbauen konnte.

All diese personellen und strukturellen Faktoren trugen zum Ende des Kalten Kriegs bei. **Gorbatschows herausragende Rolle** bleibt davon aber **unberührt**. Er war der erste Staats- und Parteichef der Sowjetunion, der nicht starr am bisher praktizierten Staatssozialismus festhielt, sondern Reformen anstieß und es den Ostblockstaaten ermöglichte, eigene Wege zu gehen. Außerdem war er auf internationaler Ebene **für Gespräche mit dem Westen offen** und schuf als ehrlicher Verhandlungspartner die nötige **Vertrauensbasis**.

Auf diese Weise **trug er maßgeblich zum Ende des Kalten Kriegs bei**. In der UdSSR konnte er sich dagegen bald kaum noch mit seiner Politik durchsetzen. 1991 zerfiel die Sowjetunion, er selbst trat nach einem gegen ihn gerichteten Putschversuch zurück. Von daher ist es durchaus verständlich, dass sein **Nimbus im Ausland weit größer** war als in Russland selbst.

Fazit und (optionaler) Ausblick

Baden-Württemberg Geschichte
Mündliche Abiturprüfung • Übungsaufgabe 1

WEGE IN DIE WESTLICHE MODERNE
Die Arbeiterbewegung und die „Soziale Frage"

Aufgabenstellung

1. Fassen Sie den Inhalt von M 1 zusammen.
2. Erläutern Sie den Begriff „Soziale Frage" und arbeiten Sie heraus, inwiefern er in Herweghs „Bundeslied" eine Rolle spielt.
3. Überprüfen Sie, inwiefern das Lied mit Motiven, Zielen und Methoden der Arbeiterbewegung vereinbar ist.

M 1 — Bundeslied für den Allgemeinen Deutschen Arbeiterverein, Text von Georg Herwegh (1863)

1863 gründete Ferdinand Lassalle, einer der Väter der deutschen Sozialdemokratie, in Leipzig die erste deutsche Arbeiterpartei, den „Allgemeinen Deutschen Arbeiterverein" (ADAV). Aus diesem Anlass bat er den Dichter Georg Herwegh (1817–1875), der mit seinen Liedern während der Revolution von 1848/49 berühmt geworden war, ein „Bundeslied" für den ADAV zu schreiben. Zwar stellte sich die erste Vertonung als sehr kompliziert heraus; dennoch wurde das Lied von der Arbeiterschaft schnell angenommen, vielfach gedruckt und gemeinsam gesungen.

You are many, they are few.
(Eurer sind viele, ihrer sind wenig.)

   Bet' und arbeit'! ruft die Welt,
   Bete kurz! denn Zeit ist Geld.
5 An die Thüre pocht die Noth –
   Bete kurz! denn Zeit ist Brot.

   Und Du ackerst und Du säst,
   Und Du nietest und Du nähst,
   Und Du hämmerst und Du spinnst –
10 Sag, o Volk, was Du gewinnst!

Wirkst am Webstuhl Tag und Nacht,
Schürfst im Erz- und Kohlenschacht,
Füllst des Ueberflusses Horn,
Füllst es hoch mit Wein und Korn –

15 Doch wo ist Dein Mahl bereit?
Doch wo ist Dein Feierkleid?
Doch wo ist Dein warmer Herd?
Doch wo ist Dein scharfes Schwert?

Alles ist Dein Werk! o sprich,
20 Alles, aber Nichts für Dich!
Und von Allem nur allein,
Die Du schmiedst, die Kette, Dein!

[…]

Menschenbienen, die Natur,
25 Gab sie Euch den Honig nur?
Seht die Drohnen um Euch her!
Habt Ihr keinen Stachel mehr?

Mann der Arbeit, aufgewacht!
Und erkenne Deine Macht!
30 Alle Räder stehen still,
Wenn Dein starker Arm es will.

[…]

Brecht das Doppeljoch entzwei!
Brecht die Noth der Sklaverei!
35 Brecht die Sklaverei der Noth!
Brot ist Freiheit, Freiheit Brot!

Aus: Georg Herwegh. Werke und Briefe. Band 2: Gedichte 1849–1875. Kritische und kommentierte Gesamtausgabe, hrsg. von Ingrid Pepperle, Bielefeld 2019, S. 87 f.

Lösungsvorschlag

1 **TIPP** *Anforderungsbereich: I*

In der mündlichen Abiturprüfung ist es üblich, die Teilaufgaben nach Schwierigkeitsgrad zu stufen. So wird bei Bildquellen meist zuerst eine Beschreibung gefordert, bei Textquellen eine Zusammenfassung, so auch hier. Die vorliegende Quelle will zwar u. a. durch die vielen Metaphern richtig verstanden werden, ist allerdings aufgrund der einfachen Wortwahl nicht zu komplex. Dies passt zum Zweck des Liedes, das leicht zu fassen und zu singen sein sollte. Formulieren Sie die Zusammenfassung in eigenen Worten. Verlangt ist eine Inhaltsangabe; eine reine Nacherzählung würde den Zweck verfehlen. Denken Sie daran, das Material zu Beginn des Vortrags in einem Basissatz kurz einzuführen. Für diese Aufgabe sollten Sie nicht mehr als zwei von zehn Minuten brauchen.

M 1 = **Auszug** (8 Strophen) aus dem **Bundeslied** von **Georg Herwegh** für den Allgemeinen Deutschen Arbeiterverein, Liedtext **1863** in **Gedichtform** entstanden
→ Thema: schwierige Lage der Arbeiterschaft, die gemeinsam geändert werden soll

Zusammenfassung des Inhalts → drei Sinnabschnitte erkennbar
1. Strophe 1–3: Darstellung der **prekären Situation der Arbeiterschaft**, die in Bergbau, (Textil-)Industrie und Landwirtschaft regelrecht **ausgebeutet** wird
2. Strophe 4–6: **direkte Ansprache der Arbeiterschaft**, zuerst einzeln („Du"), dann in der Gesamtheit („Euch")
   - Aufforderung, die eigene Lage zu überdenken
   - mehrfache Frage, warum die Arbeiter in Abhängigkeit und einfachen Verhältnissen leben, für wen sie die harte Arbeit leisten und warum sie sich nicht dagegen wehren (V. 27: „Habt Ihr keinen Stachel mehr?")
3. Strophe 7–8: **Aufforderung**, sich der **eigenen Kraft** bewusst zu werden, **endlich aktiv zu werden** und die bestehenden Verhältnisse zu verändern
   - **Macht durch Verweigerung der Arbeit**: „Alle Räder stehen still, / Wenn Dein starker Arm es will" (V. 30 f.)
   - Betonung, dass **wirtschaftliche und gesellschaftlich-soziale Freiheit** einander bedingen: „Brot ist Freiheit, Freiheit Brot!" (V. 36)

2 **TIPP** *Anforderungsbereich: I/II*

Der erste Teil dieser Aufgabe ist noch recht einfach: Es gilt, mit „Soziale Frage" einen zentralen Begriff aus dem Bildungsplan zu definieren, der auch die Schattenseiten der Modernisierung in den Blick rückt. Hier können Sie leicht Punkte sammeln; sollte Ihnen jedoch nichts dazu einfallen, ist der zweite Teil der Aufgabe kaum zu lösen. Es ist also durchaus sinnvoll, vor der Abiturprüfung noch einmal die wichtigsten Begriffe des Bildungsplans durchzugehen. Der nächste

Schritt, der Zusammenhang zwischen Begriff und Quelle, ist schon anspruchsvoller. Wichtig ist, die Grundbotschaft des Liedes herauszuarbeiten; dabei können Sie auch andere Verse im Lösungsvorschlag einbeziehen. Es erscheint sinnvoll, im Vortrag ca. drei Minuten auf diese Aufgabe zu verwenden.

Erläuterung des Begriffs „Soziale Frage"
– Soziale Frage = Oberbegriff für eine Reihe gesellschaftlich-sozialer Probleme, die mit der **Industrialisierung** in Deutschland einhergingen und besonders mit der schwierigen bis katastrophalen Lage der **Industriearbeiterschaft** verbunden waren
– Herausforderung durch **veränderte Arbeits- und Lebensbedingungen:**
  - schrittweise Ablösung der traditionellen Produktionsweise (überwiegend Heim- und Handarbeit) durch **industriell-maschinelle Fertigung in Fabriken** → u. a. Billiglöhne, lange Arbeitszeiten, keine Schutzvorkehrungen, starke Belastung der Gesundheit, Frauen- und sogar Kinderarbeit
  - „Landflucht" und wachsende Großstädte → **katastrophale Wohnbedingungen** der Arbeiterschaft in separaten Wohnvierteln und „Mietskasernen", viel **Armut und Krankheit**, zunehmende Unterschiede zwischen Arm und Reich

Ausprägungen der Sozialen Frage im „Bundeslied"
– Darstellung der **harten Arbeitsbedingungen** in mehreren Branchen (vgl. V. 11–14: Textilindustrie, Bergbau und Landwirtschaft) sowie der allgemeinen **Not und Abhängigkeit der Arbeitskräfte** (z. B. V. 5: „An die Thüre pocht die Noth"; V. 22: „Die du schmiedst, die Kette, Dein!")
– zentrale Frage nach der **Beteiligung der Arbeiterschaft am Gewinn** der industriellen Produktivität: „Sag, o Volk, was Du gewinnst!" (V. 10)
– in weiteren Fragen Einbeziehung von Begriffen, die auf verschiedene Aspekte der Sozialen Frage anspielen
  - „**Mahl**" (V. 15): Forderung einer sicheren **Versorgungslage** (v. a. Lebensmittel)
  - „**Feierkleid**" (V. 16): Wunsch nach angenehmer sozialer Interaktion abseits der Arbeit, **mehr Lebensqualität** und Freizeit
  - „**warmer Herd**" (V. 17): Symbol für zumutbare **Wohnbedingungen**
  - „**scharfes Schwert**" (V. 18): steht für die nötigen Mittel, sich selbst gegen solche Zumutungen und Ungerechtigkeiten zu **wehren** und gemeinsam die Notlage der Arbeiterschaft zu verbessern = Grundgedanke der **Arbeiterbewegung**

3 **TIPP** *Anforderungsbereich: III*

Diese Aufgabe liegt im AFB III und wird die größte Herausforderung darstellen, deshalb sollte sie auch den breitesten Raum in Ihrem Vortrag einnehmen. Es geht um die im ersten Halbjahr der Kursstufe verpflichtenden Begriffe „Arbeiterbewegung: Reform, Revolution". Überlegen Sie sich, welche Motive, Ziele und Methoden die Arbeiterbewegung des 19. Jahrhunderts ausmachten, und untersuchen Sie Herweghs „Bundeslied" auf diese Aspekte. Schließen Sie die Ergebnisse zu dieser Aufgabe und somit Ihren Vortrag mit einem kurzen Fazit ab.

Motive und Ziele der Arbeiterbewegung in M 1?
- **klare Kritik** an den Arbeits- und Lebensbedingungen des Proletariats als wesentlicher Gedanke von Sozialdemokratie, Sozialismus und Kommunismus
  - zentrale **Rolle der ökonomischen Verhältnisse** → Arbeiterschaft, die unter harten Arbeits- und Lebensbedingungen leidet *(Verweis auf Aufgabe 2 möglich)*
  - **Ausbeutung** der abhängigen Arbeiterschaft (V. 34: „Sklaverei") durch die herrschende Klasse (v. a. Fabrikbesitzer, in M 1 jedoch nicht näher thematisiert)
  - **Entfremdung der Arbeiter** von den Produkten, die sie herstellen, von denen sie jedoch nicht profitieren: „Alles ist Dein Werk! […] / Alles, aber Nichts für dich!" (V. 19 f.)
- Überzeugung, dass **wirtschaftlich-soziale Veränderung dringend nötig ist** → entschlossene Aufforderung an die Arbeiterschaft, daran selbst mitzuwirken, z. B. „Brecht das Doppeljoch entzwei!" (V. 33)
- Bewusstsein, dass **große Macht von den Arbeitern ausgeht**, die gemeinsam viel erreichen können: „Mann der Arbeit, aufgewacht! / Und erkenne Deine Macht!" (V. 28 f.); „Eurer sind viele, ihrer sind wenig." (V. 2)

Methoden der Arbeiterbewegung in M 1?
- im Lied selbst **kaum konkrete Ideen**, wie die Befreiung der Proletarier und die Verbesserung ihrer Lebens- und Arbeitsbedingungen erreicht werden könnten
  - mögliche Anspielung auf **Streiks**, um Druck auf Fabrikbesitzer zu erzeugen: „Alle Räder stehen still, / Wenn Dein starker Arm es will" (V. 30 f.)
  - möglicher Hinweis auf **gewaltsames Vorgehen** durch „Brecht das Doppeljoch entzwei" (V. 33)? → eher metaphorische Darstellung der harten Arbeitsbedingungen (Z. 34: „Noth der Sklaverei") und der schwierigen Lebenslage (Z. 35: „Sklaverei der Noth") der Arbeiterschaft als konkrete Handlungsanweisung
- zwei große Strömungen innerhalb der Arbeiterbewegung:
  - gemäßigte Vertreter, die schrittweise **Veränderungen v. a. über Reformen** anstreben ↔ radikale Strömung, die einen **revolutionären Umsturz** der Verhältnisse möchte (v. a. Kommunismus)
  - Hinweis auf Methoden durch den **Auftraggeber** von M 1? → Ferdinand Lassalle und Allgemeiner Deutscher Arbeiterverein = **reformorientiert**
  allerdings: in M 1 keine Andeutungen, wie die Soziale Frage durch das **politische Engagement der Sozialdemokratie** gelöst werden soll

→ aber: **Besonderheit der Quellenart beachten!** → Das Lied kann keine politischen Programme mit konkreten Zielen und Handlungsanweisungen ersetzen, sondern soll den Zusammenhalt und das **proletarische Klassenbewusstsein stärken.**

→ **Fazit:** Herweghs „Bundeslied" als **typische Quelle der Arbeiterbewegung** des 19. Jahrhunderts, die die 1863 schon zutage tretende Soziale Frage thematisiert

Baden-Württemberg Geschichte
Mündliche Abiturprüfung ▪ Übungsaufgabe 2

DIKTATUREN IM 20. JAHRHUNDERT ALS GEGENENTWÜRFE ZUR PARLAMENTARISCHEN DEMOKRATIE
Die „Harzburger Front" und der Nationalsozialismus

Aufgabenstellung

1. Analysieren Sie die Quelle M 1.
2. Überprüfen Sie, ob die Forderungen, Versprechen und Ziele der Autoren von M 1 in den Jahren 1933–1939 in Deutschland verwirklicht wurden.

M 1 Auszug aus der Hauptresolution der Harzburger Tagung („Harzburger Front") vom 11. Oktober 1931

Im Oktober 1931 trafen sich in Bad Harzburg Vertreter der DNVP (unter Alfred Hugenberg), der DVP, der NSDAP (mit ihrem Parteivorsitzenden Adolf Hitler) und verschiedener rechtsnationalistischer und vaterländischer Verbände, zudem prominente Militärs wie der ehemalige Chef der Heeresleitung der Reichswehr, Hans von Seeckt. Die Großkundgebung wurde von Reden sowie einem riesigen Aufmarsch paramilitärischer Verbände (v. a. Stahlhelm und SA) begleitet. Am 11. Oktober 1931 veröffentlichte die Versammlung folgenden Text:

Die nationale Opposition hat seit Jahren vergeblich gewarnt, vor dem Versagen der Regierungen und des Staatsapparates gegenüber dem Blutterror des Marxismus, dem fortschreitenden Kulturbolschewismus und der Zerreißung der Nation durch den Klassenkampf, [...] vor einer Politik, die in der politischen, wirtschaftlichen und militäri-
5 schen Entmannung Deutschlands noch über das Diktat von Versailles hinausgeht, vor einer Politik, die die heimische Wirtschaft zugunsten weltwirtschaftlicher Utopien preisgibt, vor einer Politi[k] der Unterwürfigkeit dem Ausland gegenüber [...].
  Entschlossen, unser Land vor dem Chaos des Bolschewismus zu bewahren, unsere Politik durch wirksame Selbsthilfe aus dem Strudel des Wirtschaftsbankerotts zu retten
10 und damit der Welt zu wirklichem Frieden zu verhelfen, erklären wir:
  Wir sind bereit, im Reich und in Preußen in national geführten Regierungen die Verantwortung zu übernehmen. Wir stoßen keine Hand zurück, die sich uns zu wirklich ehrlicher Zusammenarbeit anbietet. Wir müssen es aber ablehnen, die Erhaltung eines falschen Systems und Fortsetzung eines falschen Kurses in einer nur national
15 getarnten Regierung der bisherigen Kräfte irgendwie zu stützen.

Jede Regierung, die gegen den Willen der geschlossenen nationalen Opposition gebildet werden sollte, muß mit unserer Gegnerschaft rechnen. So fordern wir den sofortigen Rücktritt der Regierungen Brüning und Braun[1], die sofortige Aufhebung der diktatorischen Vollmachten der Regierungen, deren Zusammensetzung nicht dem Volkswillen entspricht, und die sich nur noch mit Notverordnungen am Ruder halten; wir fordern sofortige Neuwahl der überalterten Volksvertretungen, vor allem im Reich und in Preußen.

Im vollen Bewußtsein der damit übernommenen Verantwortung erklären wir, daß die in der nationalen Opposition stehenden Verbände bei kommenden Unruhen wohl Leben und Eigentum, Haus, Hof und Arbeitsstelle derjenigen verteidigen werden, die sich mit uns offen zur Nation bekennen, daß wir es aber ablehnen, die heutige Regierung und das heute herrschende System mit dem Einsatz unseres Blutes zu schützen.

Wir verlangen Wiederherstellung der deutschen Wehrhoheit und Rüstungsausgleich. […]

Wir beschwören den durch uns gewählten Reichspräsidenten v. Hindenburg, daß er dem stürmischen Drängen von Millionen vaterländischer Männer und Frauen, Frontsoldaten und Jugend entspricht und in letzter Stunde durch Berufung einer wirklichen Nationalregierung den rettenden Kurswechsel herbeiführt.

Die Träger dieser Nationalregierung wissen um die Wünsche und Nöte des deutschen Volkes aus ihrer blutmäßigen Verbundenheit mit diesem. Sie haben die Entwicklung der letzten Jahre vorausgesagt. […] Darin sehen wir in tiefstem Sinne die Berechtigung zur Uebernahme der Regierungsgewalt. Nur der starke nationale Staat kann Wirtschaft und Arbeitsplatz schützen, nur der starke nationale Staat kann das Leistungsprinzip in jeder Form verwirklichen und die zur Herbeiführung einer wahren Volksgemeinschaft notwendigen sozialen Maßnahmen durchführen.

Aus: Hauptresolution der Harzburger Tagung, 11. 10. 1931, auf: https://www.1000dokumente.de/ index.html?c=dokument_de&dokument=0206_har&object=translation&st=&l=de (zuletzt abgerufen am 07.07.2021)

Anmerkung
1 Regierungen Brüning und Braun: Gemeint sind die damalige Reichsregierung, ein Präsidialkabinett unter Heinrich Brüning (Zentrum), und die preußische Regierung unter Otto Braun (SPD). Letztere bestand seit 1925, verlor erst im April 1932 ihre parlamentarische Mehrheit und wurde im Juli 1932 im „Preußenschlag" vom Reichspräsidenten und der Reichsregierung unter Franz von Papen entmachtet.

Lösungsvorschlag

1 **TIPP** *Anforderungsbereich: II*

In dieser Aufgabe müssen Sie M 1 „analysieren", also „systematisch und gezielt untersuchen und auswerten". Lesen Sie sich die Quelle gut durch und notieren Sie sich die Punkte, die Sie in der Prüfung ansprechen möchten. Stellen Sie die formalen Merkmale vor, fassen Sie den Inhalt mit eigenen Worten zusammen, überlegen Sie sich, welche Intention hinter der Abfassung des Materials stehen könnte, und ordnen Sie das Schriftstück in den historischen Kontext ein. Die Gliederung Ihrer Lösung können Sie im Vortrag durch Überleitungen und kurze Pausen zwischen einzelnen Aspekten verdeutlichen. Falls Sie besonders prägnante Passagen direkt zitieren möchten, sollten Sie dies z. B. durch passende Hinführungen und mitgesprochene Anführungszeichen hervorheben.

Vorstellung von M 1:
- Abschlusserklärung („Hauptresolution") der „**Harzburger Front**" = Versammlung bzw. Bündnis **rechtsgerichteter Parteien** (DNVP, DVP, NSDAP) **und Verbände** (u. a. Stahlhelm, SA) der Weimarer Republik
- Ort und Datum der Veröffentlichung: **Bad Harzburg**, 11. Oktober **1931**

Inhalt von M 1:
- Darstellung der **Lage Deutschlands als Katastrophe**, vor der die Rechten (Z. 1: „nationale Opposition") lange **gewarnt** hätten → Vorwürfe: gewalttätige Agitation der **Kommunisten** und **Spaltung der Nation** durch den Klassenkampf; weitere politische, wirtschaftliche und militärische Schwächung Deutschlands durch unfähige Regierungen (noch über das „Diktat von Versailles" hinaus); „Unterwürfigkeit" (Z. 7) gegenüber anderen Staaten, Wirtschaftskrise (vgl. Z. 1–10, 34–36)
- **Forderungen:**
  - **Rücktritt** der Reichsregierung Brüning und der preußischen Regierung Braun, die nur mit „diktatorischen Vollmachten" (Z. 19) und Notverordnungen handeln würden und keine Mehrheit des Volks hinter sich hätten (vgl. Z. 18–21)
  - sofortige **Neuwahlen**, Appell an Reichspräsident Hindenburg: Übertragung der **Regierungsverantwortung an die rechten Parteien** (vgl. Z. 11 f., 21 f., 30–33)
- **Ankündigungen und Versprechen:**
  - **Rettung** Deutschlands vor dem „Chaos des **Bolschewismus**" (Z. 8)
  - **Beseitigung der Wirtschaftskrise**, Schutz der eigenen Wirtschaft und Arbeitsplätze, Verwirklichung des Leistungsprinzips, Errichtung einer „**wahren Volksgemeinschaft**" (vgl. Z. 9, 36–40)
  - Schaffung eines „**wirkliche[n] Frieden[s]**" (Z. 10) für die Welt
  - **Bekämpfung des „falschen Systems** und […] falschen Kurses" (Z. 14) der Regierungen, dabei Verteidigung des Lebens und Eigentums derjenigen Bürger, die die rechten Parteien und Verbände unterstützen würden (vgl. Z. 13–17, 24–27)
  - Unabhängigkeit in **militärischen Angelegenheiten**, Aufrüstung (vgl. Z. 28 f.)

Perspektive und Intention:
- Perspektive der **radikalen, völkischen Rechten** der Weimarer Republik, verdeutlicht durch entsprechende Begrifflichkeiten: „Kulturbolschewismus" (Z. 3), „Diktat von Versailles" (Z. 5), „blutmäßig[e] Verbundenheit" (Z. 35) des deutschen Volkes mit den rechten Parteien, „Volksgemeinschaft" (Z. 40)
- Intention: Kritik am Präsidialkabinett Brüning und an der demokratischen Regierung Braun in Preußen sowie allgemein am politischen System der Weimarer Republik, unterschwellige Drohung mit Bürgerkrieg (vgl. Z. 16f., 24–27) → Propagierung eigener Machtansprüche als einzige „wirklich[e] Nationalregierung" (Z. 32f.)

Einordnung in den historischen Kontext:
- Endphase der Weimarer Republik → **innenpolitische Krise** der Demokratie: Bruch der Großen Koalition im Frühjahr 1930 und Bildung des ersten **Präsidialkabinetts** unter Reichskanzler **Heinrich Brüning** (Zentrum), das sich nicht auf eine Mehrheit im Reichstag stützte, sondern mithilfe von Notverordnungen (Art. 48) des Reichspräsidenten Paul von Hindenburg regierte
- Auswirkungen der **Weltwirtschaftskrise** (ab Oktober 1929) auf die deutsche Wirtschaft, u. a. starker Anstieg der Arbeitslosigkeit, Bankrott von Banken und Firmen
- **Aufstieg der radikalen Gegner der Demokratie:** Wahlerfolge der KPD und v. a. der NSDAP (1930: zweitstärkste Kraft im Reichstag), zunehmende Gewalt zwischen links- und rechtsextremen Kräften

2 **TIPP** *Anforderungsbereich: III*

Nun gilt es, die in der Aufgabenstellung aufgezählten Aspekte zu „überprüfen", also zu untersuchen, ob die in M 1 gemachten Versprechungen und propagierten Ziele der „Harzburger Front" tatsächlich nach der Machtübernahme durch die Nationalsozialisten umgesetzt wurden. Beachten Sie, dass Sie sich auf die Jahre 1933–1939 und nicht auf die ganze Zeit des „Dritten Reichs" konzentrieren sollen. In Aufgabe 1 haben Sie schon wesentliche Forderungen und Ankündigungen aus der Quelle herausgearbeitet, die Sie nun als Grundlage Ihrer Überprüfung verwenden können. Gliedern Sie Ihre Lösung und somit Ihren Vortrag nach Aspekten, die dafür bzw. dagegen sprechen, und veranschaulichen Sie Ihre Argumentation mit passenden Beispielen. Wie Sie an den folgenden Ausführungen sehen können, bietet M 1 einige Punkte, die Sie in Ihrer Prüfung erwähnen könnten. Ihre Ergebnisse sollten Sie mit einem eigenständigen Fazit abschließen.

Argumente, die **dafür** sprechen, dass Forderungen, Versprechen und Ziele aus M 1 in Deutschland 1933–1939 verwirklicht wurden:
- am 30. Januar 1933 Übernahme der **Regierungsverantwortung** durch zwei rechte Parteien: Ernennung Adolf **Hitlers** zum **Reichskanzler** durch Reichspräsident Paul von Hindenburg, Bildung einer **Koalitionsregierung aus NSDAP und DNVP**

- schneller, **vollständiger Systemwechsel:** Beseitigung der Demokratie, Errichtung einer **totalitären Diktatur** 1933/34 (u. a. „Reichstagsbrandverordnung"; „Ermächtigungsgesetz"; Gleichschaltung von Politik, Wirtschaft, Gesellschaft und Kultur)
- Errichtung der **NS-„Volksgemeinschaft":** Inklusion aller „arischen" Deutschen, **Exklusion** aller Bürger, die laut NS-Ideologie nicht zur „Volksgemeinschaft" gehören durften (u. a. Juden, Behinderte, Homosexuelle, politische Gegner)
- **Bekämpfung des Kommunismus/Marxismus:** unmittelbar nach Übernahme der Regierungsgewalt Verfolgung und Ausschaltung der KPD, Verdrängung der noch aktiven Kommunisten in den Untergrund und ins Ausland
- **wirtschaftlicher Aufschwung** durch (geheime) Aufrüstung, Infrastrukturprojekte und Arbeitsbeschaffungsmaßnahmen (z. T. aber noch von Regierungen der Weimarer Republik geplant) → sinkende Arbeitslosigkeit
- **Revision** der Friedensordnung **des Versailler Vertrags** (u. a. Einführung der allgemeinen Wehrpflicht 1935, Einmarsch ins entmilitarisierte Rheinland 1936) und geheime **Aufrüstung** → Stärkung der deutschen Position gegenüber dem Ausland

Argumente, die <u>dagegen</u> sprechen, dass Forderungen, Versprechen und Ziele aus M 1 in Deutschland 1933–39 verwirklicht wurden:
- keine (Außen-)**Politik**, die der Welt **Frieden bringen** sollte: nach außen hin zwar immer wieder Friedensbekundungen, aber: Ablenkung von der geheimen **Vorbereitung auf den Zweiten Weltkrieg**
- **keine breite und dauerhafte Regierung der rechten Parteien** („nationale Opposition" von 1931), stattdessen **Ausschaltung** sämtlicher **politischer Konkurrenz** (auch des Koalitionspartners DNVP) → ab Mitte 1933 nur noch NSDAP zugelassen, Verbot bzw. Selbstauflösung aller anderen Parteien
- in M 1 Kritik an den „diktatorischen Vollmachten der Regierungen" (Z. 19) und dem Einsatz von Notverordnungen, aber: 1933/34 Aufbau der **totalitären NS-Diktatur**, auch **mithilfe von Notverordnungen** des Reichspräsidenten (z. B. „Reichstagsbrandverordnung")
- keine Strukturierung des NS-Staats nach dem **Leistungsprinzip** und keine Errichtung einer <u>alle</u> Deutschen umfassenden „Volksgemeinschaft", sondern hierarchisch aufgebaute **Parteidiktatur, Abhängigkeit der eigenen gesellschaftlichen Position** von der NS-Ideologie und der jeweiligen Einstellung zum Nationalsozialismus

eigenständiges Fazit (Beispiel):
- **Umsetzung** einiger Forderungen, Versprechen und Ziele der „Harzburger Front" **durch die Nationalsozialisten** 1933–1939, sofern diese zu deren ideologisch-politischem Programm passten bzw. der Erreichung ihrer Pläne dienten
- **keine (dauerhafte) Verwirklichung** von Punkten, die den **eigentlichen Zielen** der Nationalsozialisten **zuwiderliefen** (z. B. versprochener Einsatz für den Frieden ↔ Kampfprinzip, Eroberung von „Lebensraum") und für die NSDAP ggf. nur **Mittel zum Zweck** waren oder **propagandistisch**-manipulativen Wert hatten

Baden-Württemberg Geschichte
Mündliche Abiturprüfung ▪ Übungsaufgabe 3

DIKTATUREN IM 20. JAHRHUNDERT ALS GEGENENTWÜRFE ZUR PARLAMENTARISCHEN DEMOKRATIE
Die Zerstörung der Demokratie durch den Nationalsozialismus

Aufgabenstellung

1 Arbeiten Sie aus M 1 wesentliche Aussagen des früheren Reichstagsabgeordneten Maier heraus.

2 Erläutern Sie wesentliche Schritte, die zwischen Januar 1933 und August 1934 zum Aufbau der NS-Diktatur geführt haben.

3 Überprüfen Sie, ob die Anfangsphase des „Dritten Reichs" bis August 1934 als „Machtübertragung" oder „Machtergreifung" charakterisiert werden kann.

M1 Stellungnahme des Ministerpräsidenten von Württemberg-Baden, Dr. Reinhold Maier, zum „Ermächtigungsgesetz" von 1933 (1947)

Reinhold Maier (1889–1971) war 1933 einer von fünf Reichstagsabgeordneten der Deutschen Staatspartei. Ab 1945 war er Mitglied der DVP/FDP, 1945–1953 Ministerpräsident von Württemberg-Baden bzw. ab 1952 Baden-Württemberg. 1947 nahm er vor einem Untersuchungsausschuss des Württembergisch-Badischen Landtags zum „Ermächtigungsgesetz" von 1933 Stellung.

Die Frage war am 23. März 1933 einzig und allein die, ob ein Parlament weiter besteht, auch ein entmachtetes Parlament, ob wir noch eine letzte Planke zur Verfügung hatten, auf der eine Volksvertretung vielleicht wieder Kraft gewinnen konnte. […] Der Reichstag wäre an jenem Tage verschwunden. Das muß bedacht werden. Wir fünf
5 Leute[1] haben in voller Freiheit, vorher beschlossen, zugestimmt… Wir haben von den Versprechungen Hitlers gar nichts geglaubt. Aber die Beweisführung war die: War es ganz sicher, daß nicht noch irgendwie aus irgendeinem Grunde, den man gar nicht sehen konnte, eine Besserung zu erzielen war? Wir waren doch gewählt, um uns im Reichstag zu behaupten, und waren nicht gewählt, um den Reichstag auffliegen zu
10 lassen. […] Es war nicht völlig ausgeschlossen, daß vielleicht der Reichstag sich in eine bessere Zeit werde durchretten können.

[…] die Reichsregierung war uneinheitlich. Wir haben damals Reichsregierungen kommen und gehen sehen am laufenden Band. Es war gar nicht sicher, wie das mit dem Kabinett Hitler weitergeht. […]
15 Entscheidendes habe ich persönlich mir versprochen aus dem absolut vorhandenen Gegensatz zwischen NSDAP und Reichswehr, insbesondere den Reichswehrgeneralen. Diese Sache war in keiner Weise zu Ende, und da hatte ich einen weitgehenden persönlichen Einblick. […] Der Reichspräsident war Oberbefehlshaber der Wehrmacht, nicht Adolf Hitler. Es wäre eine Möglichkeit gewesen, daß sich eine Änderung
20 ergeben hätte. Niemand konnte sagen: es ist ganz ausgeschlossen, daß es nicht doch noch eine Änderung im System gibt. Deshalb haben wir gesagt, muß der Reichstag auch in der entmachteten Form tätig bleiben…

[…] Wenn das Ermächtigungsgesetz nicht angenommen worden wäre, wäre der Reichstag an diesem Tag schonungslos aufgeflogen. […] Am 23. März 1933 war die
25 Frage lediglich die, ob der Reichstag später wieder einmal zu einem Einfluß werde gelangen können… […] Wer im Reichstag saß und diese Dinge sich vor Augen führte, mußte sich sagen: wenn auch nur noch ein letztes Fünkchen da ist, daß die ganzen Institutionen der Verfassung, Reichspräsident, Reichsrat, Reichstag, wenigstens auch nur andeutungsweise und in den Restbeständen erhalten bleiben, muß man sich dafür
30 einsetzen. Wenn ich deshalb ja gesagt habe, so glaube ich, daß man heute natürlich von einem politischen Fehler reden kann aus dem Standpunkt von heute, nicht aber aus dem Standpunkt von damals…

Aus: Bericht des Untersuchungsausschusses über die Stellungnahme von Mitgliedern des württembergisch-badischen Landtags in ihrer Eigenschaft als Reichstagsabgeordnete zum Ermächtigungsgesetz am 23. März 1933 (Beilage Nr. 77, 1. April 1947), S. 97–99.

Anmerkung
1 fünf Leute: die fünf Reichstagsabgeordneten der Deutschen Staatspartei, darunter Reinhold Maier.

Lösungsvorschlag

1 > **TIPP** *Anforderungsbereich: I*
>
> Als Quelle liegt Ihnen eine Stellungnahme aus dem Jahr 1947 des damaligen Ministerpräsidenten von Württemberg-Baden, Reinhold Maier, zu seinem Verhalten und seinen Motiven bei der Abstimmung über das „Ermächtigungsgesetz" am 23. März 1933 vor. Der Operator „herausarbeiten" verlangt von Ihnen, dass Sie dem Material wesentliche Aussagen entnehmen und diese eigenständig wiedergeben. Lesen Sie sich den Quellentext gut durch, markieren Sie wichtige Punkte und fassen Sie Maiers Position bzw. Argumentation dann in eigenen Worten strukturiert zusammen. Falls Sie besonders aussagekräftige Formulierungen direkt zitieren wollen, machen Sie dies in Ihrem Vortrag deutlich.

Vor einem Untersuchungsausschuss **rechtfertigt** Reinhold Maier 1947 **seine Zustimmung** (und diejenige der anderen vier Abgeordneten der Deutschen Staatspartei) **zum „Ermächtigungsgesetz"** vom 23. März 1933. → Begründung:
– große Gefahr, dass der Reichstag vollständig **abgeschafft** worden wäre
  • Hintergedanken der Abgeordneten der Deutschen Staatspartei: das Parlament – wenn auch schwach und ohne Macht – für **möglichen späteren Einfluss** erhalten und nicht für dessen endgültige Auflösung verantwortlich sein
  • Verpflichtung, sich für den **Fortbestand der Verfassungsorgane** (Reichspräsident, Reichstag, Reichsrat) einzusetzen
– keine Zustimmung zum Gesetz wegen Glauben an **Hitlers Versprechungen**
– **Hoffnung**, dass die politische Lage wieder besser werden würde
  • frühere Reichsregierungen hatten oft **nicht lange Bestand**, aktuelle Reichsregierung „uneinheitlich"
  • Maiers persönliche Hoffnung: bestehender „Gegensatz" (Z. 16) zwischen der NSDAP und der **Reichswehrführung**, Hindenburg immer noch Oberbefehlshaber der Reichswehr → Möglichkeit einer Opposition?
– aus damaliger Sicht: kein „politische[r] Fehler" (Z. 31)

2 > **TIPP** *Anforderungsbereich: II*
>
> Der Operator „erläutern" erwartet von Ihnen, dass Sie bestimmte Sachverhalte in ihren Zusammenhängen und mit passenden Beispielen erklären. Überlegen Sie sich, welche Maßnahmen die Nationalsozialisten zwischen ihrer Machtübernahme am 30. Januar 1933 und dem Tod von Reichspräsident Hindenburg am 2. August 1934 ergriffen, um ihre Macht zu steigern und zu festigen. Dabei bietet es sich an, chronologisch vorzugehen, um den zunehmenden Machtausbau der Nationalsozialisten übersichtlich zu dokumentieren. Vergessen Sie nicht, die einzelnen Schritte mit Erklärungen und Beispielen zu veranschaulichen.

- 30. Januar 1933: **Ernennung Hitlers zum Reichskanzler** durch Reichspräsident Paul von Hindenburg, Koalitionsregierung aus NSDAP und DNVP/Konservativen („Zähmungskonzept" Franz von Papens)
- 27. Februar 1933: Reichstagsbrand → **„Reichstagsbrandverordnung"** vom 28. Februar 1933 (u. a. Ausschaltung bestimmter Grundrechte), Vorgehen gegen politische Gegner, v. a. gegen Kommunisten und Sozialdemokraten
- 5. März 1933: **Reichstagswahl** → trotz groß angelegter Propaganda und massiven Vorgehens gegen die Opposition keine absolute Mehrheit für die NSDAP (43,9 %)
- 23. März 1933: „**Ermächtigungsgesetz**" (Thema von M 1)
  - Ermächtigung der Reichsregierung, in den nächsten vier Jahren Gesetze ohne Beteiligung von Reichstag und Reichsrat erlassen zu können → Vereinigung von Legislative und Exekutive = **Aufhebung der Gewaltenteilung**
  - **2/3-Mehrheit** im Reichstag für das Gesetz erforderlich → Versprechungen bzw. massive Einschüchterung der Abgeordneten durch die Nationalsozialisten → Zustimmung des Zentrums, aber keine Zustimmung der SPD (Rede des SPD-Parteivorsitzenden Otto Wels), Abwesenheit der verfolgten KPD-Abgeordneten
- März 1933: in Dachau Errichtung des ersten **Konzentrationslagers**
- März/April 1933: „Gleichschaltung" der **Länder** (u. a. neue Zusammensetzung der Landtage nach dem Ergebnis der Reichstagswahl vom 5. März 1933)
- 7. April 1933: „Gesetz zur Wiederherstellung des Berufsbeamtentums" mit „Arier-Paragraph" → Entfernung von missliebigen, v. a. nichtarischen/jüdischen **Beamten**
- 2. Mai 1933: Zerschlagung der freien **Gewerkschaften** → stattdessen: Gründung der Deutschen Arbeitsfront (**DAF**) für Arbeitnehmer und Arbeitgeber
- bis 14. Juli 1933: Verbot/Selbstauflösung der Parteien, NSDAP als **Staatspartei**
- 30. Juni 1934: „**Röhm-Putsch**" → Ausschaltung der SA zugunsten der Reichswehr, Ermordung der SA-Führung sowie politischer Gegner (z. B. Kurt von Schleicher)
- 2. August 1934: nach dem Tod von Reichspräsident **Hindenburg** Vereidigung der Wehrmacht auf Hitler, Hitler als „**Führer und Reichskanzler**"
- außerdem: umfassende „**Gleichschaltung**" aller Lebensbereiche und Erfassung der Bevölkerung in **NS-Organisationen** (z. B. Hitlerjugend für Jugendliche)

---

3 **TIPP** *Anforderungsbereich: III*

Beim Operator „überprüfen" kommt es darauf an, Aussagen/Behauptungen anhand von historischen Sachverhalten zu beleuchten. Konkret müssen Sie zwei in der Forschung viel diskutierte Begriffe dahingehend untersuchen, welcher der beiden die Entwicklungen in der Anfangsphase des „Dritten Reichs" angemessen charakterisieren kann. Überlegen Sie sich, welche Assoziationen Sie mit den Begriffen verbinden, und berücksichtigen Sie Ihre Ergebnisse aus Teilaufgabe 2. Den Untersuchungszeitraum sollten Sie in zwei Abschnitte unterteilen und diese getrennt voneinander betrachten: (1) die Ernennung Hitlers zum Reichskanzler am 30. Januar 1933, (2) den Ausbau und die Sicherung der Macht bis August 1934. Halten Sie Ihre Ergebnisse jeweils in einem kurzen Fazit fest.

Überprüfung: „Machtergreifung" oder „Machtübertragung" als passender Begriff für den Zeitraum 30. Januar 1933 – 2. August 1934?

Assoziationen/Bedeutung der Begriffe:
- „Machtergreifung": suggeriert eine deutlich **aktivere Rolle** bei der Übernahme von Macht, z. B. auch durch den Einsatz von **Gewalt**
- „Machtübertragung": spielt auf eine **legale Übergabe** bzw. **Übernahme** politischer Macht an, z. B. im Rahmen einer Verfassung (wie der Weimarer Reichsverfassung)

1. Überprüfung der Begriffe für den 30. Januar 1933:
- nach der Neugründung der NSDAP 1925: „Legalitätstaktik" (= Übernahme der politischen Macht nicht durch einen Putsch, sondern **auf legale Weise**)
- große Wahlerfolge der NSDAP in der Endphase der Weimarer Republik:
  - September 1930: zweitstärkste Fraktion (18,3 %) nach der SPD
  - Juli 1932: stärkste Fraktion (37,4 %)
  - November 1932: Verluste/Krise der NSDAP, aber noch stärkste Kraft (33,1 %)
- Aushöhlung der Weimarer Demokratie bereits vor 1933, politische Realität ab 1930: keine Mehrheit der Reichsregierungen im Reichstag → Ernennung von **Präsidialkabinetten** durch Reichspräsident Hindenburg (Brüning, Papen, Schleicher), Einsatz von Notverordnungen gemäß **Artikel 48 der Weimarer Reichsverfassung**
- 30. Januar 1933: **Ernennung Hitlers zum Reichskanzler** einer rechten Koalitionsregierung (NSDAP/DNVP, keine Mehrheit im Reichstag) durch Hindenburg

→ **Fazit:** „Macht<u>übertragung</u>" im Rahmen der damaligen Verfassung

2. Überprüfung der Begriffe für das frühe „Dritte Reich" bis August 1934:
- zunehmender **Ausbau und Sicherung der Macht** durch Propaganda, Terror und „Gleichschaltung" von Politik, Wirtschaft und Gesellschaft
  - starker Einsatz von **Gewalt** (Gestapo, SA, SS): z. B. Verhaftung und Ausschaltung politischer Gegner, Errichtung des ersten Konzentrationslagers in Dachau
  - **ideologische Durchdringung** der Bevölkerung durch gezielte **Propaganda** und zahlreiche NS-Organisationen; erste Maßnahmen gegen Personen, die nicht zur „**Volksgemeinschaft**" gehören sollten (v. a. Juden)
- **Zerstörung der demokratischen Ordnung** der Weimarer Republik
  - zwar noch Verwendung gewisser Einrichtungen und Mechanismen der Weimarer Verfassung (z. B. Notverordnungen des Reichspräsidenten, Reichstagswahl am 5. März 1933, Zustimmung des Reichstags zum „Ermächtigungsgesetz") → „**Scheinlegalität**" des Vorgehens der Nationalsozialisten
  - letztlich aber **Ausschaltung** zentraler Institutionen, Merkmale und Grundrechte **der Weimarer Verfassung** (z. B. Entmachtung des Reichstags, Aufhebung von Gewaltenteilung und Föderalismus), **Zerstörung von Demokratie und Pluralismus** (z. B. Verbot anderer Parteien, „Gleichschaltung")

→ **Fazit:** im Anschluss an die „Machtübertragung" am 30. Januar 1933 Prozess der „**Machtergreifung**", der zur gezielten Zerstörung der demokratischen Ordnung von Weimar und zur Errichtung der NS-Diktatur führte

Baden-Württemberg Geschichte
Mündliche Abiturprüfung ▪ Übungsaufgabe 4

WEST- UND OSTEUROPA NACH 1945: STREBEN NACH WOHLSTAND UND PARTIZIPATION
Flucht, Mauerbau und Zusammenbruch der DDR

Aufgabenstellung

1. Erläutern Sie Gründe dafür, dass 1949–1961 viele Bürgerinnen und Bürger die DDR verließen und in die Bundesrepublik migrierten.

2. Arbeiten Sie aus M 1 heraus, wie die Autorin die Berliner Mauer beurteilt.

3. Die Autorin von M 1 schreibt, dass die DDR nach 1961 die Gelegenheit bekam, „ganz aus eigener Kraft" zu scheitern und unterzugehen (vgl. Z. 32 f.). Erörtern Sie, ob diese Behauptung zutrifft.

M1 Auszug aus dem Artikel „Der Mauerbau: Die Wahrheit hat viele Gesichter" von Kerstin Decker (2001)

Mauern schützen vor einem Feind. Durch die Geschichte hindurch war der Feind immer draußen. […] Erst die DDR brach mit dieser Mauer-Philosophie. Ihr „antifaschistischer Schutzwall" stand ja falschrum! Die Abwehr ging nicht gen Westen. Sie ging nach innen. Die Mauer zeigte: der Hauptfeind der DDR befand sich innerhalb der
5 Mauer. Der Feind der DDR waren wir, ihre Bürger.

Was gibt es hier noch zu verstehen? Es hat wahrhaft eine tief groteske Seite, für einen differenzierteren, „gerechteren" Blick auf die Mauer zu plädieren. Gerechtigkeit für dieses Monument der Ungerechtigkeit, des Hohns dem einzelnen Leben gegenüber? […]
10 Man kann jeden verstehen, der [an] das betongewordene Eingeständnis des Scheiterns des Betonsozialismus, nicht mehr als diesen einen Gedanken verschwenden will: Nie wieder! […]

Und doch sollte man heute anders über die Mauer reden als vor zwölf Jahren, als sie fiel. […]. Es wäre absurd und makaber gewesen, die Mauer 1989 auf ihre histori-
15 sche Unvermeidbarkeit hin zu betrachten. […] 1989, das war die Stunde der Befreiung, des Gedenkens an ihre Opfer. […]

Jeder wusste damals, dass die DDR handeln musste, wollte sie sich als eigenes Staatswesen behaupten. Und welcher Staat sieht dem eigenen Untergang tatenlos zu? Das Nichtzusehen-Können definiert ihn als Staat. Genau als solchen wollte ihn das
20 Adenauer-Deutschland nicht anerkennen. […]

Adenauer hatte gehofft, der Osten würde schon von allein ausbluten. Das tat er auch sehr folgerichtig. Es sei denn, man schloss die Grenzen. Für den Fall, dass die Russen Westberlin zur „freien Stadt" erklärt – und damit die Kontrolle über alle Zugangswege nach Westberlin beansprucht – hätten, behielten sich die Amerikaner, schon aufgrund
25 ihrer damaligen militärischen Überlegenheit, die Atombombe vor. Und signalisierten zugleich, dass sie eine Selbstabschottung des Ostens dulden würden. Mit dem Mauerbau reagierten die Russen auf die amerikanischen Bedingungen. Zur historischen Wahrheit heute, nach vierzig Jahren, gehören diese Zusammenhänge. Nicht, weil sie die Kommunisten nachträglich legitimieren. Aber weil sie zum – begriffenen – Ende
30 des Kalten Kriegs in den Köpfen gehören.

Die Mauer war das steingewordene Symbol […] des Kalten Kriegs, und sie wurde das allen sichtbare Mahnmal des Scheiterns der DDR. Denn erst nach 1961 bekam das Land Gelegenheit, ganz aus eigener Kraft unterzugehen. Erst jetzt durfte es wirklich zeigen, dass es sich selber keine Chance gab. Es bewies allen Hoffenden, die nach der
35 Kriegskatastrophe einen besseren Neuanfang wollten, dass sie Träumer waren.

Aus: Kerstin Decker: Der Mauerbau: Die Wahrheit hat viele Gesichter, in: Der Tagesspiegel, 08. 08. 2001, auf: https://www.tagesspiegel.de/kultur/der-mauerbau-die-wahrheit-hat-viele-gesichter/247288.html (letzter Abruf: 07. 07. 2021)

Lösungsvorschlag

1 > **TIPP** Anforderungsbereich: II

> Als Einstieg ist eine Erläuterung gefragt: Sie müssen Gründe für die Flucht aus der DDR in die Bundesrepublik beschreiben und mit passenden Beispielen verdeutlichen. Beachten Sie den angegebenen Zeitraum 1949–1961 von der Gründung der DDR bis zum Bau der Berliner Mauer; die Fluchtbewegung der 1980er-Jahre sollen Sie also nicht thematisieren. Bei der Stoffsammlung und Erstellung der Gliederung für Ihren Vortrag bietet es sich an, die Motive bestimmten Bereichen wie z. B. Politik und Wirtschaft zuzuordnen. Als Abrundung könnten Sie am Schluss anmerken, dass es meist mehrere Gründe waren, die Menschen zur Flucht aus der DDR veranlassten.

Gründe für die **Flucht aus der DDR** in die Bundesrepublik im Zeitraum **1949–1961**:
- **wirtschaftlich-soziale Gründe:**
  - sozialistische **Planwirtschaft**, Zwangskollektivierung der Landwirtschaft, Enteignungen/Verstaatlichungen, ständige Versorgungsprobleme → **wirtschaftlicher Rückstand der DDR gegenüber dem Westen**
  - Chance auf eine **bessere Lebensqualität** in der Bundesrepublik: **höherer Wohlstand** wegen des „Wirtschaftswunders" der 1950er-Jahre sowie der Vorzüge der Sozialen Marktwirtschaft
- **politische Gründe:**
  - **Einparteiendiktatur** der Staatspartei **SED**, die der Bevölkerung eine Demokratie vorspiegelte und sie zunehmend durch das Ministerium für Staatssicherheit („Stasi") überwachen ließ; Indoktrination durch sozialistische Propaganda; erzwungene Betätigung in den DDR-Massenorganisationen; keine Reisefreiheit
  - **mehr politische Freiheiten** in der Bundesrepublik: liberale Demokratie als politisches System, freie Wahlen, pluralistisches Parteiensystem, Grundrechte wie Meinungs- und Pressefreiheit
  - **niedergeschlagener Volksaufstand** vom 17. Juni 1953 → eindeutiges Zeichen, dass die SED (unterstützt von der Sowjetunion) keine Opposition duldete
- **persönliche/familiäre Gründe:**
  - **Familienzusammenführung:** Verwandte in Westdeutschland
  - im Westen mehr Möglichkeiten und Freiheiten bei der **Gestaltung des privaten und beruflichen Lebenswegs**

→ in den meisten Fällen **Mischung aus unterschiedlichen Gründen** ausschlaggebend für die Entscheidung, **die DDR** in Richtung Bundesrepublik **zu verlassen**

2 **TIPP** *Anforderungsbereich: I*

In dieser Aufgabe dürfen Sie sich mit einem Auszug aus einem Zeitungsartikel von 2001 beschäftigen, der Gedanken zur 1961 errichteten Berliner Mauer enthält. Lesen Sie sich den Text gut durch und arbeiten Sie heraus, welche Position die Autorin vertritt. Überlegen Sie sich z. B., welche Funktion, Ursache und Folgen der Mauerbau laut M 1 hatte. Sollten Sie besonders prägnante Aussagen (wie Urteile über die Rolle der Mauer) direkt zitieren wollen, machen Sie dies in Ihrem Vortrag deutlich.

Beurteilung der Berliner Mauer in M 1:
- Funktion: **keine Abwehrmaßnahme** gegen den äußeren „Feind" (Z. 1) im Westen, sondern **Gefängnismauer** für den „Hauptfeind" (Z. 4), die DDR-Bevölkerung (vgl. Z. 1–5) → kein „antifaschistischer Schutzwall", sondern vielmehr „**Monument der Ungerechtigkeit**" (Z. 8), das man heutzutage dennoch differenzierter betrachten sollte, auch wenn dies nicht immer leicht fallen mag (vgl. Z. 6–14)
- Ursache des Mauerbaus: damals **Gefahr für die DDR** „aus[zu]bluten" (Z. 21), wie auch von der Bundesregierung unter Adenauer erhofft, die die DDR nicht anerkennen wollte → endgültige **Schließung der Grenzen** 1961 durch die SED-Führung dringend **notwendig**, um die eigene staatliche Existenz nicht aufs Spiel zu setzen (vgl. Z. 17–22)
- Folge: **Ende des Flüchtlingsstroms** → Möglichkeit für die DDR, sich im Schatten der Mauer zu entwickeln und dabei schließlich „ganz aus eigener Kraft **unterzugehen**" (Z. 33) → Berliner Mauer = **Symbol und „sichtbare[s] Mahnmal des Scheiterns** der DDR" (Z. 32) und des Sozialismus
- neben der deutsch-deutschen Perspektive auch Einbeziehung der Siegermächte und der alliierten Auseinandersetzungen um Berlin: Reaktion der Sowjetunion (Zustimmung zum Mauerbau) auf Signal der USA, nichts gegen eine „Selbstabschottung des Ostens" (Z. 26) zu unternehmen → Mauer als „steingewordene[s] **Symbol** [...] **des Kalten Kriegs**" (Z. 31) nur im Kontext des Ost-West-Konflikts erklärbar

3 **TIPP** *Anforderungsbereich: III*

Am Schluss von M 1 schreibt die Autorin, dass die DDR die Gelegenheit bekommen habe, im Schatten der Mauer „ganz aus eigener Kraft unterzugehen", ihr Ende also selbst herbeizuführen. Diese Behauptung gilt es nun im Hinblick auf den tatsächlich eingetretenen Zusammenbruch der DDR 1989/90 zu „erörtern": Sammeln Sie sowohl Pro- als auch Kontra-Argumente und veranschaulichen Sie diese mit Beispielen, um Ihre Einschätzung gut zu begründen. Der nachfolgende Lösungsvorschlag bietet Ihnen einige Punkte, die Sie dabei berücksichtigen könnten. Achten Sie darauf, Ihren Prüferinnen und Prüfern ein deutliches Urteil zur Fragestellung zu präsentieren und dabei auch das in der Aufgabe genannte Zitat aus M 1 aufzugreifen.

Behauptung aus M 1: ab 1961 Gelegenheit für die DDR, **"ganz aus eigener Kraft unterzugehen"** (Z. 33)

Pro-Argumente:
im Schatten der Mauer größere **Konzentration auf die eigene Entwicklung** möglich
- in der Ära Honecker (ab 1971) zunehmende **wirtschaftliche Probleme:** Mangelwirtschaft, Innovationsrückstand, hohe Staatsverschuldung (Abhängigkeit von ausländischen Krediten), Devisenmangel, Umweltzerstörung
- **Reformunfähigkeit des Systems:** Verfolgung von Oppositionellen, Ablehnung des sowjetischen Reformkurses (ab 1985) durch die SED-Führung, massive Wahlfälschungen (1989 erstmals von der Opposition nachgewiesen)
- **geringe Unterstützung durch die eigenen Bürger:** häufig Rückzug ins Private („Nischengesellschaft"), in den 1970er-/1980er-Jahren Gründung von Oppositionsgruppen, Flucht- und Ausreisewelle sowie Massendemonstrationen 1989
- großes Misstrauen gegenüber der eigenen Bevölkerung → immer stärkere **Überwachung** durch die „Stasi", die das Vertrauen der Menschen untereinander untergrub (Einsatz von IMs, Methode der „Zersetzung", „Landschaften der Lügen")
- Berliner Mauer und Grenzbefestigungen als **offenkundige Symbole**, dass die SED die Bevölkerung gewaltsam einsperrte und daran hindern wollte, das **vermeintlich „bessere Deutschland"** und den Sozialismus zu verlassen

Kontra-Argumente:
Erklärung des **endgültigen Scheiterns** der DDR **1989/90** unbedingt auch im Kontext des **Kalten Kriegs** und der Entwicklungen im **Ostblock**
- Einfluss des **KSZE-Prozesses** (u. a. KSZE-Schlussakte von Helsinki 1975, auch von der DDR unterzeichnet) auf die Opposition in der DDR → Forderung nach Einhaltung der Menschenrechte und Grundfreiheiten
- **Umbruch im Ostblock:**
  - ab 1985: **Gorbatschows Reformkurs** in der Sowjetunion (Glasnost, Perestroika) und Ende der Breschnew-Doktrin → **Reformimpulse**, die zwar von der DDR-Führung abgelehnt wurden, sich aber auf die Montagsdemonstrationen auswirkten; 1989 kein militärisches Eingreifen der Sowjetunion (anders als 1953) und somit Ermöglichung der Friedlichen Revolution
  - Lockerungen in anderen Staaten des Ostblocks, u. a. **Öffnung der Grenze** zwischen Ungarn und Österreich → **neuer Fluchtweg** für zahlreiche DDR-Bürger

eigenständiges Fazit (Beispiel):
- tatsächlich zahlreiche **innenpolitische, wirtschaftliche und gesellschaftliche Probleme**, die die DDR Ende der 1980er-Jahre endgültig in eine **tiefe Krise** stürzten und das angeblich bessere politische System völlig **delegitimierten**
- aber: **vollständige** Erklärung des Zusammenbruchs der DDR und der anschließenden Wiedervereinigung **nur unter Beachtung äußerer Einflüsse und Entwicklungen**, ohne die die Friedliche Revolution 1989 nicht möglich gewesen wäre
- → 1989/90 **kein Untergang „ganz aus eigener Kraft"** (Z. 33), sondern auch wesentliche Bedeutung äußerer Faktoren → wichtig: das Ende der DDR 1989/90 genau wie den Bau der Berliner Mauer 1961 im Kontext des Kalten Kriegs betrachten

Baden-Württemberg Geschichte
Mündliche Abiturprüfung ▪ Übungsaufgabe 5

AKTUELLE PROBLEME POSTKOLONIALER RÄUME IN HISTORISCHER PERSPEKTIVE
Die Dekolonisierung Afrikas

Aufgabenstellung

1. Analysieren Sie M 1.
2. Der Redner äußert die Hoffnung, dass sich in den ehemaligen Kolonien „Freiheit, Ordnung und Gerechtigkeit" (Z. 32 f.) verwirklichen lassen. Überprüfen Sie an einem Dekolonisierungsprozess Ihrer Wahl, ob sich diese Hoffnung erfüllt hat.

M1 Rede des britischen Premierministers Harold Macmillan vor dem südafrikanischen Parlament am 3. Februar 1960

1960 reiste der damalige britische Premierminister Harold Macmillan durch Afrika und besuchte Länder, die bereits ihre Unabhängigkeit von Großbritannien erreicht hatten oder kurz davor standen. Vor dem südafrikanischen Parlament in Kapstadt hielt er eine Ansprache, die als „Wind-of-Change-Rede" in die Geschichte eingegangen ist.

Im 20. Jahrhundert und insbesondere seit Kriegsende haben sich die Prozesse, aus denen die Nationalstaaten Europas hervorgegangen sind, auf der ganzen Welt wiederholt. Wir haben das Erwachen des nationalen Bewusstseins bei Menschen gesehen, die seit Jahrhunderten in Abhängigkeit von einer anderen Macht leben. Vor fünfzehn Jahren verbreitete sich diese Bewegung in Asien. Viele Länder unterschiedlicher Rassen und Zivilisationen drängten auf ein unabhängiges nationales Leben.

Heute passiert dasselbe in Afrika, und der auffälligste aller Eindrücke, die ich seit meiner Abreise aus London vor einem Monat gemacht habe, ist die Stärke dieses afrikanischen Nationalbewusstseins. An verschiedenen Orten nimmt es verschiedene Formen an, aber es passiert überall.

Der Wind des Wandels weht durch diesen Kontinent, und ob es uns gefällt oder nicht, dieses Wachstum des nationalen Bewusstseins ist eine politische Tatsache. Wir müssen es alle als Tatsache akzeptieren, und unsere nationale Politik muss dies berücksichtigen.

[…] Diese Flut des nationalen Bewusstseins, die jetzt in Afrika zunimmt, ist eine Tatsache, für die letztendlich sowohl Sie [Regierung Südafrikas] als auch wir [Regierung Großbritanniens] und die anderen Nationen der westlichen Welt verantwortlich sind.

Denn seine Ursachen liegen in den Errungenschaften der westlichen Zivilisation […] und vielleicht vor allem und mehr als alles andere in der Verbreitung der Bildung.

[…] Die heutige Welt ist in drei Hauptgruppen unterteilt. Zuerst gibt es das, was wir die Westmächte nennen. […] In den Vereinigten Staaten von Amerika und in Europa nennen wir es die Freie Welt. Zweitens gibt es die Kommunisten – Russland und seine Satelliten in Europa und China […]. Drittens gibt es jene Teile der Welt, deren Menschen sich derzeit weder dem Kommunismus noch unseren westlichen Ideen verpflichtet fühlen. In diesem Zusammenhang denken wir zuerst an Asien und dann an Afrika. Aus meiner Sicht ist die große Frage in dieser zweiten Hälfte des 20. Jahrhunderts, ob die unverbindlichen Völker Asiens und Afrikas nach Osten oder nach Westen schwingen werden. Werden sie in das kommunistische Lager gezogen? Oder werden sich die großen Experimente zur Selbstverwaltung, die jetzt in Asien und Afrika […] durchgeführt werden, als so erfolgreich und durch ihr Beispiel so überzeugend erweisen, dass das Gleichgewicht zugunsten von Freiheit, Ordnung und Gerechtigkeit sinken wird?

Quelle: www.greelane.com/geisteswissenschaften/geschichte--kultur/harold-macmillans-wind-of-change-speech-43760/, letzter Zugriff: 1. 5. 2022

Lösungsvorschlag

1 **TIPP** *Anforderungsbereich: II*

> Ihre mündliche Prüfung beginnt hier mit der Analyse einer Rede. Lesen Sie sich den Text mehrmals gut durch und notieren Sie sich wichtige Grundinformationen zum Material (Quellenart, Redner, Ort, Datum und Adressaten). Fassen Sie dann wesentliche Inhalte mit eigenen Worten zusammen. Zu Ihrer besseren Orientierung sind in der folgenden Lösung Zeilenverweise eingefügt. Falls Sie prägnante Auszüge aus M 1 zitieren möchten, machen Sie dies im Vortrag deutlich. Zu einer gelungenen Analyse gehört noch die Untersuchung der Intention des Redners sowie die Einordnung der Quelle in den historischen Kontext.

Vorstellung des Materials
- **Rede** des britischen Premierministers **Harold Macmillan**
- Ort und Adressat: Parlament Südafrikas in **Kapstadt**
- Datum: **3. Februar 1960**

Inhalt der Rede
- Erklärung der **Dekolonisierung Afrikas** mit dem Anwachsen des dortigen **nationalen Bewusstseins**, das von Großbritannien ernst genommen werden müsse → „Wind des Wandels" (Z. 11), der durch Afrika wehe (vgl. Z. 11–14)
- besonders seit Ende des Zweiten Weltkriegs: **nationale Bestrebungen** nach europäischem Vorbild zuerst in **Asien** und nun in **Afrika** (vgl. Z. 1–10): „Viele Länder unterschiedlicher Rassen und Zivilisationen drängten auf ein **unabhängiges nationales Leben**." (Z. 5 f.)
- **Bedeutung der westlichen Welt** für das Erstarken des Nationalbewusstseins und der Unabhängigkeitsbewegungen: Verbreitung von „Errungenschaften der westlichen Zivilisation" (Z. 19) und von Bildung (vgl. Z. 15–20)
- Dreiteilung der Welt im **Kalten Krieg** (vgl. Z. 21–27):
  a) **westliche Staaten** mit den USA und (West-)Europa
  b) **kommunistische Länder** unter Führung Russlands mit den von ihm abhängigen Staaten in (Ost-)Europa sowie China
  c) **restliche Welt**, die zwischen den ideologischen Blöcken hin und her schwankt
  → zentrale Frage: Werden sich die **neuen Nationalstaaten Asiens und Afrikas** der „Freie[n] Welt" (Z. 23), also dem Westen, anschließen oder „in das **kommunistische Lager** gezogen" (Z. 29) werden?

Perspektive/Intention
- Perspektive Macmillans: europäischer Politiker und führender **Vertreter der (früheren) Kolonialmacht Großbritannien**, der die afrikanischen Unabhängigkeitsbewegungen und die Dekolonisierungswelle als gegeben ansieht und sie weder bekämpfen noch blockieren will
- Überzeugung von der **Überlegenheit der westlichen Welt** und ihrer Werte:

- **Nachahmung einer europäischen Entwicklung** durch Kolonien, die nach Unabhängigkeit streben
- positive Darstellung westlicher Errungenschaften besonders im **Gegensatz zum ideologischen Gegner im Kalten Krieg** → Wunsch, dass sich die afrikanischen Staaten für „Freiheit, Ordnung und Gerechtigkeit" (Z. 32 f.) entscheiden und sich dem westlichen Lager anschließen
- aber: **keine Thematisierung der Unterdrückung** der Menschen in Afrika durch die britische Kolonialmacht (zumindest nicht im vorliegenden Redeausschnitt)

historischer Kontext
- **dritte Dekolonisierungswelle** nach dem Zweiten Weltkrieg, v. a. „**Afrikanisches Jahr**" 1960: Unabhängigkeit für 18 Kolonien Großbritanniens, Frankreichs, Italiens und Belgiens (17 neue Staaten)
- „**britischer Weg**" der Dekolonisierung: sukzessive Gewährung politischer Partizipation und Selbstständigkeit der Kolonien innerhalb des „Empire" bzw. „Commonwealth" → Beispiel Südafrika *(Verweis auf den zweiten Teil des Vortrags möglich)*
- drei Bedingungen, die den **Zerfall der Kolonialreiche** beschleunigten:
  1. **Schwächung der Kolonialmächte** durch den Ersten und Zweiten Weltkrieg → zunehmende Zweifel an der Sinnhaftigkeit und Rentabilität der Kolonialreiche, Bereitschaft zu Konzessionen an die Unabhängigkeitsbewegungen
  2. starke **nationale Befreiungsbewegungen** in den Kolonien
  3. günstige **internationale Rahmenbedingungen** im Kontext des **Kalten Kriegs**, da die beiden Führungsmächte USA und UdSSR aus ideologischen und machtpolitischen Gründen **antikoloniale Standpunkte** vertraten und die ehemaligen Kolonien jeweils für den **eigenen Bündnisblock** gewinnen wollten

2 **TIPP** *Anforderungsbereich: III*

In der zweiten Teilaufgabe beschäftigen Sie sich kritisch mit einem Dekolonisierungsprozess und seinen Folgen. Die Auswahl des Beispiels ist Ihnen überlassen; laut Bildungsplan kommen dafür u. a. Südafrika, Indien und Israel-Palästina infrage. Passend zu M 1 widmet sich die folgende Lösung der ehemaligen britischen Kolonie Südafrika. Überlegen Sie, welche Entwicklungen zu den Schlagworten „Freiheit, Ordnung und Gerechtigkeit" passen könnten und inwiefern sich Macmillans Wunsch in dem postkolonialen Staat Ihrer Wahl verwirklichen ließ.

Fallbeispiel Südafrika

Weg in die Unabhängigkeit/Freiheit?
- 1910 Gründung der **Südafrikanischen Union** (Vereinigung der vier südafrikanischen Kolonien Großbritanniens), Status als selbstregierte „**Dominion**" im „British Empire", 1931 **formale Unabhängigkeit im „Commonwealth of Nations**" → schrittweise mehr politische Freiheit von der britischen Kolonialmacht
- 1961 **Ausrufung der Republik Südafrika** und Austritt aus dem „Commonwealth"

Entwicklung zu „Gerechtigkeit und Ordnung"?
- trotz früher Autonomie und Unabhängigkeit: Südafrika weiter unter „**europäischer Herrschaft**" → Dominanz der Politik durch **weiße Minderheit** europäischer Siedler, **rassistische Innenpolitik** v. a. gegenüber der schwarzen Bevölkerung
- ab 1948 **strikte Apartheids-Politik der weißen Regierung:** „Rassentrennung" und systematische Diskriminierung von Schwarzen, Asiaten und „Mischlingen" (noch Verschärfung nach dem Austritt aus dem „Commonwealth" 1961)
- seit den 1950er-Jahren zunehmender **Widerstand gegen die Apartheids-Politik** → Organisation von Streiks, Massenprotesten und Boykotten besonders durch den „**African National Congress**" (ANC, 1912 gegründet), auch gewaltsame Aktionen → aber: harte **Unterdrückung** der Proteste, **Verbot des ANC** 1960–1990 → Verfolgung, Verhaftung und Flucht führender Mitglieder, z. B. lange Inhaftierung von **Nelson Mandela**, Weiterarbeit des ANC im Untergrund und im Exil
- 1980er-Jahre: nach starken internationalen Protesten Beginn von **Verhandlungen** des Apartheids-Regimes mit dem ANC, v. a. vertreten durch den aus der Haft entlassenen Mandela (1993 Friedensnobelpreis zusammen mit Präsident de Klerk)
- 1990: **Aufhebung der Rassentrennung** → erster Schritt zur formellen Emanzipation der schwarzen Bevölkerung und zur Aufhebung der politischen Ungleichheit
- 1994: erste **freie, gleiche Wahlen** in Südafrika → Sieg des ANC, Mandela erster schwarzer Präsident Südafrikas
- 1996: Verabschiedung einer neuen demokratischen Verfassung, die u. a. Gleichheit und Schutz vor Diskriminierung vorsieht

Fazit
einerseits:
- frühe **Autonomie bzw. Unabhängigkeit von Großbritannien**, bis heute Entwicklung hin zu einem souveränen Staat mit demokratischem System, der zu den **wirtschaftlich aufstrebenden Schwellenländern** (BRICS-Staaten) gehört
- formale **Beseitigung der rassistischen, diskriminierenden Apartheids-Politik** der weißen Minderheit

andererseits:
- **jahrzehntelange Entwicklung** zu stabileren Zuständen mit gewaltsamen Phasen
- bis heute **keine Lösung** aller aus dem Kolonialismus und der Apartheid resultierenden gesellschaftlichen Probleme und ethnopolitischen Konflikte
- starke **wirtschaftlich-soziale Ungleichheit** (große Armut unter der schwarzen Bevölkerung), viel Korruption und Kriminalität

PRÜFUNGSAUFGABEN

Baden-Württemberg Geschichte
Schriftliche Abiturprüfung 2016 • Aufgabe I

PROZESSE DER MODERNISIERUNG IN WIRTSCHAFT, POLITIK UND GESELL-SCHAFT SEIT DEM 18. JAHRHUNDERT
DEUTSCHLAND IM SPANNUNGSFELD ZWISCHEN DEMOKRATIE UND DIKTATUR *
Veränderungen in Wirtschaft und Gesellschaft durch die Industrialisierung; Die demokratische und nationale Bewegung in der Auseinandersetzung mit dem Obrigkeitsstaat (Schwerpunktthemen) *

Aufgabenstellung

1. Analysieren Sie M 1 und vergleichen Sie M 1 mit M 2.

2. Beurteilen Sie, inwieweit die gemäßigten und die radikalen Kräfte der Revolution von 1848/49 mit der Gründung des Deutschen Kaiserreichs 1871 ihre jeweiligen Ziele erreicht haben.

3. Analysieren Sie M 3.

4. Erläutern Sie jeweils zwei wirtschaftliche und zwei gesellschaftliche Auswirkungen der Industrialisierung im 19. Jahrhundert.

---

* Hinweise zu Bildungsplan und Schwerpunktthemen

Bitte beachten Sie, dass sich die Aufgabenstellung auf die Schwerpunktthemen der Abiturprüfung 2016 und die Inhalte des damals gültigen Bildungsplans von 2004 bezieht. Wegen inhaltlicher Überschneidungen der Teilaufgaben 3 und 4 mit den Schwerpunktthemen der Abiturprüfung 2025 und den Inhalten des nun gültigen Bildungsplans von 2016 stellen wir Ihnen diese Original-Abituraufgabe jedoch als zusätzliche Übungsmöglichkeit zur Verfügung.

M 1 „Das Frankfurter Kartenhaus", Karikatur vom 21. April 1849

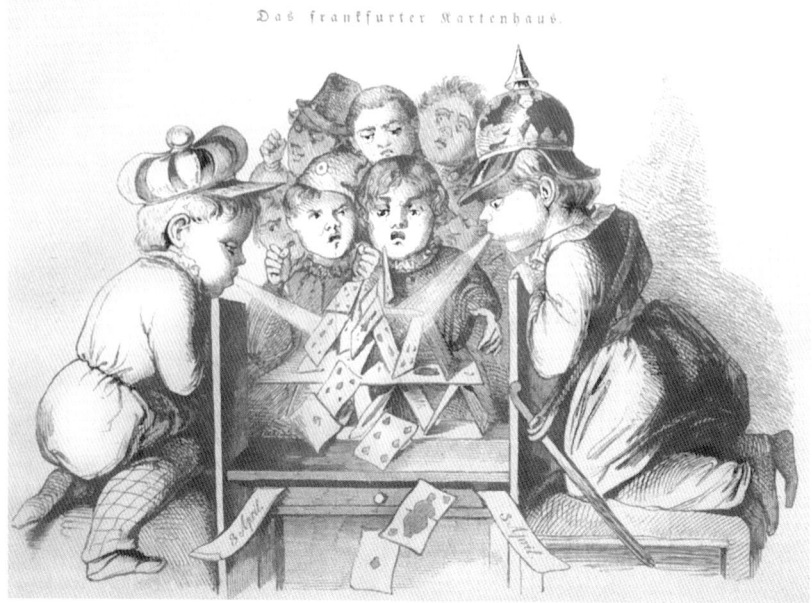

Das Kind links trägt eine Schirmmütze in Form einer Krone. Auf den beiden Papierstreifen ist das Datum „3. April" notiert. (Am 3. April 1849 trägt eine Abordnung der Nationalversammlung Friedrich Wilhelm IV. erfolglos die Kaiserkrone an.)

Illustrirte Zeitung vom 21. 4. 1849, Leipzig.

M2 „Er wiegt mehr, als sie alle!", Karikatur von Joseph Lancedelli, 1848

M3 Aus einer Ansprache des Unternehmers Carl Ferdinand von Stumm-Halberg an seine Arbeiter am 22. Juni 1895

Meine Freunde!

[...] Die Welt wird heute von den sozialdemokratischen Gefahren bedroht, welche für niemand[en] verhängnisvoller sind als für die Arbeiter selbst, deren materielle Existenz, deren Zufriedenheit, ja deren patriotische, religiöse und sittliche Überzeugungen dadurch auf das Äußerste gefährdet werden. [...]

Ein wesentliches Kampfmittel [...] ist die Legende von der Existenz eines vierten Standes, welcher sich ganz allgemein gegen das „Kapital" schützen müsse. [...] Diese Tendenz, euch zu einem vierten Stande zu degradieren, ist geradezu eine Beleidigung des gesamten Arbeiterstandes. Die Arbeiterschaft steht heute jeder anderen Kategorie von Staatsbürgern gesetzlich völlig gleich, und niemals werde ich zugeben, dass der Arbeiter aus einem anderen Stoffe bestehe oder weniger Wert habe als ein Kommerzienrat[1] oder ein Minister.

Dass es unter den Arbeitern vielfach Not und Elend gibt, wird niemand weniger bestreiten als ich, der täglich bemüht ist, dasselbe zu mildern, wo es in eurer Mitte auftritt. Dies ist aber kein Merkmal des sogenannten vierten Standes; denn vielen Bauern und Handwerkern, ja selbst manchen Angehörigen der sogenannten gebildeten Stände geht es weit schlechter als den meisten Fabrikarbeitern, gerade weil das Kapital durch seine Zunahme in Deutschland seit den letzten Jahrzehnten in der Lage ist, für den Fabrikarbeiter besser, als dies in früheren Jahren geschehen war, zu sorgen. [...]

Ganz unerfindlich ist es mir, wie sich die gelehrten Herren den vierten Stand eigentlich konstruieren. Zwischen mir und dem geringsten Tagelöhner liegen eine Menge Zwischenstufen: der Direktor, der Betriebschef, der Betriebsingenieur, der Meister, der Vorarbeiter – und möchte ich wohl wissen, wo da der dritte Stand aufhört und der vierte Stand beginnt! Nein, meine Freunde, wir alle gehören einem Stande an, das ist der alte ehrenhafte Stand der Hammerschmiede, und ich habe mich stets und allerorten mit Stolz zu diesem Stande bekannt.

Wie der Soldatenstand alle Angehörigen des Heeres vom Feldmarschall bis zum jüngsten Rekruten umfasst und alle gemeinsam gegen den Feind ziehen, wenn ihr König sie ruft, so stehen die Angehörigen [unseres Werks] wie ein Mann zusammen, wenn es gilt, die Konkurrenz sowohl wie die finsteren Mächte des Umsturzes zu bekämpfen. Bleiben wir siegreich, so ist dies zu unser aller Nutzen; unterliegen wir, so haben wir alle den Schaden davon, und ihr sicherlich weit mehr noch als ich. Zum Siege ist aber bei uns wie in der Armee die strenge Aufrechterhaltung der Disziplin unerlässlich [...].

Nun sagt die Theorie: Der einzelne Arbeiter, der vermag nichts, der muss sich zum Kampf mit seinen Kameraden zusammenschließen. Sie übersieht aber ganz, dass sie sich damit mit einem zweiten ihrer Hauptsätze in Widerspruch setzt, wonach der Arbeitgeber immer der wirtschaftlich stärkere sei. Organisieren sich also die Arbeiter gegen die Arbeitgeber, so werden sich die letzteren notgedrungen auch gegen die Arbeiter organisieren müssen und dann allerdings dem Arbeiterstande schwere Nachteile zufügen können.

Alexander Tille / Armin Tille: Die Reden des Freiherrn Carl Ferdinand von Stumm-Halberg. Bd. 12. Berlin 1915, S. 582–586.

Anmerkung
1 Kommerzienrat: Ehrentitel für Unternehmer

Lösungsvorschlag

1 **TIPP** *Anforderungsbereich: II, Verrechnungspunkte: 16*

Die vorliegende Aufgabenstellung ist komplex, denn sie verlangt von Ihnen neben einer Analyse der Karikatur M 1 (Beschreibung, Erklärung im historischen Kontext und Formulierung der Gesamtaussage) zusätzlich einen Vergleich der zwei Bildquellen M 1 und M 2. Die Karikatur M 2 müssen Sie nicht analysieren.

Die **Karikatur M 1** stammt vom 21. April **1849**, also aus dem zweiten Revolutionsjahr, und trägt eine die Situation charakterisierende Überschrift: „Das Frankfurter Kartenhaus". Erschienen ist die Abbildung anonym in der **Leipziger „Illustrirten Zeitung"**.

Analyse von M 1
kurze Vorstellung der Formalia

Mehrere Kinder knien und stehen um ein Möbelstück, auf dem ein **Kartenhaus aus Spielkarten** aufgebaut ist. Dieses wird von den beiden rechts und links im Vordergrund sitzenden Kindern umgeblasen. Aus einer verschlossenen Schublade unterhalb des Kartenhauses hängen links und rechts zwei **Papierstreifen** mit der **Aufschrift „3. April"**.

Beschreibung der Bildinhalte

Die **beiden Jungen** im Vordergrund sind im Gegensatz zu den anderen Kindern im Profil dargestellt. Das Kind auf der rechten Seite repräsentiert **Preußen** bzw. das **Militär**: Es trägt die typische **Pickelhaube**, dazu einen Säbel oder Degen; an der Wand ist sein Schatten zu erkennen. Das Kind links trägt eine **Schirmmütze in Form einer Krone**. Es verkörpert die **Monarchie** bzw. das „monarchische Prinzip". Gemeinsam bringen die beiden Jungen durch Pusten – grafisch verdeutlicht durch den hellen Luftstrahl aus ihren Mündern und durch die aufgeblasenen Backen – das **Kartenhaus zum Einsturz**. Die Kinder im Hintergrund beobachten das zerstörerische Treiben der beiden teils erschrocken, teils auch erbost. Eines der beiden Kinder unmittelbar hinter dem Möbelstück trägt das **Symbol der Revolution**, die **Jakobinermütze**, und ballt zornig die Fäuste.

Die Karikatur entstand in der **vierten Phase der Revolution**, in deren Verlauf die **gegenrevolutionären Kräfte siegten** (April bis Juli 1849). Sie nimmt Bezug auf die **Ablehnung der deutschen Kaiserkrone** durch den **preußischen König Friedrich Wilhelm IV.** am

historischer Kontext: Endphase der Revolution von 1848/49

3. April 1849. Darauf weisen die beiden beschrifteten Zettel hin. Die Paulskirchenversammlung in Frankfurt am Main hatte am 28. März 1849 mehrheitlich eine demokratisch-parlamentarische Reichsverfassung verkündet und den preußischen König zum erblichen deutschen Kaiser gewählt. Aber für den König stand der **monarchische Legitimitätsgedanke** im Vordergrund: Die Kaiserkrone hätte er angenommen, wenn diese ihm von den legitimen deutschen Fürsten in Übereinstimmung mit den Habsburgern, denen seiner Meinung nach traditionsgemäß die Krone zukam, angeboten worden wäre. Damit **brach das Verfassungsgebäude der Paulskirche wie ein Kartenhaus zusammen.**

Die Abgeordneten, symbolisiert durch die enttäuschten und zornigen Kinder, mussten dem **destruktiven Treiben der beiden konterrevolutionären Kräfte** (Fürsten, Armee) ohnmächtig zusehen, weil ihnen die militärischen Machtmittel fehlten. Diese lagen – v. a. in Preußen und Österreich – weiter in Händen der Fürsten. Die Gesichter der **Kinder** drücken die Stimmungslage unter den **Abgeordneten der Paulskirche** aus, deren Traum von einem „neuen Deutschland" ausgeträumt war. Ende April 1849 lehnte der preußische König Friedrich Wilhelm IV. die **Krone** endgültig als „**Hundehalsband**" ab, weil er eine offene Konfrontation mit Österreich, das zudem von Russland unterstützt wurde, scheute. Damit war das **Werk der Nationalversammlung gescheitert**. Die Niederwerfung der letzten Aufstände in Baden durch preußische Truppen Ende Juli 1849 bedeutete letztlich das faktische Ende der Revolution.

Der Karikaturist bewertet **die Bemühungen und das Werk der Nationalversammlung als Kinderspiel**, dem kein Erfolg beschieden sein konnte. Letztlich erwiesen sich die legitimistisch-monarchischen Mächte als zu stark, weil sie nicht wirklich entmachtet worden waren. Die **Monarchie** und das **Militär** werden als „**Spielverderber**" und damit als die Kräfte geschildert, die gemeinsam das ohnehin **instabile „Frankfurter Kartenhaus" zum Einsturz** brachten. Die Frankfurter Paulskirchenversammlung konnte sich dagegen mangels eigener (militärischer) Machtmittel nicht wirkungsvoll wehren.

Deutung / Gesamtaussage

Der Karikaturist offenbart eine **distanzierte, kritische Einstellung** gegenüber der Leistung der Nationalversammlung, deren Werk er als illusionär charakterisiert (Verfassung als instabiles Kartenhaus).

Position des Karikaturisten

Beide Karikaturen stammen aus unterschiedlichen Phasen der Revolution. Während M 1 aus der vierten Phase, der Endphase, stammt, wurde die **zweite Karikatur (M 2)** im ersten Revolutionsjahr 1848, wohl in der Anfangsphase der Revolution, veröffentlicht. Im Gegensatz zur Karikatur M 1, die angesichts des offenkundigen Scheiterns

Vergleich M 1 und M 2

Entstehungszeitpunkt und Einstellung zur Revolution

der Revolution in ihrem Grundton das Geschehen distanziert-kritisch bis pessimistisch kommentiert, drückt M 2 den **revolutionären Optimismus in der Anfangszeit der Revolution** aus. Der **Karikaturist steht auf der Seite der Revolutionäre**, von deren gerechter Sache er ebenso überzeugt ist wie vom Erfolg der Revolution und von einer politisch-gerechten Neuordnung Deutschlands zugunsten der Bürger (Hut mit Feder).

Während M 1 die Akteure differenziert darstellt (Monarchie, Militär, verschiedene revolutionäre Gruppen mit unterschiedlichen Verhaltensweisen), zeigt M 2 die gegensätzlichen **Akteure pauschal und symbolhaft** (Kronen, Revolutionshut). In beiden Karikaturen sind die **Kopfbedeckungen Symbole für das jeweilige politische Lager**, wobei in der Abbildung von 1848 die **Waage als Symbol der Gerechtigkeit** die Forderungen der Revolutionäre überhöht. Diese handeln – so der Zeichner – im Dienst der Gerechtigkeit und werden daher siegen, während sie in M 1 gescheitert sind.

Akteure

2

> **TIPP** *Anforderungsbereich: III, Verrechnungspunkte: 16*
>
> Der Operator „beurteilen" verlangt, dass Sie Fakten und Kriterien benennen und ein begründetes Urteil daraus ableiten. In dieser Teilaufgabe sollen Sie in einem ersten Schritt die Ziele der gemäßigten und der radikalen Kräfte der Revolution differenziert nennen und unterscheiden. In einem zweiten Schritt müssen Sie diese Befunde auf die Reichsgründung und deren Ergebnisse anwenden.

Die gemäßigten liberalen und die radikalen demokratischen Kräfte hatten 1848/49 durchaus **gemeinsame politische Ziele:** Beide wollten eine **systemische Neugestaltung Deutschlands**, d. h. die Beseitigung des fürstlichen Partikularismus und die Errichtung eines einheitlichen deutschen **Nationalstaates**. In diesem sollten persönliche **Freiheit**, gesicherte **Grundrechte**, eine die Obrigkeit einschränkende und **Volkssouveränität** garantierende **Verfassung**, eine **Volksvertretung** und **Rechtsstaatlichkeit** gewährleistet sein. Diese Neuordnung sollte durch eine Revolution „**von unten**", d. h. durch das Volk bzw. durch dessen gewählte Vertreter erfolgen.

Beurteilung
Gemeinsamkeit: Neugestaltung Deutschlands durch das Volk

Unterschiede gab es bei der Frage, wie die verfassungsmäßige Ordnung ausgestaltet werden sollte: Die **Gemäßigten** forderten eine **konstitutionelle Monarchie** (z. B. nach britischem Vorbild) mit einem **Zensuswahlrecht** für Männer. Dadurch sollten nur Besitzende am Staatswesen partizipieren können, während die Mehrheit keine Möglichkeit zur politischen Beteiligung haben sollte. Außerdem traten die Gemäßigten für **Wirtschaftsfreiheit** und einen **einheitlichen**

Unterschied: Ausgestaltung der verfassungsmäßigen Ordnung

Wirtschaftsraum ein. Mit diesen Forderungen wollten sie vor allem für die Bourgeoisie die Macht erringen und sichern. Der Begriff „Volkssouveränität" schloss in ihren Augen nur die Besitzenden ein.

Die politisch **Radikalen (Demokraten)** wollten dagegen das alte monarchisch-legitimistische System völlig beseitigen und möglichst breite Volksschichten am Staatswesen aktiv beteiligen. Deshalb bestanden sie auf einem **allgemeinen und gleichen Wahlrecht** – allerdings nur für Männer über 25 Jahre – und auf einem strikten **Parlamentarismus**. Für die Demokraten kam eine Einheit ohne **Freiheit und Demokratie** nicht infrage.

Die **Gründung des Deutschen Kaiserreiches** 1871 war das Ergebnis einer „**Revolution von oben**", die – entgegen den Vorstellungen der liberalen und demokratischen Kräfte von 1848/49 – ohne Mitwirkung des Volks vollzogen wurde. So waren bei der **Proklamation** des Deutschen Reiches nur die **Fürsten und Militärs** anwesend; die gewählten Vertreter des Norddeutschen Reichstags blieben außen vor. Das Volk und seine Vertreter durften lediglich das von den Fürsten Ausgehandelte entgegennehmen. Das Kaiserreich war ein „**Bund der Fürsten**", die Staatsgewalt lag daher nicht bei einer „Nation" oder beim Volk, sondern bei den souveränen deutschen Fürsten. Das neue Reich war ein **monarchischer Obrigkeitsstaat** mit demokratischen und rechtsstaatlichen Elementen, der die gemäßigten und liberalen Forderungen von 1848/49 nur zum Teil erfüllte.

> Überleitung: Gründung des Deutschen Kaiserreichs 1871

Die Mehrheit der **Liberalen (Gemäßigte)** war angesichts des militärischen Siegs über Frankreich mit dem Geschaffenen zuerst zufrieden. Dem Großteil des Bürgertums bedeutete die Reichsgründung die Erfüllung der alten Forderung nach einem **Nationalstaat**. Insbesondere die Nationalliberalen sahen in **Verfassung** und **Parlament** einen bedeutenden Fortschritt gegenüber dem dynastisch-partikularistischen Prinzip des Deutschen Bunds, an dessen Politik sie nicht aktiv beteiligt gewesen waren. Die Verfassung von 1871 erfüllte jedoch nicht alle Forderungen des Bürgertums: So lehnten die gemäßigten Liberalen das **allgemeine Männerwahlrecht**, das hingegen für die demokratischen Kräfte ein Erfolg war, strikt ab.

> Erfüllung der Ziele der gemäßigten und radikalen Kräfte?

Unzufrieden waren beide Gruppen, da die Verfassung **keine Bestimmungen über die geforderten Grundrechte** enthielt. Es gab aber (im Gegensatz zu anderen europäischen Ländern) zur Freude der Gemäßigten in den Länderverfassungen eine Reihe von Einzelgesetzen, die wichtige Grundrechte sicherten, u. a. weitgehende Pressefreiheit; Freizügigkeit bei Reisen; Gewerbe-, Berufs-, Glaubens- Gewissensfreiheit; Schutz des Eigentums). Dazu kam die **Unabhängigkeit der Justiz**, weshalb die Verfassung in Europa als relativ liberal galt.

Aber das Deutsche Reich war keine parlamentarische, sondern eine **konstitutionelle Monarchie**, wobei das monarchische Prinzip das Übergewicht besaß, nicht das gewählte Parlament. Der Reichskanzler war nicht dem Parlament verantwortlich, wie 1849 festgelegt, sondern allein dem Kaiser. Diplomatie, Militär und ziviler Staatsapparat waren nahezu unkontrollierbar, was liberalen wie demokratischen Prinzipien widersprach. Dennoch sahen die gemäßigten Kräfte, die 1848/49 eine konstitutionelle Monarchie gefordert hatten, einen Fortschritt in der verfassungsmäßigen Ordnung. Positiv bewerteten sie u. a. das **Etatrecht des Reichstags**.

Die **starke Stellung des Kaisers** stand entschieden im Gegensatz zu den Forderungen der radikalen Kräfte. Denn als **König von Preußen** kontrollierte dieser nicht nur den größten und mächtigsten Einzelstaat, sondern er besaß als Staatsoberhaupt auch die Vertragshoheit. Zudem hatte der Kaiser den Oberbefehl über das Bundesheer und die Reichsflotte, auf die das Parlament lediglich mittels des Etatrechts (Militärausgaben) Einfluss nehmen konnte. Dennoch war die Armee kein „Parlamentsheer", sondern ein „**Königsheer**".

Die Dominanz des **föderativen Prinzips** widersprach dem einstigen Ziel der Gemäßigten und Radikalen, die ein einheitliches Staatswesen ohne die 1871 gewährten „**Reservatrechte" der Länder** gefordert hatten. Auch dass der **Bundesrat** als Vertretung der fürstlichen Staaten **Träger der staatlichen Souveränität** war, widersprach den Ideen und Forderungen der Gemäßigten und Radikalen von 1848/49. Da tröste es Letztere nicht, dass für das Parlament das allgemeine Wahlrecht galt. Für sie war das Reich undemokratisch und von einem liberalisierten Konservatismus bestimmt.

Insgesamt haben sich **mehr gemäßigt-liberale Wünsche erfüllt als radikale**. Die Sozialdemokraten sahen im Kaiserreich mit seiner Verfassung trotz des allgemeinen Wahlrechts die Zementierung der bestehenden, als ungerecht empfundenen „**Klassenherrschaft**" von Junkertum und Großkapital. Die verfassungsmäßige Ordnung war für die radikale Linke und die bürgerlichen Demokraten eine **Verschleierung des monarchischen Obrigkeitsstaates**. So nannte Karl Liebknecht die Verfassung eine „fürstliche Versicherungsanstalt gegen die Demokratie". Die gemäßigten Liberalen stimmten teils mit den Radikalen überein. So kritisierten auch sie die starke **Kontinuität absolutistisch-monarchischer Elemente** (Militär, Außenpolitik, Staatsapparat). Durch das Mitbestimmungsrecht des Reichstags (v. a. beim Etat) wurde in ihren Augen eine rein autoritäre Regierung aber zumindest erschwert.

Fazit

3 **TIPP** *Anforderungsbereich: II, Verrechnungspunkte: 14*

Beginnen Sie Ihre Textanalyse mit einer Bestimmung der formalen Kriterien der Quelle (Autor, Quellenart, Datierung, Anlass und Ort der Veröffentlichung, Thema). Anschließend sollen Sie die zentralen Inhalte des Textes herausarbeiten und diese in den historischen Kontext einordnen. Gehen Sie dabei auch auf die Textform und die sprachliche Gestaltung ein.

Beim Text M 3 handelt es sich um einen Auszug aus der **Ansprache** des **Unternehmers Carl Ferdinand von Stumm-Halberg** an seine Arbeiter, die er am 22. Juni **1895** gehalten hat.	Analyse von M 3 kurze Vorstellung der Formalia
Der Industrielle **lehnt die Sozialdemokratie strikt ab**, da sie selbst für die Arbeiterschaft äußerst gefährlich sei: Die sozialdemokratischen Ziele und Bestrebungen bedrohten nicht nur deren „materielle Existenz" (Z. 3 f.), sondern auch deren Moral, Patriotismus und religiös-sittliche Werte (vgl. Z. 2–5). Die sozialdemokratischen Lehren bezeichnet Stumm-Halberg als „Legende" (Z. 6). Besonders die Behauptung, die Arbeiterschaft sei der „**vierte Stand**" in der Gesellschaft, der sich gegen das „Kapital" wehren und schützen müsse, sei eine Herabsetzung und „**Beleidigung des gesamten Arbeiterstandes**" (Z. 8 f.). Als Begründung für seine Behauptung führt Stumm-Halberg an, dass die **Arbeiter** den anderen Staatsbürgern **gesetzlich gleichgestellt** seien und dass für ihn ein Arbeiter denselben Wert hätte wie ein Unternehmer oder sogar ein Minister (vgl. Z. 9–12).	Inhalt – Ablehnung der Sozialdemokratie
Er räumt zwar ein, dass es in der **Arbeiterschaft** durchaus „**vielfach Not und Elend**" (Z. 13) gebe. Doch vielen Bauern und Handwerkern, selbst Angehörigen der „gebildeten Stände" (Z. 16 f.) gehe es schlechter als den Arbeitern. Er selbst bemühe sich täglich, die Not, sollte sie bei seinen Arbeitern auftreten, zu lindern. Zudem sei das „Kapital" (Z. 17) dank seiner Zunahme inzwischen in der Lage, **für die Fabrikarbeiter besser zu sorgen**.	– Ablehnung der Behauptung, der Arbeiterschaft gehe es schlecht
Stumm-Halberg **leugnet** strikt die **Existenz eines einheitlichen** „**vierten Standes**", vielmehr sei in seinem Unternehmen die Arbeitnehmerschaft stark differenziert und abgestuft (vgl. Z. 20–26). Wie seine Arbeiter gehöre auch er als Unternehmer dem gemeinsamen „**ehrenhafte[n] Stand der Hammerschmiede**" (Z. 25) an.	– Ablehnung der Idee eines „vierten Standes"
Um seine These zu veranschaulichen, entwickelt er ein den Arbeitern bekanntes **Gegenbild zur sozialdemokratischen Klassentheorie**: So wie in der Armee alle gemeinsam gegen den Feind kämpfen, um erfolgreich zu sein, müssten **alle Angehörigen seines Industrieunternehmens zusammenstehen**, um die wirtschaftliche Konkurrenz, aber auch „die finsteren Mächte des Umsturzes" (Z. 30), sprich	– Appell: Zusammenhalt von Arbeitern und Unternehmern

2016-10

die Sozialdemokratie, wirkungsvoll zu bekämpfen. Unterliege man, hätten nicht nur die Unternehmer, sondern vor allem auch die Arbeiter den Schaden. Um den Konkurrenzkampf zu gewinnen, sei „wie in der Armee die strenge Aufrechterhaltung der Disziplin" (Z. 33), d. h. der **Gehorsam der Arbeiter gegenüber dem Fabrikherrn**, unerlässlich. Der These, die Arbeiter müssten sich „zum Kampf [...] zusammenschließen" (Z. 35 f.), hält Stumm-Halberg entgegen, dass dies zur Folge hätte, dass sich die Unternehmer gegen die Arbeiter verbünden würden, was letztlich der Arbeiterschaft schaden würde.

Die Ansprache ist eine **Warnung an die Arbeiterschaft vor der Sozialdemokratie**, die Stumm-Halberg als „**Umsturzpartei**" (vgl. Z. 30), welche Arbeitern und Staatswesen schade, diffamiert. Seine **Sprache** ist dem Anlass und der Absicht entsprechend **funktional**. Durch **vereinnahmende Formulierungen** mit „wir" (z. B. Z. 31) und die Anrede seiner Arbeiter als „Freunde" (Z. 1, 24) will er eine **vertraute Atmosphäre** zwischen Unternehmer und Arbeiterschaft herstellen. Dabei appelliert er an die angeblich **gemeinsamen Interessen**, vor allem im wirtschaftlichen Konkurrenzkampf.

Intention (mit Untersuchung der Sprache)

Gleichzeitig schlägt er aber auch einen **drohenden** oder zumindest **ermahnenden Ton** an, um auf die **Gefahren**, die seiner Meinung nach von der **Sozialdemokratie** ausgehen, aufmerksam zu machen (Z. 3: „verhängnisvol[l]"; Z. 30: „finster[e] Mächte des Umsturzes"; Z. 40 :„schwere Nachteile"). Zudem verwendet Stumm-Halberg eine auch den Arbeitern geläufige **militärische Metaphorik:** Die Armee galt als die Kraft, die die Reichsgründung ermöglicht hatte, und nahm daher eine herausragende Stellung in der Gesellschaft ein. **Militärische Wertvorstellungen** wie Disziplin, Gehorsam, Hierarchie und Unterordnung bestimmten das gesellschaftliche Leben.

M 3 stammt aus der Phase der **Hochindustrialisierung:** Mitte der 1890er-Jahre setzte in Deutschland eine beispiellose **Hochkonjunktur** ein, die oft als „Wirtschaftswunder" bezeichnet wurde und durch die Deutschland zu einer wirtschaftlich führenden Macht aufstieg. Geprägt war diese Phase durch eine enorme Steigerung der volkswirtschaftlichen Gesamtwertschöpfung und der Produktivität, ein starkes Wachstum der Investitionstätigkeit und eine enorme Ausweitung des deutschen Anteils am Welthandel. In der **Industrie** entstanden vermehrt **Großbetriebe** mit mehr als 1 000 Arbeitnehmern; Aktiengesellschaften wurden die häufigste Unternehmensform. Durch den Konkurrenzdruck kam es zunehmend zur **wirtschaftlichen Konzentration**, v. a. in der Schwerindustrie.

historischer Kontext

Obwohl in dieser Zeit nicht nur die Unternehmensgewinne, sondern auch die Nettolöhne – obgleich nicht so kräftig wie die Gewinne der

Unternehmer – stiegen, blieb die **Soziale Frage** weiter **ungelöst**. So erfreute sich die **SPD**, die **Partei der Arbeiter**, großer Beliebtheit und der Organisationsgrad der deutschen Arbeiterschaft nahm stetig zu. Die SPD forderte die vollständige Demokratisierung von Staat, Gesellschaft, Armee und Wirtschaft, wovor Stumm-Halberg seine Arbeiter in seiner Ansprache warnt. Diese Warnung liegt ihm besonders am Herzen, da die SPD den von ihm bevorzugten **Nationalismus** – die Staatsidee des wilhelminischen Kaiserreiches – und den Militarismus strikt ablehnte.

Auch die **patriarchalische Auffassung einiger Unternehmer** wie Stumm-Halberg, dass die Arbeiter keine Ware seien, sondern Menschen, auf deren Arbeitskraft man angewiesen sei, konnte die Arbeiter nicht der SPD und den Gewerkschaften entfremden. Zu offensichtlich war das Hauptziel der sozialen Bemühungen: die Sicherung der Stellung der Bourgeoisie und der staatlichen Ordnung.

Fazit

---

4 **TIPP** *Anforderungsbereich: II, Verrechnungspunkte: 14*

Der Operator „erläutern" verlangt eine korrekte Benennung der Sachverhalte und deren zielorientierte Verdeutlichung anhand von Belegen oder Beispielen. In dieser Aufgabe sollen Sie je zwei wirtschaftliche und gesellschaftliche Auswirkungen der Industrialisierung im 19. Jahrhundert beschreiben und erklären. Da wirtschaftliche und gesellschaftliche Aspekte nicht immer eindeutig voneinander getrennt werden können, sind andere, in sich stimmige Zuordnungen möglich.

Die **Technisierung der Fabriken** mit arbeitsteiliger Produktion und Fließbandarbeit im 19. Jahrhundert erlaubte ein bis dahin unbekanntes Ausmaß der **Massenproduktion**. Umfangreiche **technologische Innovationen** in der Industrie, wie der mechanische Webstuhl, die vielseitig einsetzbare Dampfmaschine und der Elektromotor, veränderten die Wirtschaft auf allen Ebenen. Durch den **Ausbau der Energiewirtschaft** konnten neue Produktionsmaschinen entwickelt und damit die Produktivität gesteigert werden. Die Verbesserung der Eisenschmelze in Hochöfen und damit der Qualität des Roheisens durch die Verhüttung mit Steinkohlenkoks war u. a. Voraussetzung für die Herstellung von Dampfmaschinen, Lokomotiven, Schienen und Präzisionsmaschinen. Die stetig weiterentwickelte Dampfmaschine und später der Elektromotor waren die Basis der fabrikmäßigen Massenproduktion.

wirtschaftliche Auswirkungen
technischer Fortschritt

Um den wachsenden Markt mit immer mehr Rohstoffen und Waren beliefern zu können, musste die **Infrastruktur verbessert und ausgebaut** werden. Den Durchbruch brachte die **Eisenbahn** als neuer

Ausbau der Infrastruktur

Führungssektor und **Wachstumsmotor**, was zu einer „**Verkehrs- und Transportrevolution**" führte. Durch den Massentransport von Industrie- und Agrarprodukten mit der Eisenbahn konnte eine **Vergrößerung des Marktes** und eine klare Verbesserung der Handels- und Versorgungsmöglichkeiten erreicht werden. Diese Entwicklung schuf zusätzliche Anreize für **Investitionen** und **vermehrte Beschäftigung**. So besaß der Eisenbahnbau einen **Multiplikatoreffekt** für andere industrielle Sektoren, u. a. für die Bauwirtschaft. Von großer Bedeutung war die Eisenbahn auch für die Versorgung der industriellen Ballungszentren mit Nahrungsmitteln; Hungersnöte wurden dadurch verhindert. Staatliche Investitionen flossen aber nicht nur in den Ausbau des Schienennetzes, sondern auch in den **Straßenbau** und in den **Ausbau der Wasserstraßen**.

gesellschaftliche Auswirkungen

Die industrielle Umgestaltung der Wirtschaft war eng verbunden mit einem umfassenden sozialen Strukturwandel, der sich in Ländern wie Großbritannien oder Deutschland schneller und tiefgreifender vollzog als z. B. in Frankreich oder gar Russland. Im Folgenden werden zwei **gesellschaftliche Auswirkungen der Industrialisierung** dargestellt.

Binnenmigration, Verstädterung, Urbanisierung

Infolge des starken Wachstums der Industrie und der zunehmenden Armut auf dem Land verstärkte sich die **Landflucht**, also die Abwanderung in industrielle Zentren und in die sich herausbildenden Großstädte (**Binnenmigration**). Damit setzte eine nachhaltige **Verstädterung und Urbanisierung** ein. Zahlreiche Menschen mussten wegen der städtischen Wohnungsnot und der hohen Mieten zwischen Wohn- und Arbeitsort **pendeln**, wobei z. T. große Entfernungen in Kauf genommen werden mussten. Im Laufe der Industrialisierung entwickelte sich so eine **dynamische, mobile Gesellschaft**.

Verbunden mit der Binnenmigration und dem Bevölkerungswachstum war ein geradezu **explosionsartiges Wachstum** der Industriestädte, sodass sich das Verhältnis zwischen Stadt- und Landbevölkerung bis 1914 verschob. Der Massenzustrom in die Städte veränderte das Stadtbild grundlegend; es entstand der von seiner mittelalterlichen Begrenzung befreite Typ der „**offenen Stadt**", die einen neuartigen sozialen und kulturellen Raum bildete. Ein charakteristisches Merkmal der großen Industriestädte war die „**soziale Segregation**", d. h., die Menschen lebten sozial getrennt in eigenen Stadtvierteln, die sich vor allem durch die **Wohnqualität** unterschieden.

Die Massenzuwanderung hatte die dramatische **Verknappung** des Wohnraums zur Folge und förderte unsoziale **Bodenspekulation** sowie rapide steigende Grundstückspreise. Dies führte zur enormen Verdichtung der Altstädte und zur **Slumbildung** mit katastrophalen hygienischen und räumlichen Verhältnissen. Kapitalkräftige Privatleute und Immobiliengesellschaften, die sich große Gewinne versprachen, reagierten und errichteten in den bisherigen **städtischen Randgebieten** mehrstöckige **Mietskasernen**, in denen vor allem Arbeiter und ihre Familien in größter Enge wohnten. Die Folgen waren Krankheiten, der Verfall der traditionellen Familienstruktur und der sittlichen Werte.

Das Leben im „**Moloch Stadt**" war geprägt von Lärm, stickiger Luft, Eile und Hast, aber auch von Vereinsamung, denn der einzelne Mensch ging in der anonymen Masse unter. Vor allem den Armen raubte die Stadt die Würde. Zur Stadt im 19. Jahrhundert gehörte jedoch auch die Entfaltung einer modernen **Stadt- und Freizeitkultur**, in der Individualität und Mobilität eine große Rolle spielten. Theater, Konzerthäuser und später Kinomatographen, Sport- und Gesangsvereine versuchten, der Vereinsamung entgegenzuwirken und Kultur zu „**demokratisieren**".

Die industrielle Produktion veränderte die Arbeits- und Lebensbedingungen der Menschen grundlegend. Es entstand eine neue gesellschaftliche Klasse, die **lohnabhängige Industriearbeiterschaft**. Deren Leben war dem Takt der Maschinen und strenger **Arbeitsdisziplin** unterworfen. Den Arbeitstag bestimmte die **Uhr**. Das Proletariat war von einer relativ **hohen Arbeitslosenquote** betroffen. Die meisten Familien konnten ihre Existenz nur sichern, wenn die **ganze Familie** zum Lebensunterhalt beitrug. Die Kosten für Lebensmittel verschlangen oft zwei Drittel des Familieneinkommens und die Mieten waren relativ hoch, sodass Rücklagen für Krankheitsfälle und Alter kaum möglich waren („**Altersarmut**"). Daher begleitete **Existenzangst** den Arbeiter und seine Familie das ganze Leben.

proletarische Lebenssituation

Charakteristisch für die Arbeitswelt im 19. Jahrhundert war das hohe Maß an **Frauenarbeit**. Unternehmer bevorzugten häufig un- bzw. angelernte Arbeiterinnen, da sie ihnen **niedrigere Löhne** zahlen konnten als den Männern. Dadurch veränderte sich in den Arbeiterfamilien die traditionelle Rollenverteilung. Es entstand eine **zweckorientierte Kleinfamilie**, die von Anfang an primär auf die Lösung der existenziellen wirtschaftlichen Probleme ausgerichtet war und die von der aristokratischen und bürgerlichen Gesellschaft verachtet wurde. Das Familienleben wurde von den industriellen Arbeitsverhältnissen bestimmt, vor allem von der **überlangen Arbeitszeit** und der **Integration der Frau in den außerhäuslichen Arbeitsprozess**. Das Familienleben litt zudem unter der **Trennung von Arbeits- und Wohnort**. Die ohnehin langen Arbeitszeiten wurden noch durch die **Arbeitswege** verlängert. Die zum großen Teil katastrophalen, beengten Wohnverhältnisse führten dazu, dass **bürgerliche Normen** wie

Sittlichkeit, Ordnung und Disziplin, aber auch die übliche Geschlechtertrennung in den Arbeiterfamilien **aufgehoben** waren. Trotz der Berufstätigkeit vieler Frauen setzte sich auch in den Arbeiterfamilien das **patriarchalische Familienmodell** durch, in dem der Mann als Ernährer und Familienoberhaupt auftrat. Mit einer sich verbessernden materiellen Lage tendierten die Arbeiter jedoch dazu, das **bürgerliche Wertesystem und Familienmodell** zu übernehmen – das galt besonders für erfolgreiche Facharbeiter, die dies als Element des sozialen Aufstiegs sahen. Die innerfamiliäre **Wirtschaftssolidarität** blieb aber eine Grundbedingung zur Bewältigung des Daseins.

Baden-Württemberg Geschichte
Schriftliche Abiturprüfung 2020 ▪ Aufgabe II

DEUTSCHLAND NACH 1945 IM INTERNATIONALEN UND EUROPÄISCHEN KONTEXT *

Besatzungszeit und Teilung Deutschlands im Rahmen des Ost-West-Konflikts; Die politische und gesellschaftliche Entwicklung in der Bundesrepublik Deutschland und in der DDR (Schwerpunktthemen) *

Aufgabenstellung

1. Analysieren Sie M 1.
2. Ihrem Selbstverständnis nach war die DDR ein demokratischer Staat. Stellen Sie dar, wie sich dieses Selbstverständnis auf Politik und Gesellschaft auswirkte.
3. Analysieren Sie M 2 und vergleichen Sie M 2 mit M 3.
4. *In der Bundesrepublik Deutschland wurden in den 1970er- und 1980er-Jahren gesellschaftliche Herausforderungen erfolgreich bewältigt.*
   Überprüfen Sie diese These.

---

* Hinweise zu Bildungsplan und Schwerpunktthemen

Bitte beachten Sie, dass sich die Aufgabenstellung auf die Schwerpunktthemen der Abiturprüfung 2020 und die Inhalte des damals gültigen Bildungsplans von 2004 bezieht. Wegen inhaltlicher Überschneidungen der Teilaufgaben 3 und 4 mit den Schwerpunktthemen der Abiturprüfung 2025 und den Inhalten des nun gültigen Bildungsplans von 2016 stellen wir Ihnen diese Original-Abituraufgabe jedoch als zusätzliche Übungsmöglichkeit zur Verfügung.

M1 „Nie wieder sollen sie unsere Jugend missbrauchen!" Plakat von Gerhard Benzig, Bautzen, Sowjetische Besatzungszone, 1949

© *Deutsches Historisches Museum.*

M2 „Widerstand ohne Tyrannen", Zeitungsartikel des Politikwissenschaftlers Dolf Sternberger, Frankfurter Allgemeine Zeitung, 6.5.1968

Die Bundesrepublik muss es büßen, dass Hitler zwölf Jahre lang über die Deutschen herrschen und nicht von Deutschen gestürzt werden konnte. Hitler herrschte mit Hilfe seiner verschworenen Gefolgschaft und mit Hilfe derer, welche die Sprache der nachmaligen Entnazifizierung treffend als Mitläufer bezeichnet hat. Fanatismus, Terror und Anpassung griffen ineinander. Der innere Widerstand blieb schwach, organisierte Verschwörung kam spät und endete glücklos. Die nachgeborene Generation scheint die eine Lehre gezogen zu haben, dass gegen Herrschaft immer Widerstand geboten sei. Die Söhne rächen sich für die Schwäche der Väter. Und die Bundesrepublik muss es entgelten. Obgleich dieser Staat in liberalem Geist von denen errichtet worden ist, die an jenem Fanatismus keinen Anteil hatten, die jenem Terror entronnen waren und die drinnen oder draußen je für sich dem Druck und der Versuchung widerstanden, die also auch ihre moralische Haut einigermaßen hatten retten können. Diese setzten ihren Eifer an die Erneuerung des Staates; die Söhne – oder doch ein Teil von ihnen – ereifern sich nicht für den Staat, sie ereifern sich für den Widerstand, und sie treffen gerade auf diesen Staat, der doch als Gegenbild der Tyrannei entworfen worden ist – von Leuten, welche die Tyrannei erlitten, aber ihr freilich wenig aktiven und jedenfalls keinen erfolgreichen Widerstand entgegengesetzt hatten. Nun treibt es die Söhne, den Widerstand nachzuholen. [...]

Damals gab es einen Tyrannen und wenig Widerstand. Heute gibt es viel Widerstand oder doch Widerstandsbedürfnis und keinen Tyrannen. Rudi Dutschke[1] hat [...] den Tyrannenmord gutgeheißen, worin ihm zuzustimmen ist, aber sogleich hinzugefügt, unsere jetzigen Regenten seien nur „auswechselbare Charaktermasken" und lohnten solchen Aufwand nicht. In einem gewissen Sinn ist ihm übrigens auch hierin zuzustimmen: Eben dass sie tatsächlich „auswechselbar" sind, unterscheidet diese Regenten von tyrannischen. Es kennzeichnet den Verfassungsstaat, dass die Regierungsämter auf Zeit anvertraut werden. [...]

„Widerstand ohne Tyrannen", Zeitungsartikel des Politikwissenschaftlers Dolf Sternberger, Frankfurter Allgemeine Zeitung, 06.05. 1968 © Alle Rechte vorbehalten. Frankfurter Allgemeine Zeitung GmbH, Frankfurt. Zur Verfügung gestellt vom Frankfurter Allgemeine Archiv.

Anmerkung
1 Rudi Dutschke (1940–1979): politischer Aktivist und Wortführer der Studentenbewegung.

M3 „Organisieren wir den Ungehorsam gegen die Nazi-Generation", Flugblatt, 1967/1968

Organisieren wir den
UNGEHORSAM
gegen die Nazi-Generation.

Ehemalige Nazi-Richter wollen über uns „Recht" sprechen. […] Wir haben sogar einen ehemaligen Nazipropagandisten als Bundeskanzler![1]

Unsere Geduld muss jetzt ein Ende haben: Machen wir Schluss damit, dass nazistische Rassenhetzer, dass die Juden-Mörder, die Slawen-Killer, die Sozialisten-Schlächter, dass die ganze Nazi-Scheiße von gestern weiterhin ihren Gestank über unsere Generation bringt.

Holen wir nach, was 1945 versäumt wurde: Treiben wir die Nazi-Pest zur Stadt hinaus. Machen wir endlich eine richtige Ent-Nazifizierung. Heizen wir ihnen so ein, dass ihnen die fetten Gehälter, Dividenden und Pensionen, die sie für ihre Verbrechen von gestern verschlingen, im Halse stecken bleiben!

Nazi-Richter, Nazi-Staatsanwälte, Nazi-Gesetzgeber aller Coleur, Nazi-Polizisten, Nazi-Beamte, Nazi-Verfassungsschützer, Nazi-Lehrer, Nazi-Professoren, Nazi-Pfaffen, Nazi-Journalisten, Nazi-Propagandisten, Nazi-Bundeskanzler, und nicht zuletzt gegen **Nazi-Kriegsgewinnler, Nazi-Fabrikanten, Nazi-Finanziers.**

Verweigern wir uns total den Nazis. Befolgen wir keine ihrer Anweisungen. Sagen wir ihnen, dass wir sie bestenfalls ignorieren können. Damit legen wir den gesamten Apparat dieser miesen Gesellschaft lahm, denn er besteht – bezeichnenderweise! – zu einem lebenswichtigen Teil aus den alten Nazis.

Mobilisieren wir die permanente
ANTI-NAZI-KAMPAGNE
Bereiten wir den
AUFSTAND
gegen die Nazi-Generation vor.

Hervorhebungen im Original.
Ralf Bentz u. a.: Protest! Literatur um 1968. Eine Ausstellung des Deutschen Literaturarchivs. Marbach am Neckar 2000, S. 43 f.

Anmerkung
1 Gemeint ist Bundeskanzler Kurt Georg Kiesinger (1966–1969). Er war von 1933 an Mitglied der NSDAP und arbeitete während des Nationalsozialismus als Jurist im Auswärtigen Amt.

Lösungsvorschlag

1 **TIPP** *Anforderungsbereich: II, Verrechnungspunkte: 12*

Der Operator „analysieren" verlangt von Ihnen, dass Sie das gegebene Material systematisch untersuchen und auswerten. Da es sich bei M 1 um eine Bildquelle handelt, empfiehlt es sich, zuerst den Titel, den Grafiker, die Umstände der Entstehung bzw. Publikation (v. a. Ort, Zeitpunkt) sowie die möglichen Adressaten zu nennen. Die Bildbeschreibung sollte dann den Zusammenhang der einzelnen Bildelemente aufzeigen. Abschließend wird das Plakat im historischen Kontext erklärt und die Gesamtaussage von M 1 vor diesem Hintergrund erläutert.

Das **Plakat M 1** stammt von **Gerhard Benzig** und wurde **1949** in der Stadt Bautzen in der **Sowjetischen Besatzungszone** (SBZ) veröffentlicht. Es wendet sich – unter Verwendung des Possessivpronomens „unsere" – an die **Öffentlichkeit der SBZ** bzw. der noch im selben Jahr gegründeten **DDR**: „Nie wieder sollen sie unsere Jugend missbrauchen!" lautet die Botschaft an die Rezipienten, bei denen es sich aufgrund der Formulierung „unsere Jugend" vermutlich um Erwachsene handeln dürfte.

Analyse von M 1
kurze Vorstellung der Quelle

Das **Schwarz-Weiß-Plakat** ist in einen **dunkel** gestalteten Hintergrund und einen **hellen** Vordergrund aufgeteilt. Im Kern handelt es sich um die Zeichnung **dreier Personen**: Vorne ist ein **pausbäckiger Bub** dargestellt, der dem Betrachter zugewandt ist und ein offenes, optimistisches Lächeln zeigt. Dahinter ist ein etwa **gleichaltriger Junge** zu sehen, der eine Art Uniformhemd trägt und starr nach links aus dem Bild heraus in die Ferne zu blicken scheint. Überragt wird er von einem **Totenschädel** mit Wehrmachtshelm, der in etwa in dieselbe Richtung schaut; über der Schulter trägt der Tote ein Schwert, von dem Blut tropft. Im linken Hintergrund tut sich ein **Gräberfeld** auf, symbolisiert durch eine Reihe von Kreuzen. Bei genauerer Betrachtung erkennt man im rechten Hintergrund unter dem Schwert mit dem großen Blutstropfen ein **verblichenes Hakenkreuz**. Dagegen wird der fröhliche Junge im Vordergrund mit einer Art **Ölzweig** dargestellt. Die **verbale Botschaf**t des Plakats erstreckt sich diagonal in unterschiedlich großen Lettern über die Bildbreite: „Nie wieder sollen sie" im Hintergrund, „unsere Jugend missbrauchen!" im Vordergrund.

Beschreibung der Bildinhalte

Der **Zusammenhang der Bildelemente** und somit die **Aussage** von M 1 sind gut zu erkennen und einfach zu verstehen. Der als Totenschädel abgebildete Soldat symbolisiert den alten **Militarismus des Nationalsozialismus**, der den Jungen im Mittelgrund direkt ins Gräberfeld, also **in den Tod führt**. Der Ölzweig des lächelnden Jungen

Deutung der Bildelemente

im Vordergrund stellt hingegen ein **traditionelles Friedenssymbol** dar, das das Gegenstück zum Schwert des Soldaten bildet.

Das eher unruhige Schriftbild und der klare Schwarz-Weiß-Kontrast haben eine dynamische Wirkung und betonen die **Dringlichkeit** der Gesamtaussage von M 1. Insgesamt wird ein starker **Gegensatz zwischen finsterer NS-Vergangenheit und leuchtender Gegenwart bzw. Zukunft der SBZ/DDR** konstruiert. Die Blickrichtung des fröhlichen Jungen, eines Vertreters „unsere[r] Jugend", suggeriert, dass der Betrachter **direkt angesprochen** wird.

Im **historischen Kontext** bezieht sich das Plakat auf die unmittelbare Nachkriegszeit, die 1949 durch die staatliche **Teilung Deutschlands** mit der Gründung von Bundesrepublik (Mai 1949) und DDR (Oktober 1949) abgeschlossen wurde. Damals war Deutschland nach dem Willen der alliierten Besatzungsmächte (Potsdamer Abkommen 1945) u. a. zur „**Denazifizierung**" und „**Demilitarisierung**" verpflichtet. Die **SBZ**, aus der das Plakat stammt, sah sich in dieser Hinsicht, wie später auch die **DDR**, als das „**bessere Deutschland**": **Antifaschismus** und **Antimilitarismus** waren wesentliche Bestandteile des eigenen Selbstverständnisses. Im **sowjetischen Machtbereich** war man zunächst konsequent gegen ehemalige Nationalsozialisten vorgegangen, z. B. durch zahlreiche Entlassungen aus dem öffentlichen Dienst. Darüber hinaus wurden aber auch Menschen, die sich der neuen Entwicklung im Osten Deutschlands widersetzten, in „Speziallager" gesperrt.

Einordnung in den historischen Kontext: Selbstverständnis der SBZ/DDR

– Antifaschismus, Antimilitarismus

Unter dem Einfluss der Sowjetunion sowie der Führungselite der späteren DDR – Mitglieder der „Gruppe Ulbricht", die im Exil gegen den Nationalsozialismus gearbeitet hatten – wurde der „Antifaschismus" **Bestandteil der Staatsideologie der DDR**, durch den man sich auch bewusst von der Bundesrepublik abgrenzte. Durch die umfassende Enteignung der Industriellen und Großgrundbesitzer (Motto der Bodenreform 1945: „Junkerland in Bauernhand!") ging man gegen die gemäß der marxistischen Faschismustheorie „kriegstreibenden Klassen" vor, was das **entlastende Selbstbild der DDR als „antifaschistischer Staat"** entscheidend prägte: Während die Kapitalisten die Schuld am NS-Regime trügen, sei das übrige Volk nur von diesen verführt worden. Das Erbe des Nationalsozialismus hätte das kapitalistische Westdeutschland zu tragen, wo man nicht konsequent gegen Industrielle und Großgrundbesitzer vorgegangen sei. In der SBZ/DDR wiederum kam jeder, der sich dem „Antifaschismus" widersetzte, sofort in den Verdacht, ein Faschist zu sein.

Der **Antimilitarismus**, der in M 1 betont wird, hatte in der DDR ein kurzes Verfallsdatum: 1950 wurde zwar ein „Gesetz zum Schutz des

Friedens" erlassen, das aber vor allem der Verfolgung Andersdenkender diente. 1952 wurde zur vormilitärischen Ausbildung der Jugend die „Gesellschaft für Sport und Technik" gegründet und mit der „**Kasernierten Volkspolizei**" die erste paramilitärische Einheit aufgestellt. Nach dem Aufstand vom 17. Juni 1953 wurde die Errichtung der „**Nationalen Volksarmee**" konsequent vorangetrieben.

Die **Zukunftsorientierung** des Sozialismus, die dem **Optimismus** von M 1 entspricht, ist in der marxistischen Geschichtsphilosophie angelegt: Demnach bewegt sich die von Klassenkämpfen angetriebene Geschichte unweigerlich auf den Kommunismus zu. Dabei sei der **Sozialismus** dem **Kapitalismus** bereits einen Schritt voraus und müsse nur noch die Reste des alten Systems überwinden, um die **klassenlose, kommunistische Gesellschaft** zu verwirklichen. In der Nationalhymne der DDR heißt es dementsprechend: „Auferstanden aus Ruinen und **der Zukunft zugewandt**,/Lass uns dir zum Guten dienen, Deutschland, einig Vaterland."

– Zukunftsoptimismus

Der **Appell** in M 1 ist **eindeutig**: Nur wer sich von Militarismus und Nationalsozialismus abwendet, die zu Zerstörung und Tod geführt haben, kann der **Zukunft optimistisch entgegensehen**. Die Voraussetzungen hierfür will die SBZ bzw. DDR erfüllen.

Fazit

2 **TIPP** Anforderungsbereich: II, Verrechnungspunkte: 14

Der Operator „darstellen" verlangt, Zusammenhänge strukturiert zu beschreiben. In dieser Aufgabe, in der Sie sich dem Selbstbild der DDR widmen müssen, ist eine begriffliche Klärung des dortigen Verständnisses von „Demokratie" unerlässlich, da dieses deutlich vom westlichen Demokratiegedanken abweicht.

Der Staatsname „**Deutsche Demokratische Republik**", der Begriff der sozialistischen „**Volksdemokratie**", das Selbstverständnis als „**Arbeiter- und Bauernstaat**" und Symbole wie das **DDR-Wappen** mit Ährenkranz, Hammer und Zirkel betonten den Anspruch, die gesamte Bevölkerung zu repräsentieren. Im Demokratieverständnis des **Marxismus-Leninismus** sollte eine **Staatspartei** den Volkswillen umsetzen. In der DDR war dies die **SED** (Sozialistische Einheitspartei Deutschlands), deren Führungsanspruch 1968 auch in der Verfassung festgehalten wurde. Zusätzlich legitimiert wurde das demokratische Selbstverständnis der DDR durch ihren **antifaschistischen Gründungsmythos** und den Widerstand, den Kommunisten (v. a. die spätere DDR-Führung) gegen NS-Diktatur und Faschismus geleistet hatten.

Selbstverständnis der DDR

In der DDR erhob man von Anfang an den Anspruch, nicht nur das **politische**, sondern auch das **wirtschaftliche** Leben unter gesellschaftliche und damit **demokratische Kontrolle** gestellt zu haben. Unter sowjetischer Besatzung waren Industrie und Gewerbe bereits entschädigungslos enteignet und weitgehend in den Besitz der Sowjetunion (SAG) bzw. des „Volks" (VEB) überstellt worden. In der DDR wurde dann ab 1952 der „**planmäßige Aufbau des Sozialismus**" durchgeführt. Die Landwirtschaft wurde unter starkem Druck in großem Umfang kollektiviert (LPGs).

Auswirkungen
Wirtschaft

Neben der Wirtschaft wurden Politik und Gesellschaft wesentlich von der **marxistisch-leninistischen Staatspartei SED** bestimmt, die 1946 aus der Zwangsvereinigung von KPD und SPD hervorgegangen war. Die sowjetische Besatzungsmacht hatte dabei entscheidende Schützenhilfe geleistet, indem sie Druck auf Sozialdemokraten ausgeübt und abweichende Meinungen bestraft hatte. Nach Lenin war die jeweilige Staatspartei die „**Avantgarde des Proletariats**", die zur Durchführung der historisch nötigen sozialistischen Revolution und unabhängig von „zufälligen" Mehrheiten bei Wahlen zur Macht berechtigt war. Ab 1948 wurde die SED im Sinne des **Marxismus-Leninismus** in eine „**Partei neuen Typus**" und stalinistische Kaderpartei umgewandelt, in der das Prinzip des „**demokratischen Zentralismus**" galt; Abweichungen wurden nicht toleriert.

Politik
– Rolle der SED als Staatspartei

Oberstes Parteigremium war der **Parteitag**, der über Programm und Personal bestimmte; allerdings lag die tatsächliche Macht beim **Zentralkomitee** (ZK), vor allem beim kleinen Zirkel des **Politbüros**, der das eigentliche Macht- und Entscheidungszentrum bildete. Die staatlichen Organe und Institutionen waren demgegenüber untergeordnet, Exekutive (Ministerrat), Legislative (Volkskammer) und Judikative (Oberstes Gericht) Befehlsempfänger des Politbüros.

Das besondere Demokratieverständnis der DDR zeigte sich vor allem auch in **Wahlen und Abstimmungen:** Letztlich gelang es der SED nie, eine im westlichen Sinne freie Wahl zu gewinnen. Die Exilkommunisten der „Gruppe Ulbricht" wussten bereits früh, dass sie in der Bevölkerung nicht genügend Rückhalt besaßen. Aus ideologischen, aber auch aus solch machtpolitischen Gründen ging es in der DDR von Anfang an nicht um eine pluralistische Konkurrenz um die politische Macht. Stattdessen betrieb man „**Blockpolitik**": Alle „**antifaschistischen Parteien**" (neben der SED auch CDU, LDPD, NDPD und DBD) kandidierten gemeinsam auf einer Liste der „**Nationalen Front**". Zu diesen Parteien, die alle den Führungsanspruch der SED anerkennen mussten, kamen gesellschaftliche **Massenorganisationen** wie FDGB und FDJ. Die Zusammensetzung der Liste, die nur angenommen bzw. abgelehnt werden konnte, entsprach bereits der

– Wahlen in der DDR

Sitzverteilung in der **Volkskammer**, sodass die SED dort zusammen mit den SED-Mitgliedern aus den Massenorganisationen dominierte. Wahlen und Abstimmungen waren letztlich reine Zustimmungsveranstaltungen, deren Ergebnisse von vornherein feststanden. Auf diese Weise sollten das **Gemeinwohl** und die „wirklichen" Interessen des Volks, die gemäß der herrschenden Ideologie von der SED vertreten wurden („Die Partei hat immer recht."), **bekräftigt** werden.

Auch im gesellschaftlichen Leben spielte die Staatspartei die Hauptrolle: Die Bevölkerung wurde durch verschiedene **Massenorganisationen** und staatliche Einrichtungen in **Dauermobilisierung** gehalten (z. B. in Schule, Armee, Betrieb). Dabei bediente sich die SED der „**Staatssicherheit**" („Stasi") als „Schild und Schwert der Partei" und ihres immer ausgedehnteren Kontroll- und Spitzelapparats. Besonders nach dem 17. Juni 1953, mehreren Aufständen im Ostblock (Ungarn 1956, Prag 1968) und dem Abschluss von Verträgen mit der Bundesrepublik (im Rahmen der westdeutschen Neuen Ostpolitik), die zu vermehrten Westkontakten führten, wurde die Zahl hauptamtlicher und inoffizieller Mitarbeiter stetig erhöht. Darüber hinaus wurden auch die **Medien** strikt kontrolliert und waren der Meinungsherrschaft der SED und des Parteiorgans „Neues Deutschland" untergeordnet; es gab **keine Meinungs- und Pressefreiheit**.

Gesellschaft: Massenorganisationen, „Stasi", Medien

Das Bewusstsein der ständigen Überwachung prägte das Verhalten der Menschen entscheidend. Die meisten DDR-Bürger beteiligten sich **pflichtgemäß** dort, wo es von ihnen erwartet wurde, zogen sich aber ansonsten oft **ins Private** zurück („Nischengesellschaft"). Wer nach Veränderung strebte und sich z. B. für Reisefreiheit, Umweltfragen oder die Friedensbewegung einsetzte, konnte dies am ehesten im **Schutz der Kirche** tun, ging dabei aber ein **hohes Risiko** ein. Dies galt auch für eine von der FDJ unabhängige Jugendbewegung sowie für Künstler und Intellektuelle, die sich nicht an offizielle Vorgaben (z. B. „Sozialistischer Realismus" in der Kunst) halten wollten.

Zusammenfassend kann man sagen, dass das spezielle Demokratieverständnis der DDR sich **lähmend** auf Politik und Gesellschaft auswirkte, weil es die Grundlage einer Demokratie im westlichen Sinn, den **freien Austausch und die Konkurrenz von Meinungen**, unterband. Damit blockierte es Innovationen und leistete der **politischen, wirtschaftlichen und gesellschaftlichen Erstarrung** Vorschub, an der der Ostblock insgesamt letztlich scheiterte.

Fazit

3 **TIPP** *Anforderungsbereich: II, Verrechnungspunkte: 16*

Die Operatoren lauten hier „analysieren" und „vergleichen". Nennen Sie zuerst die wichtigsten Informationen zu M 2 (Autor, Ort, Datum usw.) und untersuchen Sie Sternbergers Artikel dann strukturiert: Dabei empfiehlt es sich, vom Thema über die Kernaussagen zum historischen Kontext überzugehen. Der Vergleich mit M 3 beginnt mit den Gemeinsamkeiten und arbeitet dann die Unterschiede heraus. Betrachten Sie nach den inhaltlichen Aspekten auch die sprachliche Gestaltung beider Quellen. Am Ende sollte ein pointiertes Fazit stehen, das die unterschiedlichen Perspektiven auf die damalige Bundesrepublik verdeutlicht.

Der Text **M 2** ist ein Auszug aus einem **Zeitungsartikel** des Politikwissenschaftlers **Dolf Sternberger**, den die Frankfurter Allgemeine Zeitung am 6. Mai **1968** veröffentlicht hat. Dieser **Kommentar**, der zur Meinungsbildung anregen soll, spricht die **westdeutsche Öffentlichkeit** auf dem Höhepunkt der Studentenbewegung an und vertritt eine klare Position, die schon im Titel zum Ausdruck kommt: „**Widerstand ohne Tyrannen**". *(Analyse von M 2 / Vorstellung der Quelle)*

Sternberger entwickelt seine Argumentation ausgehend von folgender Behauptung: „Die Bundesrepublik muss es büßen, dass Hitler zwölf Jahre lang über die Deutschen herrschen und **nicht von Deutschen gestürzt** werden konnte." (M 2, Z. 1 f.) Dabei skizziert er die **Akteure**, die das **NS-Regime** getragen hätten: Hitlers „verschworen[e] Gefolgschaft" (M 2, Z. 3) auf der einen, „Mitläufer" (M 2, Z. 4) auf der anderen Seite. Deren Verhaltensweisen fasst er mit „**Fanatismus, Terror und Anpassung**" (M 2, Z. 4 f.) zusammen. Die Feststellung, dass der **deutsche Widerstand** gegen Hitler zu schwach und letztlich erfolglos gewesen sei, führt zur Erweiterung der These: „Die Söhne rächen sich für die Schwäche der Väter." (M 2, Z. 8) *(Kernaussagen)*

Die **junge Generation** scheine, so Sternberger, nun der Auffassung zu sein, dass man den damals verpassten „Widerstand nachzuholen" (M 2, Z. 18), ja **grundsätzlich** gegen jede Art von Herrschaft Widerstand zu leisten habe. Diese Einstellung müsse jetzt die **Bundesrepublik** „büßen" (M 2, Z. 1), obwohl sie „in liberalem Geist" (M 2, Z. 9) und „als Gegenbild der Tyrannei" (M 2, Z. 15) von Politikern, die dem NS-Regime ferngeblieben und von diesem verfolgt worden seien, ins Leben gerufen worden sei (vgl. M 2, Z. 6–18). Durch die Wiederholung des Verbs „ereifern" (M 2, Z. 14) erweckt der Autor den Eindruck, dass das Verhalten der „nachgeborene[n] Generation" (M 2, Z. 6) überzogen sei. Seine **Kritik** an dieser Lage fasst er rhetorisch überspitzt zusammen: „Damals gab es einen Tyrannen und wenig Widerstand. Heute gibt es **viel Widerstand […] und keinen Tyrannen**." (Z. 19 f.)

Um seine eigene Ansicht zu unterstreichen, greift Sternberger noch auf Aussagen **Rudi Dutschkes**, des damaligen Wortführers der Studentenbewegung, zurück. Dabei verkehrt der Autor die abwertende Charakterisierung der regierenden Bundespolitiker als „**auswechselbare Charaktermasken**" ins Positive: Gerade die „Austauschbarkeit" der Regierung sei ein **wesentliches Unterscheidungsmerkmal** zwischen Tyrannei und Verfassungsstaat (vgl. M 2, Z. 21–26).

Im historischen Kontext traf der Text auf eine stark polarisierte Öffentlichkeit. Damals regierte seit 1966 eine „**Große Koalition**" aus CDU/CSU und SPD; die kleine FDP-Fraktion sah sich im Bundestag einer erdrückenden Übermacht gegenüber, die sogar über eine Zweidrittel-Mehrheit und somit die Möglichkeit, die Verfassung zu ändern, verfügte. Als diese Mehrheit zur Verabschiedung der **Notstandsgesetze** genutzt werden sollte, sahen viele die Demokratie in Gefahr. Wegen der Schwäche der „innerparlamentarischen" nannte sich die vor allem von Studenten getragene Opposition „**außerparlamentarische Opposition**" (APO).

historischer Kontext
– Große Koalition und APO

Auf Widerstand stießen zudem die frühere NSDAP-Mitgliedschaft von Bundeskanzler **Kurt Georg Kiesinger** (CDU) und mehreren Regierungsmitgliedern. Insgesamt kritisierte gerade die junge Generation die fehlende **Aufarbeitung der NS-Vergangenheit** und stellte Fragen zur Haltung der Elterngeneration im „Dritten Reich".

– Kritik an der NS-Vergangenheit der „Väter"

Die Studentenbewegung radikalisierte sich im Rahmen der Proteste gegen den **Vietnamkrieg** und prangerte den Umgang der Bundesrepublik mit Diktatoren wie dem Schah von Persien an. Als dieser am 2. Juni 1967 Westberlin besuchte, wurde auf einer Demonstration der Student **Benno Ohnesorg** von einem Polizisten erschossen, was die Konfrontation weiter anheizte. Zeitungen des Springer-Konzerns („Bild", „Welt") nutzten ihre Medienmacht, um die Studenten als Randalierer abzuwerten; diese eröffneten wiederum eine „Enteignet-Springer-Kampagne", die an Ostern 1968 zu blutigen Krawallen vor allem in Westberlin führten. Mitte April 1968, kurz vor Erscheinen von M 2, hatte Studentenführer **Dutschke** knapp ein Attentat überlebt, für das die Studenten der Springer-Presse die Hauptschuld gaben.

– Höhepunkt der Studentenproteste 1967/68

Vor diesem Hintergrund musste Sternbergers Text auf viele politisch linke Kräfte wie eine **Provokation** gewirkt haben, da er die Politiker pauschal für ihre Vergangenheit zu entschuldigen scheint und den Widerstand der Studenten als eine Art psychologische Ersatzhandlung der spätgeborenen „Söhne" beschreibt, die sich moralisch über die „Väter" erhoben hätten. Dagegen sahen sich Angehörige der älteren Generation, die den NS-Terror erlebt hatten, durch Sternbergers

Intention und mögliche Wirkung

Kritik an der Studentenbewegung womöglich **bestätigt** und empfanden den „Widerstand ohne Tyrannen" ebenfalls als selbstgerechte Ersatzhandlung der „Wohlstandskinder".

Bei **M 3** handelt es sich um ein **Flugblatt** aus der „heißen" Phase der Studentenbewegung **1967/68**, aber ohne Angabe von Ort oder Verfasser, sodass nicht mit Bestimmtheit gesagt werden kann, ob es sich um ein studentisches Werk handelt. Klar ist jedoch die Zielrichtung: „UNGEHORSAM **gegen die Nazi-Generation**" (Z. 2 f.). Die vermutlich gerade im Vergleich zu M 2 geringe Auflage des Flugblatts dürfte die Zahl der **Adressaten** begrenzt haben; die Verwendung der „Wir"-Form und der Verzicht auf weitere Erläuterungen der Sachverhalte lassen darauf schließen, dass vor allem **Gleichgesinnte**, also **Anhänger der APO**, angesprochen werden sollten.

Vorstellung von M 3

Das **Flugblatt** stammt aus der gleichen Zeit wie Sternbergers **Kommentar**. In beiden Fällen ist die Rede von einem **Generationenkonflikt**, nur dass in M 2 „Söhne" und „Väter", in M 3 dagegen „wir" und die „Nazi-Generation" gegenübergestellt werden. Gemeinsam ist den Texten auch, dass der Widerstand der jungen Generation allgemein als eine Form des **nachholenden Widerstands** Jahrzehnte nach dem Ende des NS-Regimes angesehen wird.

Vergleich M 2 – M 3
Gemeinsamkeiten

Hier beginnen aber auch die **Unterschiede**. Während Sternberger einen „Widerstand ohne Tyrannen" als **sinnlose Ersatzhandlung** kritisiert, sehen sich die Autoren des Flugblatts als **Korrektive** gegen die in ihren Augen völlig **unzureichende Entnazifizierung**: „Holen wir nach, was 1945 versäumt wurde: Treiben wir die Nazi-Pest zur Stadt hinaus." (M 3, Z. 10 f.; vgl. Z. 11)

Unterschiede

Grundsätzlich nehmen Sternberger und die Flugblatt-Verfasser die **Bundesrepublik** vollkommen unterschiedlich wahr: Während Ersterer einen **liberalen Verfassungsstaat** sieht, dessen Vertreter etwas Neues geschaffen haben und moralisch weitgehend integer geblieben sind, ist in M 3 davon nichts zu erkennen: An zentraler Stelle und fett gedruckt werden Angehörige der drei Staatsgewalten **Justiz** (Richter, Staatsanwälte), **Legislative** und **Exekutive** (Beamte, Polizisten) aufgezählt und durch das entsprechende Präfix als „Nazis" identifiziert, genau wie Vertreter aus Wissenschaft, Medien, Kirche und Wirtschaft (vgl. M 3, Z. 4 f., 14–17). M 3 spricht also eine **Kontinuität** in der deutschen Geschichte an, die durch die Besatzungszeit, die damalige Entnazifizierung und die Gründung der Bundesrepublik **nicht unterbrochen** wurde.

Während der Verfasser von M 2 die Bundesrepublik gegen die Studentenbewegung **in Schutz nimmt**, ruft M 3 zur **totalen Verweigerung** auf: „Befolgen wir keine ihrer Anweisungen." (M 3, Z. 18) Da der Staat wegen seiner kompletten „**Durchseuchung**" mit „**Nazis**" völlig **delegitimiert** sei, brauche man seinen Befehlen auch keine Folge zu leisten; **Widerstand** sei daher in jedem Fall **gerechtfertigt**.

Beide Texte zeichnen sich durch **sprachliche Zuspitzung** aus, wobei M 2 eine viel elaboriertere Sprache verwendet. Dagegen bedient sich M 3 häufig umgangssprachlicher, drastischer und sogar vulgärer Formulierungen, die die **Abwertung der „Nazi-Generation"** (M 3, Z. 3) verstärken sollen, wie „nazistische Rassenhetzer" (M 3, Z. 6 f.), „Slawen-Killer" (M 3, Z. 7), „Nazi-Pest" (M 3, Z. 10), „Nazi-Scheiße" (M 3, Z. 8) und „fett[e] Gehälter" (M 3, Z. 12). Dieses Vorgehen mag als Appell an die eigene Gruppierung wirksam gewesen sein, sich zur Überzeugung politischer Gegner aber noch weniger eignen als Sternbergers deutlich hervortretende Kritik.

formale und sprachliche Gestaltung

Insgesamt zeugen die beiden Materialien von der **Unvereinbarkeit** der damaligen Positionen: Es erscheint ein grundverschiedenes Bild der Bundesrepublik zur Zeit der Großen Koalition und davon ausgehend eine völlig **unterschiedliche Bewertung der Studentenbewegung**. Dabei ist der Protest im Flugblatt pauschal, hart und herabsetzend, während Sternbergers Kritik schneidend scharf formuliert ist.

Fazit

---

4   **TIPP**   *Anforderungsbereich: III, Verrechnungspunkte: 18*

Der Operator „überprüfen" verlangt von Ihnen, dass Sie die vorgegebene These kritisch und differenziert betrachten, strukturiert vorgehen und nachvollziehbar argumentieren. Angebracht ist auch eine begriffliche Klärung dessen, was Sie unter „gesellschaftlichen Herausforderungen" verstehen, sowie der Frage, unter welchen Umständen man eine Herausforderung für „bewältigt" halten könnte. Die Fokussierung auf die 1970er- und 1980-Jahre enthält eine zeitliche Eingrenzung, während der Plural „Herausforderungen" danach verlangt, mindestens zwei Aspekte zu behandeln. Im Folgenden finden Sie drei Beispiele.

„**Gesellschaftliche Herausforderungen**" sind Probleme, die eine **ganze Gesellschaft** oder weite Teile davon betreffen, und/oder Aufgaben, mit denen eine Gesellschaft konfrontiert ist, ohne dass diese in der Regel bei der Staatsgründung schon erkennbar gewesen wären. So konnte das **Grundgesetz** 1949 zwar noch nicht den genauen Umgang z. B. mit dem Terrorismus der 1970er-Jahre vorwegnehmen, bot aber eine gewisse **Orientierung** (z. B. Vorrang der Menschenwürde, persönliche Freiheit, Schutz des Lebens, Bedingungen für Grundgesetzänderungen).

Einleitung
Klärung: „gesellschaftliche Herausforderungen"

Diese Regeln und ihre Anwendung in bestimmten Situationen durch Politik, Rechtsprechung sowie engagierte Bürgerinnen und Bürger

Klärung: „Bewältigung"

stellen also die **Rahmenbedingungen für die „Bewältigung"** einer „Herausforderung" dar. Dabei bedeutet „Bewältigung" selten, eine dauerhafte Lösung zu finden; so tauchen z. B. Fragen der inneren Sicherheit, Energieversorgung oder Friedenserhaltung bis heute in immer wieder neuen Formen auf. Man könnte sagen, dass die „Herausforderung" einer Gesellschaft mit dem drohenden Verlust von Stabilität und Zustimmung in der Bevölkerung sowie großer Unsicherheit einhergeht, während die „Bewältigung" einer solchen „Herausforderung" das System wieder **stabilisiert**.

Betrachtet man die **„gesellschaftlichen Herausforderungen" der 1970er- und 1980er-Jahre in der Bundesrepublik**, so ist die Auswahl beträchtlich: Dazu gehörte u. a. die Ausweitung politischer, wirtschaftlicher und gesellschaftlicher **Partizipationsmöglichkeiten** für Frauen, Jugendliche und Arbeitnehmer durch Anpassungen des Familien-, Wahl- und Mitbestimmungsrechts. Hier stellte der Anspruch „Mehr Demokratie wagen" der sozialliberalen Regierung unter Willy Brandt ein großes Versprechen dar. Auch waren die **Bildungspolitik** und die Schaffung von Bildungsgerechtigkeit eine „Dauerbaustelle" der „alten" Bundesrepublik, was z. B. die gesellschaftliche Herkunft von Abiturienten und Hochschulabsolventen oder die Vergleichbarkeit von Abschlüssen im föderalistischen Bildungssystem umfasste. Bereits seit den 1950er-Jahren war man mit dem Thema **„Zuwanderung"** konfrontiert, über das auch Ende der 1980er-Jahre kein politisch-gesellschaftlicher Konsens bestand.

Überprüfung: Bewältigung gesellschaftlicher Herausforderungen? Überblick: zahlreiche „Herausforderungen"

Einzelne Beispiele sollen nun mit Blick auf eine **mögliche erfolgreiche Bewältigung** näher erörtert werden. So musste sich die Bundesrepublik in den 1970er- und 1980er-Jahren immer wieder mit dem **Terrorismus von links**, besonders mit den Anschlägen, Entführungen und Attentaten der **RAF**, auseinandersetzen, welcher schnell als „Herausforderung" erkannt wurde. Man ging dabei nicht nur gegen führende Mitglieder der „Baader-Meinhof-Gruppe" vor, sondern nahm auch die Szene der **„Sympathisanten"** ins Visier. Zudem versuchte man, verfassungsfeindliche „Extremisten" aus dem Staatsdienst fernzuhalten („Radikalenerlass" 1972). Da die Polizei beim Anschlag auf die Olympischen Spiele in München 1972 durch arabische Terroristen völlig überfordert war, wurde eine Spezialeinheit des Bunds (**GSG 9**) gegründet, die 1977 eine im Zusammenhang mit dem **„Deutschen Herbst"** stehende Flugzeugentführung in Mogadischu beendete. Während man auf unterschiedliche Weise auf den Terror von links reagierte, zeigte sich am blutigen Attentat auf das Münchner Oktoberfest 1980, dass man sich mit der **terroristischen Bedrohung von rechts** nicht genügend beschäftigt hatte. Das Fazit im Bereich „Innere Sicherheit" fällt daher **nicht eindeutig** aus.

Beispiel 1: Terrorismus von links und rechts

Die größte „Herausforderung" der **Wirtschafts- und Sozialpolitik** kam in Form der beiden **Ölkrisen** 1973 und 1979: Die bewusste Verknappung des Rohöl-Angebots und die Vervielfachung der Preise durch die OPEC stellten einen tiefen Einschnitt dar. Sonntagsfahrverbote und steigende Energiekosten führten den Westdeutschen konkret vor Augen, dass es wirtschaftliche Probleme gab, die man mit den Mitteln des **Stabilitätsgesetzes** von 1967 nicht mehr lösen konnte: Die Ziele des „**Magischen Vierecks**" (Wirtschaftswachstum, Preisstabilität, hoher Beschäftigungsgrad, außenwirtschaftliches Gleichgewicht) wurden verfehlt, die **Staatsverschuldung** stieg durch die Aufnahme von Krediten rasant an und wurde zur Erblast der öffentlichen Haushalte. Nachdem das „Wirtschaftswunder" der 1950er-Jahre die Massenarbeitslosigkeit der Nachkriegszeit beseitigt hatte, nahm die **Arbeitslosigkeit** wieder stark zu.

Beispiel 2: Herausforderung der Wirtschafts- und Sozialpolitik

Die Bundesregierungen versuchten, die wirtschaftliche Entwicklung durch unterschiedliche Maßnahmen zu fördern und soziale Folgen zu mildern. Da eine **expansive Sozialpolitik**, wie sie die Regierung Brandt vor der Wirtschaftskrise eingeleitet hatte, den Haushalt jedoch stark belastete, machten sich die Regierungen Schmidt (SPD) und Kohl (CDU) daran, das Wachstum des Sozialstaats zu reduzieren. In den 1980er-Jahren konnte sich das Wirtschaftswachstum wieder steigern, die Arbeitslosenzahl ging zurück. Darüber hinaus wurden Konsequenzen aus der starken **internationalen Verflechtung** der Wirtschaft gezogen: So vereinbarten die sieben wichtigsten Industrienationen (**G7**) 1975, sich regelmäßig zu beraten. Außerdem brachten Bundeskanzler Schmidt und der französische Staatspräsident Giscard d'Estaing 1979 das **Europäische Währungssystem** (EWS) auf den Weg, das – nach dem Zusammenbruch des Bretton-Woods-Systems – Währungsschwankungen zwischen den EWG-Ländern reduzieren sollte. Insgesamt versuchten die Bundesregierungen auf nationaler und internationaler Ebene – mal mehr, mal weniger erfolgreich – Lösungen für die Krise zu finden.

Die Furcht vor einer atomaren Katastrophe, die Frage nach dem Umgang mit der Kernenergie und – in Reaktion darauf – die Entstehung der **Umwelt-, Anti-Atomkraft- und Friedensbewegung** waren prägende Konstanten der 1970er- und 1980er-Jahre. Bereits Anfang der 1950er-Jahre hatte es in der Bundesrepublik pazifistische Proteste gegeben, damals gegen die westdeutsche Wiederbewaffnung. Mit der Zunahme des ökologischen Problembewusstseins und der erneuten Verschärfung des Kalten Kriegs in den 1970er-Jahren gewannen die Angst vor einer atomaren Eskalation und die Debatten um die **friedliche Nutzung der Kernenergie** neue Relevanz. Dabei waren Umwelt-, Anti-Atomkraft- und Friedensbewegung ideell und personell oft eng miteinander verbunden.

Beispiel 3: atomare Bedrohung, Kernenergie, Umwelt- und Friedensbewegung

Als die Bundesregierung verstärkt auf den **Ausbau der Kernenergie** setzte (u. a. Planung von Atomkraftwerken in Wyhl und Brokdorf 1974/76), entstand eine „alternative Bewegung" aus Umweltschützern, Friedensaktivisten und Feministinnen, die sich in **Bürgerinitiativen** organisierte und 1980 die Partei „**Die Grünen**" hervorbrachte. Der Atomunfall im amerikanischen Harrisburg 1979 und besonders die Katastrophe von Tschernobyl 1986 bestätigten Kritiker in ihren Zweifeln an der Sicherheit dieser Technologie und lösten **Massendemonstrationen** an Orten wie Brokdorf, Gorleben und Wackersdorf aus. Spätestens jetzt zeigte sich, dass die staatliche Atompolitik nur noch mit **starken Polizeiaufgeboten gegen den Willen** großer Teile der Bevölkerung durchgesetzt werden konnte.

Eine ähnliche Wirkung hatten die Umsetzung des **NATO-Doppelbeschlusses** und die Stationierung von Mittelstreckenraketen in der Bundesrepublik 1983. **Menschenketten und Massendemonstrationen** der Friedensbewegung wandten sich gegen die neue Eiszeit zwischen Ost und West. Zahlreiche Prominente und Intellektuelle beteiligten sich z. B. an **Sitzblockaden** in Mutlangen und wurden dafür wegen „**Nötigung**" rechtlich belangt.

Die Partei „Die Grünen", die schließlich zu einem dauerhaften Faktor in der bundesrepublikanischen Politik werden sollte, kann man als Produkt der Umwelt- und Friedensbewegung und letztlich erfolgreiche Antwort auf bestimmte gesellschaftliche Herausforderungen sehen. Durch sie wurde eine Repräsentationslücke geschlossen; außerparlamentarische Bewegungen fanden ihren Platz innerhalb des Parteiensystems. 1983 zog sie als **vierte Partei** in den **Bundestag** ein, eröffnete neue Koalitionsmöglichkeiten und zwang die etablierten Parteien, sich auf Dauer auch „grünen" Themen zuzuwenden.

Fazit

Die dargestellten Beispiele zeigen, dass die **Frage**, ob die Bundesrepublik „gesellschaftliche Herausforderungen" in den 1970er- und 1980er-Jahren „erfolgreich bewältigt" hat, **nicht einheitlich beantwortet** werden kann und im Hinblick auf die jeweilige Problematik betrachtet werden muss. Wie eingangs angesprochen, wird aber klar, dass manche „Herausforderungen" nicht auf Dauer gelöst wurden, sondern über einen längeren Zeitraum aktuell blieben und teilweise auch heute noch aktuell sind.

Baden-Württemberg Geschichte
Schriftliche Abiturprüfung 2021 • Aufgabe II A

DEUTSCHLAND NACH 1945 IM INTERNATIONALEN UND EUROPÄISCHEN KONTEXT *
Besatzungszeit und Teilung Deutschlands im Rahmen des Ost-West-Konflikts;
Die politische und gesellschaftliche Entwicklung in der Bundesrepublik Deutschland und in der DDR (Schwerpunktthemen) *

Aufgabenstellung

1. Stellen Sie die US-amerikanische Deutschlandpolitik zwischen Kriegsende und 1949 dar.
2. Analysieren Sie M 1.
3. *Die Außerparlamentarische Opposition hat die Bundesrepublik Deutschland nachhaltig verändert.* Überprüfen Sie diese These.
4. Analysieren Sie M 2 und vergleichen Sie M 2 mit M 3.

---

* Hinweise zu Bildungsplan und Schwerpunktthemen

Bitte beachten Sie, dass sich die Aufgabenstellung auf die Schwerpunktthemen der Abiturprüfung 2021 und die Inhalte des damals gültigen Bildungsplans von 2004 bezieht. Wegen inhaltlicher Überschneidungen der Teilaufgaben 2–4 mit den Schwerpunktthemen der Abiturprüfung 2025 und den Inhalten des nun gültigen Bildungsplans von 2016 stellen wir Ihnen diese Original-Abituraufgabe jedoch als zusätzliche Übungsmöglichkeit zur Verfügung.

M1 — Ausgewählte Wirtschaftsdaten für die Bundesrepublik Deutschland 1950–1960

	Einheit	1950	1952	1954	1956	1958	1960
Bruttolöhne und -gehälter[1]	Index: 1950 = 100	100	125	140	163	182	209
Bruttoinlandsprodukt[2]	Index: 1950 = 100	100	114	126	141	149	167
Zahl der abhängig Beschäftigten[3]	in 1 000	13 827	14 995	16 286	18 056	18 840	19 843
Arbeitslose	in 1 000	1 580	1 379	1 221	761	683	235
Arbeitslosenquote	%	10,3	8,4	7,0	4,0	3,5	1,2
Preisindex für die Lebenshaltung	Index: 1950 = 100	100	110	108	113	118	121

Ludwig Erhard: Deutsche Wirtschaftspolitik. Der Weg der Sozialen Marktwirtschaft. Düsseldorf: Econ 1992 (Neuauflage), S. 622 f.

Anmerkung
1 Bruttolohn bzw. Bruttogehalt: Gesamtbetrag, den Beschäftigte von Arbeitgebern erhalten. Von diesem müssen noch Steuern und Sozialleistungen abgeführt werden. Arbeiterinnen und Arbeiter erhalten in der Regel „Lohn", Angestellte in der Regel ein „Gehalt".
2 Bruttoinlandsprodukt: Gesamtwert aller Güter, d. h. aller Waren und Dienstleistungen, die in einem Jahr innerhalb der Grenzen einer Volkswirtschaft produziert bzw. erbracht werden. Es gilt als Gradmesser für die Leistungsfähigkeit einer Volkswirtschaft.
3 abhängig Beschäftigte: Angestellte, Arbeiterinnen und Arbeiter, Beamtinnen und Beamte.

M2 — Rede von Erich Honecker, Generalsekretär des Zentralkomitees der SED, auf der Festveranstaltung anlässlich des 30. Jahrestages der DDR, Ost-Berlin, 7. 10. 1979

Liebe Freunde und Genossen!

Drei Jahrzehnte Deutsche Demokratische Republik erhärten überzeugend die Tatsache, dass die Gründung unseres Staates ein Wendepunkt in der Geschichte unseres Volkes und Europas war. […] Erstmals entstand ein deutscher Staat, in dem nicht mehr
5 kapitalistische Ausbeuter regieren, sondern die Arbeiter und Bauern. Imperialismus, Militarismus und Revanchismus wurden bei uns mit Stumpf und Stiel beseitigt, die Klassenprivilegien aus der Zeit der kapitalistischen Herrschaft überwunden. Hier ist das Volk der wahre Souverän. […] Wohlbegründet dürfen wir feststellen: In der deutschen Geschichte hat es niemals zuvor einen Staat gegeben, in dem das Volk so frei
10 atmen, die Springquellen des gesellschaftlichen Reichtums für sich erschließen, alle materiellen und geistigen Werte zum eigenen Wohl nutzen und mehren kann wie in unserer Arbeiter-und-Bauern-Macht. In der Deutschen Demokratischen Republik sind

die Menschenrechte, vor allem das Recht auf Arbeit, auf Bildung, Erholung und Gesunderhaltung, das Recht auf soziale Sicherheit nicht nur Verfassungsgrundsatz, sondern Realität. An jeden Bürger richtet sich die Aufforderung, mitzuarbeiten, mitzuplanen und mitzuregieren. Das ist reale Demokratie, sozialistische Demokratie. […]

Gestützt auf das unzerstörbare Bündnis mit der Sowjetunion und den anderen Bruderländern, sind wir von Jahrzehnt zu Jahrzehnt unbeirrbar vorangeschritten. Die Deutsche Demokratische Republik ist ein politisch stabiler, wirtschaftlich gesunder, international anerkannter und geachteter Staat. […]

Nicht nur in den materiellen Grundlagen des gesellschaftlichen Lebens hat sich in drei Jahrzehnten unter Führung der Arbeiterklasse ein tiefer Wandel vollzogen. Grundlegend hat sich das geistige Antlitz unseres Volkes verändert. Das Wichtigste, was die sozialistische Revolution hervorgebracht hat, ist der neue Mensch. Wenn heute sozialistischer Patriotismus und proletarischer Internationalismus, der Geist der Völkerfreundschaft und der antiimperialistischen Solidarität in unserem Land so weit verbreitet und so fest verwurzelt sind, dann ist dies eine unserer kostbarsten Errungenschaften. Die politisch-moralische Einheit des Volkes gehört zu den unverzichtbaren Voraussetzungen für die Stabilität unserer Republik und ihre gute Zukunft. […]

Liebe Genossen und Freunde!

Jedes Jahr der Geschichte unserer Deutschen Demokratischen Republik war auch ein Jahr konsequenten Kampfes für das große Ziel, den Frieden zu sichern und einen aktiven Beitrag zu leisten, dass von deutschem Boden nie wieder ein Krieg ausgeht. Darin besteht eine entscheidende Lehre aus der Vergangenheit, die unser Staat, übereinstimmend mit seinem sozialistischen Charakter, stets auf seine Politik angewandt hat. Durch die Beseitigung des imperialistischen Herrschaftssystems und seines reaktionären, aggressiven Ungeistes wurde die Quelle des Krieges bei uns für immer zum Versiegen gebracht. […] Wir wussten immer und wissen auch heute, dass der Frieden, die Lösung dieser Lebensfrage für die Menschheit, hartnäckig und zäh errungen sein will. Denn der Imperialismus bleibt seinem Wesen nach aggressiv und in vieler Hinsicht unberechenbar.

http://www.argus.bstu.bundesarchiv.de/dy30bho/mets/dy30bho_2318/index.htm?target=midosaFra Content&backlink=/dy30bho/index.htm-kid-31bb81fd-db29-4e03-8a13-3554361487b5&sign=2318 (letzter Zugriff: 19. 11. 2020)

M3 „Firmenjubiläum", Karikatur von Rudolf Schöpper aus der Tageszeitung „Westfälische Nachrichten", Münster, 5. 10. 1979

Universitäts- und Landesbibliothek Münster, N. Schöpper K 33,017

„Kreml": Sitz der Sowjetregierung.

Figur links: Leonid Iljitsch Breschnew, Generalsekretär des Zentralkomitees der KPdSU (Kommunistische Partei der Sowjetunion) zwischen 1964 und 1982.

Figur rechts: Erich Honecker, Generalsekretär des Zentralkomitees der SED zwischen 1971 und 1989 und Staatsratsvorsitzender der DDR von 1976 bis 1989.

Lösungsvorschlag

1 **TIPP** *Anforderungsbereich: II, Verrechnungspunkte: 14*

Der Operator „darstellen" verlangt nach einem gut strukturierten Text, der die wichtigsten Aspekte des Themas übersichtlich veranschaulicht. Im vorliegenden Fall bietet sich eine chronologische Gliederung an, da Sie auf diese Weise Veränderungen und Einschnitte in der amerikanischen Position und Besatzungspolitik besonders gut herausstellen können. Es ist jedoch ebenso möglich, Ihre Ausführungen nach gesellschaftlichen Bereichen (z. B. Politik, Wirtschaft, Medien/Kultur) zu gliedern.

Nach der **bedingungslosen Kapitulation** des Deutschen Reiches am 8. Mai 1945 war die Truman-Regierung zunächst daran interessiert, „**Deutschland als Ganzes**" zu behandeln. Von Plänen zur Umwandlung Deutschlands in einen reinen Agrarstaat („**Morgenthau-Plan**") oder zur Zerstückelung des besiegten Landes hatte man zu diesem Zeitpunkt bereits Abstand genommen. Das weitere Vorgehen sollte in Übereinstimmung mit der Sowjetunion geschehen, um die alliierte Zusammenarbeit im noch andauernden Kampf gegen Japan nicht zu gefährden. Darüber hinaus erforderte die Idee einer neuen Weltordnung gemäß der **Atlantik-Charta** und im Rahmen der **Vereinten Nationen** (im Juni 1945 gegründet) die weitere Kooperation der „unnatürlichen Allianz" des Zweiten Weltkriegs. Dennoch traten schon deutliche **Spannungen und Differenzen** zutage: So waren sich die USA mit Großbritannien einig, dass die Einflusssphäre der UdSSR hinter dem „Eisernen Vorhang" nicht noch mehr wachsen sollte.

Entwicklung der amerikanischen Deutschlandpolitik
bedingungslose Kapitulation, „Deutschland als Ganzes"
Zusammenarbeit mit der Sowjetunion

Im Juni 1945 übernahmen die Alliierten die Regierungsgewalt in Deutschland, im Juli/August 1945 einigten sich die „Großen Drei" (Truman, Stalin, Churchill/Attlee) auf der **Potsdamer Konferenz** auf ein gemeinsames Vorgehen: Deutschland wurde in **vier Besatzungszonen** eingeteilt und von einem Alliierten Kontrollrat regiert, dem die militärischen Oberbefehlshaber aller vier Siegermächte angehörten. Die bisherige deutsche Hauptstadt Berlin lag in der sowjetischen Besatzungszone und wurde in **vier Sektoren** organisiert; die drei Westsektoren bildeten quasi eine „Insel" im sowjetischen Herrschaftsbereich. Zudem einigte man sich mit der **Oder-Neiße-Linie** auf eine „vorläufige" deutsche Ostgrenze. Polen wurde nach Westen verschoben, das nördliche Ostpreußen um Königsberg der UdSSR übergeben. Die endgültige Grenzziehung blieb einem Friedensvertrag vorbehalten. Die deutsche Bevölkerung der früheren Ostgebiete sollte auf humane Weise gen Westen „überführt" werden; de facto handelte es sich aber um umfangreiche Vertreibungen.

Konferenz von Potsdam 1945

Im Umgang mit Deutschland galten die **Grundsätze der „fünf D"**: Demilitarisierung, Denazifizierung, Demokratisierung, Dezentralisierung und Demontagen in Industrie und Infrastruktur. Man wollte den **Nationalsozialismus** mit der Wurzel **ausrotten** und Deutschland dauerhaft daran hindern, erneut zur militärischen Großmacht und Gefahr für seine Nachbarn zu werden. Da die „Anti-Hitler-Koalition" zu diesem Zeitpunkt bereits bröckelte, nahm man in Potsdam einige **Kompromisse** und Mehrdeutigkeiten in Kauf, um überhaupt zu einer Einigung zu gelangen. Das Ergebnis entsetzte z. B. den späteren Architekten der US-Eindämmungspolitik, George F. Kennan, weil er wusste, dass die Sowjetunion unter „Demokratie" etwas völlig anderes verstand als die Westmächte. Bald erwies sich das Vorhaben, Deutschland als Ganzes zu regieren, als **Illusion**, weil die Interessen der Siegermächte zunehmend divergierten und der Alliierte Kontrollrat nur einstimmig Beschlüsse fassen konnte. Deshalb kam es in den einzelnen Zonen zur unterschiedlichen Ausprägung der Besatzungspolitik, die letztlich in die **deutsche Teilung** mündete.

Die Amerikaner errichteten ihr Hauptquartier in Frankfurt am Main. Im Umgang mit der einheimischen Bevölkerung wurden US-Soldaten und -Verwaltungskräfte zunächst angehalten, sich gegenüber den Deutschen **distanziert** zu verhalten („**no fraternization**") und sich von deren Elend nicht beeindrucken zu lassen: Es handle sich fast durchweg um Nationalsozialisten, die die grausamsten Verbrechen der Menschheitsgeschichte zu verantworten hätten. Die **Entnazifizierung** versuchten die USA in ihrer Zone anhand eines detaillierten Fragebogens mit 131 Fragen durchzuführen. Zudem wollte man mithilfe „**weißer Listen**" und deutscher Exilanten, die im Dienst der US-Army zurückgekehrt waren, die Verwaltung in unbelastete Hände legen. Auch führte man „**Reeducation**"-Programme im Bildungs- und Kulturbereich durch, förderte demokratische Aktivitäten (Gründung von Parteien, erste Landtagswahlen 1946) und erlaubte die Arbeit von Presse und Rundfunk. Besonders konzentrierte man sich auf den **Prozess gegen die Hauptkriegsverbrecher** in Nürnberg, der „Stadt der Reichsparteitage", die in der US-Zone lag. Im Herbst 1946 wurden die Urteile gegen 24 Vertreter der NS-Führung sowie sechs NS-Organisationen gefällt. Insgesamt zeigte sich jedoch bald, dass eine umfassende, konsequente Entnazifizierung schwierig war: So hätten Hunderttausende belastete Deutsche ihrer Funktionen enthoben werden müssen; auch hatte man sich mit der Auswertung der Fragebögen übernommen, weshalb die Kriterien für deren Auswertung pragmatisch entschärft wurden.

Im September 1946 bahnte sich eine **Wende in der amerikanischen Besatzungspolitik** an, als US-Außenminister James F. Byrnes in Stuttgart ankündigte, die zonalen Beschränkungen des deutschen

Besatzungspolitik in der amerikanischen Zone
– Entnazifizierung und Neubeginn des politischen Lebens

– wirtschaftliche Förderung, Bizone

Wirtschaftsraums abbauen und dem deutschen Volk die Regierung zurückgeben zu wollen. Da sich die UdSSR und Frankreich derartigen Plänen verweigerten, wurde am 2. Dezember 1946 die **amerikanisch-britische Bizone** vereinbart. Deren Wirtschaftsrat bildete eine Art Parlament aus Ländervertretern und eine Art Regierung aus Verwaltungsdirektoren und nahm damit den inneren Aufbau der späteren Bundesrepublik vorweg. Im Frühjahr 1949 wurde die Bizone durch die französische Besatzungszone zur **Trizone** erweitert.

– Eindämmungspolitik und Marshallplan

Die definitive Spaltung des deutschen Wirtschaftsraums erfolgte vor dem Hintergrund der Differenzen zwischen der Sowjetunion und den USA, die sich ab **1947** als feindliche Mächte im **Kalten Krieg** verstanden. Aus amerikanischer Sicht galt es, den Vormarsch des Sowjetkommunismus zu stoppen, der sich bereits hinter dem „Eisernen Vorhang" vollzogen hatte und nun die Entwicklung auf dem Balkan und im griechischen Bürgerkrieg zu beeinflussen drohte. Präsident Harry S. Truman betrieb jetzt die von Kennan konzipierte **Eindämmungspolitik** („Containment"), nicht zuletzt mit den wirtschaftlich-finanziellen Hilfen des **Marshallplans:** Das „European Recovery Program" (ERP) stellte u. a Kredite zum wirtschaftlichen Wiederaufbau und zur Wiederbelebung des europäischen und transatlantischen Handels zur Verfügung. Das Angebot war an alle europäischen Staaten gerichtet, obwohl klar war, dass die UdSSR eine Beteiligung der Länder in ihrem Herrschaftsbereich verhindern würde. Das ERP hielt zwar nur zehn Prozent der Mittel für die Westzonen bzw. später für die 1949 gegründete Bundesrepublik bereit, wirkte aber in mehrfacher Hinsicht als wichtige Initialzündung: Es band die westdeutsche Wirtschaft in den europäischen Kontext ein, ermöglichte den Handel mit den USA und machte klar, dass Westdeutschland wieder als **Teil der Weltgemeinschaft** angesehen wurde, was in psychologischer Hinsicht äußerst bedeutsam war.

– Währungsreform, Berlin-Blockade und „Luftbrücke"

Mit der **Währungsreform** am 20. Juni 1948, die die USA praktisch im Alleingang vorbereitet hatten, und der Einführung einer stabilen Währung (Deutsche Mark) im Westen wurden im Hinblick auf den wirtschaftlichen Aufschwung und die deutsche Teilung wesentliche Fakten geschaffen. Als die Sowjetunion auf diesen Schritt reagierte und Westberlin von der Außenwelt abschnitt **(Berlin-Blockade)**, konterten die USA und Großbritannien dieses Vorgehen durch eine „**Luftbrücke**", die Westberlin mit allen lebensnotwendigen Gütern versorgte, mit Erfolg: Nach fast einem Jahr wurden die Transportwege zu Lande wieder geöffnet. Die **Präsenz der Westmächte** und die **Bindung Westberlins an die Westzonen** wurden bestätigt. Nun wurden die Amerikaner nicht mehr nur als Besatzer, sondern als **Verbündete** und mitunter sogar **Freunde** wahrgenommen.

Mit den **drei „Frankfurter Dokumenten"** erteilten die westlichen Militärgouverneure den Ministerpräsidenten der westdeutschen Länder schließlich im Juli 1948 den Auftrag, eine Staatsgründung in den Westzonen vorzubereiten. Daraufhin erarbeitete der Parlamentarische Rat das **Grundgesetz der Bundesrepublik Deutschland**, das am 23. Mai 1949 nach der Zustimmung der Westmächte verkündet wurde. Die künftigen Beziehungen zwischen Westdeutschland und den Westalliierten wurden im **Besatzungsstatut** festgehalten, das im September 1949 in Kraft trat.

– Auftrag und Zustimmung zur westdeutschen Staatsgründung

Zusammenfassend kann man die **US-Deutschlandpolitik** zwischen dem Kriegsende **1945** und der Gründung der Bundesrepublik **1949** in **drei Phasen** einteilen:

Zusammenfassung

– 1945/46 übten die vier alliierten Siegermächte gemeinsam die absolute **Kontrolle über Deutschland** aus und schalteten ihren früheren Kriegsgegner als Machtfaktor aus.
– 1946/47 ging man in der US-Zone schon differenzierter und pragmatischer mit NS-Tätern und der restlichen Bevölkerung um und baute **in der Bizone politisch-wirtschaftliche Strukturen** nach westlich-liberalem Vorbild auf.
– 1947–1949 verschärften sich die Differenzen mit der UdSSR. Im Rahmen der **Eindämmungspolitik** wurde der Westen Deutschlands zum Brückenkopf und künftigen Bündnispartner im **Kalten Krieg** aufgebaut.

2

TIPP Anforderungsbereich: II, Verrechnungspunkte: 14

„Analysieren" bedeutet, die Tabelle M 1 mit Wirtschaftsdaten der frühen Bundesrepublik systematisch zu untersuchen und auszuwerten. Beginnen Sie mit den formalen Aspekten und führen Sie dabei Besonderheiten der Quellenart „Statistik" auf (z. B. Zahlenformate, Zeitachse). Die inhaltliche Betrachtung führt dann zur Einordnung in den historischen Zusammenhang des „Wirtschaftswunders".

Die **Statistik** „Ausgewählte Wirtschaftsdaten für die Bundesrepublik Deutschland 1950–1960" stammt aus dem Werk „Deutsche Wirtschaftspolitik" von **Ludwig Erhard**, das 1992 neu aufgelegt wurde. Somit war es der „**Vater der Sozialen Marktwirtschaft**" selbst, der für die Auswahl der Daten verantwortlich zeichnete. Da er als Leiter des Wirtschaftsrats der Bizone sowie Wirtschaftsminister und Bundeskanzler der Bundesrepublik den politisch-wirtschaftlichen **Wiederaufbau Westdeutschlands** maßgeblich geprägt hat, hatte er **wesentlichen Einblick** in diese Thematik. Allerdings lassen

Vorstellung von M 1

sich daraus durchaus Fragen nach der **Objektivität** der Auswahlkriterien ableiten, zumal keine Angaben zur ursprünglichen Herkunft der Daten vorliegen. Es ist jedoch zu vermuten, dass die Zahlen ursprünglich aus einer amtlichen Statistik stammen.

Die Darstellung der Inhalte ist übersichtlich in absoluten Zahlen, Prozentzahlen bzw. Indexwerten gestaltet, wobei die Daten zu **fünf** wirtschaftlich relevanten **Kategorien** in **Zweijahresschritten** aufgeführt werden. Insbesondere die Indexwerte, die den Ausgangswert des Jahres 1950 jeweils mit 100 ansetzen, verdeutlichen sehr gut die **Dynamik der Wirtschaftsentwicklung** des Jahrzehnts bis 1960.

Im Einzelnen ergeben sich folgende Aussagen: Die **Bruttolöhne und -gehälter** verdoppelten sich im dargestellten Zeitraum. Das **Bruttoinlandsprodukt** (BIP) als zentraler Wohlstandsindikator vergrößerte sich um rund zwei Drittel. Die **Lebenshaltungskosten** stiegen um etwa ein Fünftel. In diesen drei Fällen ist eine kontinuierliche Steigerung zu beobachten, mit einer Ausnahme bei den Lebenshaltungskosten, die 1952–1954 kurzzeitig leicht abnahmen. Bei der **Summe der abhängig Beschäftigten** zeigt sich ein deutlicher Anstieg um ca. 6 Millionen über den Betrachtungszeitraum hinweg. Die **Zahl der Arbeitslosen** ging dagegen um über eine Million stark zurück, wodurch sich die **Arbeitslosenquote** auf etwa ein Zehntel des Ausgangswerts reduziert.

Inhalte von M 1
Bruttolöhne und -gehälter, BIP, Lebenshaltungskosten

Anzahl der Beschäftigten, Arbeitslosigkeit

Setzt man die Zahlenreihen zueinander in Beziehung, ergibt sich folgendes Bild: Die Wirtschaft der noch jungen Bundesrepublik zeichnete sich durch ein **hohes Wirtschaftswachstum** aus. Zwar stiegen die Lebenshaltungskosten bis 1960; da die Bruttolöhne aber stärker zunahmen, hatten die abhängig Beschäftigten mehr von ihrem Lohn bzw. Gehalt übrig, sodass sich der **allgemeine Wohlstand erhöhte**. Addiert man die absoluten Zahlen der abhängig Beschäftigten und der Arbeitslosen, so stellt man fest, dass sich das **Arbeitskräftepotenzial** 1950–1960 von 15,4 Millionen auf etwa 20 Millionen erweitert hat. 1960 wurde es fast völlig ausgeschöpft, da nur eine geringfügige Arbeitslosigkeit von 0,235 Millionen (1,2 %) und somit quasi **Vollbeschäftigung** bestand.

Zwischenergebnis

Diese erstaunlichen Zahlen sind **Ausdruck des „Wirtschaftswunders" der frühen Bundesrepublik**, das durch mehrere Faktoren bedingt war. Nach der Kriegsniederlage 1945 wurden während der **Besatzungszeit** wesentliche Voraussetzungen für den wirtschaftlichen Wiederaufbau in den Westzonen geschaffen. Als historisch bedeutsam erwiesen sich der **Marshallplan** 1947, die **Währungsreform** 1948 und die Entscheidung für die **Soziale Marktwirtschaft** (Verbindung des freien Marktes mit sozialen Maßnahmen), was eine

Einordnung in den historischen Kontext

ungeheure wirtschaftliche Dynamik in Gang setzte. Trotz der Kriegsverluste und alliierten Demontagen waren noch genug Arbeitskräfte, Kapital und Nachfrage vorhanden. Auch konnten sich die Kräfte des Marktes nach dem Ende der staatlichen Bewirtschaftung frei entfalten. In der in M 1 betrachteten Zeitspanne wirkte der „**Korea-Boom**" als zusätzlicher Beschleunigungsfaktor, da während des Koreakriegs (1950–1953) eine weltweit starke Nachfrage nach Eisen- und Stahlprodukten entstand. Produktionsbeschränkungen wurden aufgehoben, sodass westdeutsche Anbieter ihre Waren auf dem Weltmarkt verkaufen konnten. Die Wirtschaft der Bundesrepublik profitierte zudem davon, dass beschädigte oder demontierte Industrieanlagen durch neue, produktivere ersetzt wurden. In **demografischer Hinsicht** ist der massenhafte Zuzug von **Flüchtlingen und Vertriebenen** aus dem Osten (ehemalige Ostgebiete des Deutschen Reiches, SBZ/DDR) zu nennen. Die Neuankömmlinge waren oft gut ausgebildet und arbeitswillig, vergrößerten das Humankapital der Bundesrepublik und trugen zum „Wirtschaftswunder" bei. Angesichts des **enormen Wirtschaftswachstums** ist darüber hinaus anzumerken, dass man in einem vom Krieg zerstörten Land auf niedrigem wirtschaftlichem Niveau begann: Die Wachstumsraten waren zuerst sehr hoch, da sich ein absoluter Zuwachs grundsätzlich prozentual stärker auswirkt, wenn die Ausgangswerte kleiner sind.

An der Statistik M 1 zeigt sich, dass die „abhängig Beschäftigten" **vom Wirtschaftsaufschwung** im ersten Jahrzehnt der Bundesrepublik **profitierten**, da sie mehr Einkommen zur Verfügung hatten und sich somit mehr leisten konnten. Erhards Parole vom „**Wohlstand für alle**" war also keine leere Floskel. Kritisch anzumerken ist aber, dass die dargestellten Werte nichts über die Lage der übrigen Bevölkerung (u. a. Selbstständige, Freiberufler, Beamte, nicht berufstätige Frauen) aussagen und auch keine Rückschlüsse über die **Verteilungsgerechtigkeit des „Wirtschaftswunders"** erlauben.

Fazit

3 **TIPP** *Anforderungsbereich: III, Verrechnungspunkte: 16*

„Überprüfen" ist ein Operator des AFB III, der von Ihnen ein differenziertes eigenes Urteil zur Fragestellung verlangt. Klären Sie vorab die Schlüsselbegriffe „Außerparlamentarische Opposition" und „nachhaltig". Anschließend können Sie Ihre Argumente auf unterschiedliche Weise gliedern: So ist es möglich, die Themen der APO (u. a. Vergangenheitsbewältigung, Frieden, Bildung) einzeln auf Pro und Kontra zu überprüfen. Wie das folgende Beispiel zeigt, lässt sich aber auch in Blöcken zusammenfassen, ob/wo die APO auf Dauer erfolgreich gewesen oder gescheitert ist. Ihre Bewertung sollte in jedem Fall nachvollziehbar und klar aus Ihren Ausführungen hervorgehen.

Wenn von der „**Außerparlamentarischen Opposition**" (APO) der Bundesrepublik die Rede ist, geht es um eine Protestbewegung, die sich gegen Ende der 1960er-Jahre, v. a. zur Zeit der Großen Koalition (1966–1969) bildete, als im Deutschen Bundestag durch die überwältigende Mehrheit von CDU/CSU und SPD **keine nennenswerte parlamentarische Opposition** mehr vorhanden war. Sie wurde klar durch die **junge Generation der Schüler und Studenten** geprägt, die gegen die damalige Bundespolitik (v. a. Notstandsgesetze) protestierte und sich lautstark für die Entfernung ehemaliger Nationalsozialisten aus Führungspositionen, die Aufarbeitung der NS-Vergangenheit, Bildungsreformen, das Recht auf Abtreibung oder die Belange der „Dritten Welt" einsetzte. Diese Bewegung war nicht nur ein **bundesrepublikanisches Phänomen**, sondern Teil einer **weltumspannenden Protestkultur**, die ihren wesentlichen Kristallisationspunkt in der Ablehnung des Vietnamkriegs der USA hatte.

Einleitung
Begriff „Außerparlamentarische Opposition"

An und für sich waren außerparlamentarische Aktivitäten und Proteste in der Bundesrepublik **nichts gänzlich Neues** (z. B. Ostermarsch-Bewegung gegen Aufrüstung und Atomkraft, Aufruf der Göttinger Wissenschaftler gegen atomare Bewaffnung 1957). Von einer „Außerparlamentarischen Opposition" **mit größerer Massenwirkung** lässt sich aber erst ab 1967 sprechen, als es in Westberlin zu heftigen Demonstrationen gegen den Besuch des Schahs von Persien kam und der Student Benno Ohnesorg erschossen wurde. In der Folge eskalierten die Proteste und flammten in den 1970er-Jahren erneut auf. Das Ende der Bewegung im weiteren Sinne könnte man mit der Gründung der Partei „Die Grünen" 1980 und deren Einzug in den Bundestag 1983 ansetzen, was letztlich zur Parlamentarisierung speziell der Umwelt- und Friedensbewegung führte.

Auch der Begriff der „**Nachhaltigkeit**" verlangt nach einer Klärung. Hierzu könnte man sagen, dass durch die APO grundlegende und die Gesellschaft wesentlich prägende Veränderungen über einen längeren Zeitraum (z. B. eine Generation) bewirkt worden sein müssten, um als nachhaltig zu gelten.

Begriff „Nachhaltigkeit"

Als **Ansatzpunkte für die Überprüfung** der Fragestellung, ob die APO erfolgreich gewesen ist und die Bundesrepublik nachhaltig verändert hat, bieten sich die **Formen des Protests** und die konkreten **Inhalte der Bewegung** (Ziele, Forderungen) an. Einleitend lässt sich festhalten, dass sich die „68er" in ihrem Auftreten und Erscheinungsbild sowie durch **neuartige Protestformen** deutlich von der Elterngeneration abhoben: So trugen sie z. B. lange Haare und provozierten die etablierten Autoritäten und Ordnungskräfte mit „Sit-ins", Institutsbesetzungen und „Happenings". Auch die **Themen**, denen sich die APO widmete, wurden rasch vielfältiger: So kamen u. a. der

Überprüfung
Ansatzpunkte für die Überprüfung

Widerstand gegen die Notstandsgesetze, die Forderung nach der Aufarbeitung der NS-Vergangenheit und der Einsatz für Frauen- und Homosexuellenrechte, Umweltthemen, Abrüstung und Frieden auf die Tagesordnung.

Inwiefern hat es die APO geschafft, die Bundesrepublik **nachhaltig zu prägen**? Vordergründig betrachtet gelang es oftmals **nicht**, die eigenen Vorstellungen und konkreten Forderungen **durchzusetzen**. So wurden die Notstandsgesetze trotz Widerstand verabschiedet und existieren bis heute. Die Abtreibung blieb auch nach der Reform des Paragrafen 218 im Grundsatz strafbar. Und das atomare Wettrüsten, das im Zusammenhang mit den Anti-Vietnamkrieg-Demonstrationen angeprangert wurde, ließ sich nicht aufhalten, was später angesichts des NATO-Doppelbeschlusses (1979) zu den bis dato größten Massendemonstrationen der Bundesrepublik (z. B. Hofgarten Bonn 1981, Menschenkette Neu-Ulm-Stuttgart 1983) führen sollte. Hier sorgte erst die allgemeine Entspannung durch das Ende des Kalten Kriegs 1989/90 für Veränderung.

einerseits:
– fehlende Erfolge bei konkreten Forderungen

Darüber hinaus ist anzumerken, dass die APO und die „68er" selbst immer mehr **zerfielen** und aufgrund zunehmender Radikalisierung viele Menschen **abschreckten**, was der Umsetzung ihrer Ziele nicht diente. Nach der Auflösung des Sozialistischen Studentenbundes 1970 teilte sich die Studentenbewegung in sektiererische, stark vom Marxismus inspirierte Kleingruppen, die auf die „revolutionäre Arbeiterklasse" setzten und sich am Sozialismus der Sowjetunion und Chinas orientierten. Damals entstand auch die **Rote Armee Fraktion**, die den Staat im Untergrund mit Waffengewalt bekämpfte. Die eher kleinbürgerlich orientierten Arbeiter und Angestellten der Bundesrepublik wollten mit den Protesten und den marxistischen Ideen der bildungsbürgerlichen Jugend sowie dem Terrorismus der RAF nichts zu tun haben und verweigerten die Solidarisierung.

– Spaltung und Radikalisierung, fehlende Massenbasis

Dass man die **These von einer „nachhaltigen Veränderung" der Bundesrepublik** durch die APO dennoch nicht von der Hand weisen kann, liegt an der oft eher schleichenden, indirekten bzw. **langfristigen Wirkung** der Proteste. Die APO und die „68er" hatten gesellschaftliche Defizite aufgezeigt, die nicht länger übersehen werden konnten. So trieben sie die umfassendere **Aufarbeitung der NS-Vergangenheit** voran, die ein paar Jahre zuvor durch die Auschwitz-Prozesse angestoßen worden war, und fragten gezielt nach der Rolle und Verantwortung der Elterngeneration. Diese Auseinandersetzung dauert bis heute an. Weitere Anliegen beeinflussten die Innen- und Außenpolitik der **Sozialliberalen Regierungen** ab 1969, was zur besseren Unterstützung von Studenten (BAFöG), zur Senkung des Wahlalters und zu Rechtsreformen (z. B. Straf-, Scheidungsrecht)

andererseits:
– langfristige Wirkung der Proteste

führte und Impulse für die Neue Ostpolitik gab. Insgesamt wurden wichtige politische Themen diskutiert und der bestehende **Reformstau abgearbeitet.**

Zudem hat die APO nicht nur **neue Formen des Protests** in den politischen Alltag eingeführt, die teils noch heute angewandt werden, sondern auch das **gesellschaftliche Klima** der Bundesrepublik durch neue Lebensformen (z. B. Kommunen, Wohngemeinschaften, „freie Liebe") **grundlegend und dauerhaft verändert**, sodass man sogar von einer „Silent Revolution" sprechen kann. Die Gegenkultur zum damaligen konservativen Establishment orientierte sich u. a. an der amerikanischen Hippiebewegung und erkämpfte in der Auseinandersetzung mit der Kriegsgeneration die Abwendung von autoritären Mustern (z. B. „antiautoritäre Erziehung"). Die allgemeine Einstellung der westdeutschen Bevölkerung wandelte sich innerhalb von rund zwanzig Jahren; zu den Folgen gehörten die freiere und individuellere Gestaltung der Lebensentwürfe, eine postmaterielle Wertorientierung und das hedonistische Streben nach privatem Glück.

Dazu kam, dass sich das Engagement der durch die „68er" geprägten APO besonders in den Umwelt-, Friedens-, Anti-Atomkraft-, Frauen- und Menschenrechtsbewegungen der 1980er-Jahre **fortsetzte**. Zudem legten **Protagonisten** wie Joschka Fischer den angekündigten „Gang durch die Institutionen" sogar bis in höchste Staatsämter zurück. Gerade im Umweltbereich kam es zur Bildung zahlreicher Bürgerinitiativen; diese verschwanden zwar oft schnell wieder, jedoch blieb die prinzipielle Bereitschaft und Befähigung zur **Selbstorganisation** erhalten und ist seitdem aus dem öffentlichen Leben nicht mehr wegzudenken.

– Einfluss auf spätere Bewegungen, Rolle einzelner Protagonisten

Man kann zusammenfassend sagen, dass sich hinter dem **vordergründigen Scheitern der APO** ein **langfristiger Sieg** verbirgt, da sie wichtige Themen dauerhaft auf die Tagesordnung gebracht, politisches Engagement an der Basis gefördert und eine deutliche Liberalisierung der Gesellschaft bewirkt hat. Wie nachhaltig persönliche Lebensprinzipien wie Hedonismus und Individualismus die Gesellschaft noch beeinflussen werden, wird die Zukunft zeigen.

Fazit

---

4 **TIPP** Anforderungsbereich: II, Verrechnungspunkte: 16

Der Operator „analysieren" bezieht sich auf den Text M 2, den Sie strukturiert beschreiben sollten: Stellen Sie die formalen Merkmale, den Textzusammenhang, den Inhalt und die sprachlichen Mittel vor. Das Vergleichsmaterial ist die Karikatur M 3: Verbalisieren Sie zuerst deren Kernaussagen, bevor Sie die Unterschiede zwischen beiden Quellen herausarbeiten und ein Fazit formulieren.

Bei **M 2** handelt es sich um eine **offizielle Festrede** von SED-Generalsekretär **Erich Honecker**, die dieser anlässlich des 30. Jahrestags der DDR am **7. Oktober 1979** in **Ostberlin** gehalten hat. Adressaten waren die bei den Feierlichkeiten anwesenden Gäste („Freunde und Genossen", Z. 1) sowie die gesamte **Öffentlichkeit** in der DDR, aber auch darüber hinaus. Honecker thematisiert die seiner Ansicht nach wesentlichen **Errungenschaften und** bisherigen **Erfolge der DDR**, deren Gründung 30 Jahre zuvor er zu einem „Wendepunkt in der Geschichte unseres Volkes und Europas" (Z. 3 f.) deklariert.

Analyse von M 2
formale Merkmale und Thema

Zu Beginn der Ansprache betont der Redner, dass mit der DDR auf deutschem Boden erstmals ein klassenloser Staat der „Arbeiter und Bauern" (Z. 5) geschaffen worden sei, in dem Kapitalismus, Militarismus, Imperialismus und Revanchismus völlig überwunden worden seien und das „**Volk der wahre Souverän**" (Z. 8) sei. Man habe **umfassende Freiheiten und Menschenrechte**, v. a. soziale Grundrechte (z. B. auf Arbeit und Bildung) im Rahmen einer „sozialistische[n] Demokratie" (Z. 16) verwirklicht. Die DDR habe sich im „unzerstörbare[n] Bündnis mit der Sowjetunion" (Z. 17) politisch-wirtschaftlich immer weiter entwickelt und sei zu einem **international angesehenen Staat** geworden.

Kernaussagen der Rede
– bisherige Leistungen der DDR

Anschließend hebt Honecker besonders hervor, dass der Sozialismus auch moralisch-geistig gewirkt und einen „**neue[n] Mensch[en]**" (Z. 24) geschaffen habe, in dem sozialistische Ideale und Werte wie „proletarischer Internationalismus" (Z. 25), Völkerverständigung und „antiimperialistisch[e] Solidarität" (Z. 26) fest verwurzelt seien. Im Schlussteil von M 2 betont er den entschlossenen **Einsatz der DDR für den Frieden**, wozu man sich wegen der deutschen Vergangenheit verpflichtet fühle und wodurch man sich klar vom „aggressiven Ungeis[t]" (Z. 37) des westlichen Imperialismus abgrenze.

– sozialistisches Menschenbild

Besondere sprachliche Mittel, die in der Rede verwendet wurden, sind Übertreibungen, drastische Vergleiche und Bilder, z. B. „kapitalistische Ausbeuter" (Z. 5), „mit Stumpf und Stiel beseitigt" (Z. 6), „Springquellen des gesellschaftlichen Reichtums" (Z. 10), „das geistige Antlitz unseres Volkes" (Z. 23) sowie „Quelle des Krieges" (Z. 37). Dies soll den hohen Anspruch und Wert, den Honecker der DDR im Vergleich zum kapitalistischen Westen zuschreibt, veranschaulichen. Zudem ist M 2 stark durch die formelhafte **marxistisch-leninistische Sprache**, wie sie auch die Vertreter der SED verwendeten, geprägt, u. a. durch Formulierungen wie „Klassenprivilegien" (Z. 7), „Arbeiter-und-Bauern-Macht" (Z. 12), „Bruderländ[er]" (Z. 17 f.) oder die Gegenüberstellung von „proletarische[m] Internationalismus" (Z. 25) und westlichem „Imperialismus" (Z. 40). Dies gehörte zum festen Repertoire offizieller Texte. Durch die ständige

sprachliche Mittel

Bezugnahme auf den aggressiv-kapitalistischen Westen und die besondere **Betonung sozialistischer Errungenschaften** (z. B. Z. 13: „Recht auf Arbeit"; Z. 14: „soziale Sicherheit") sollten die vermeintlichen Leistungen der vergangenen Jahrzehnte hervorgehoben und die DDR vom angeblich unsozialen Westen abgegrenzt werden.

In Wirklichkeit waren die ersten Jahrzehnte der DDR von ökonomischen **Schwierigkeiten** und einer zunehmenden **Unzufriedenheit** der Bevölkerung geprägt, die eine Verbesserung der wirtschaftlichen Verhältnisse und politische Freiheiten einforderte (v. a. beim Volksaufstand vom 17. Juni 1953). Nachdem man allerdings der Flucht in den Westen durch den Mauerbau 1961 ein Ende gesetzt hatte, konnte sich die DDR tatsächlich **stabilisieren**. Nachdem Honecker ab 1971 die wichtigsten Partei- und Staatsämter übernommen hatte (u. a. SED-Generalsekretär), erreichte der ostdeutsche Staat die **internationale Anerkennung** (z. B. Aufnahme in die UNO 1973) und eine deutliche **Steigerung des Lebensstandards** infolge der neuen „Einheit von Wirtschafts- und Sozialpolitik". Konsumgüter waren jetzt leichter zugänglich, der Sozialstaat wurde ausgebaut, Löhne wurden erhöht, Wohnungen gebaut und Preise stark subventioniert.

Einordnung in den historischen Kontext

Die **Menschenrechtslage** verbesserte sich jedoch nicht, auch wenn sich die DDR dazu im Rahmen des KSZE-Prozesses bereit erklärt hatte. Der **staatliche Überwachungs- und Bespitzelungsapparat** des Ministeriums für Staatssicherheit („**Stasi**") wurde in der Ära Honecker unter der Leitung von Erich Mielke verdoppelt. Auch die außenpolitische **Abhängigkeit von der Sowjetunion** unter KPdSU-Generalsekretär Breschnew und den „Bruderländern" (Z. 17 f.) des Warschauer Pakts war weiterhin prägend. Wie sich außerdem in den 1980er-Jahren herausstellen sollte, hatte die DDR weit über ihre Verhältnisse gelebt und war hoch verschuldet, weil die **Produktivität** der sozialistischen Wirtschaft auf niedrigem Niveau **stagnierte**. Nicht nur angesichts der enormen Umweltzerstörungen mutet die Formulierung, es habe nie einen deutschen Staat gegeben, „in dem das Volk so frei atmen" (Z. 9 f.) konnte, geradezu zynisch an.

Honeckers **Eigenlob** dient der **Legitimierung der SED-Herrschaft** in Abgrenzung zum Westen, dem ständige Aggressionsbereitschaft unterstellt wird. Die Rede appelliert an die Bevölkerung, den mit der Gründung der DDR 30 Jahre zuvor eingeschlagenen Weg fortzusetzen, da die Alternative zu Frieden und Wohlstand letztlich Krieg und soziale Unsicherheit seien. Der SED-Generalsekretär berücksichtigt nur die angeblichen Erfolge und blendet negative Sachverhalte wie die enorme Verschuldung, die zunehmende Überwachung und die mangelnde Gewährung der Freiheitsrechte konsequent aus.

Intention

Die **Karikatur M 3** stammt von Rudolf **Schöpper** und wurde zwei Tage vor M 2 am **5. Oktober 1979** in den „Westfälischen Nachrichten" (Münster) veröffentlicht, ist also **in Westdeutschland** entstanden und erschienen. Sie behandelt zwar auch das **30-jährige Jubiläum** und Bestehen der DDR, wirft aber ein gänzlich anderes Licht auf den ostdeutschen Staat.	**Vergleich M 2 und M 3** Vorstellung von M 3

Man erkennt eine Szene, die sich „**über den Wolken**", fern von den Geschehnissen auf dem Boden, auf einem **Wachturm** abspielt: Dort haben sich der Generalsekretär der KPdSU, Leonid **Breschnew**, und sein ostdeutsches Pendant Erich **Honecker** zu einer privaten Feier getroffen. Die beiden reichen sich die Hand und prosten sich mit Wodka zu, wobei Breschnew – unrasiert, mit Hut und einer Zigarre im Mund – eher dem Klischee eines mächtigen Bauunternehmers oder Mafiabosses entspricht, während Honecker mit Uniformmütze, Krawatte und kurzen Hosen schon fast wie ein Musterschüler wirkt. Die Plakate mit dem DDR-Staatswappen (Ährenkranz, Hammer, Zirkel) und den Aufschriften „30 Jahre" und „DDR" machen deutlich, dass der Turm den **ostdeutschen Staat** symbolisiert. Die noch unfertigen Mauerzinnen und die Maurerkelle könnten dabei auf die Berliner Mauer anspielen, die die Menschen in der DDR seit 1961 endgültig wie in einem Gefängnis – verbildlicht durch die Gitterstäbe an den Fenstern und die Maschinenpistole – einsperrte. Ein Blumenstrauß als weiteres Symbol für die Festlichkeiten lässt die DDR dabei wie ein **geschmücktes Gefängnis** wirken. Links hinter dem Turm steht ein etwas schiefer Baukran. Durch die Aufschrift „Kreml", die Architektur, die an den „Zuckerbäckerstil" erinnert, sowie die sowjetischen Machtinsignien (Sowjetstern, Hammer und Sichel) ist die Unterstützung der DDR durch den „**großen Bruder**" **in Moskau** erkennbar.

Die Karikatur wendet sich in erster Linie an eine **bundesdeutsche Öffentlichkeit**, in der die DDR überwiegend **kritisch** gesehen wurde. Der Karikaturist ist ein außenstehender Betrachter aus dem Westen, während der Autor von M 2, Erich Honecker, als maßgeblicher Politiker der DDR und somit zentraler Akteur auf das Ereignis blickt.	Vergleich – Perspektive
Auch wenn das **grundlegende Thema** von M 2 und M 3 **gleich** ist, gibt es wesentliche **inhaltliche Unterschiede**. Zunächst sind hier die **Bezeichnung bzw. Art** der Veranstaltung, also **der Feierlichkeiten** zum 30-jährigen Bestehen, zu nennen, die schon erste Rückschlüsse auf das jeweilige Bild der DDR zulassen. Die Karikatur M 3 trägt den Titel „**Firmenjubiläum**" und stellt auch etwas Derartiges dar, wenn auch unter skurrilen Umständen stattfindend: Breschnew wirkt wie der Firmenchef, der seinem fleißigen Filialleiter zu seiner erfolgreichen Arbeit gratuliert. In der Rede M 2 bezieht Honecker dagegen	– Darstellung der Feierlichkeiten und der DDR

die „**Freunde und Genossen**" (Z. 1) mit ein, wodurch die Veranstaltung weniger exklusiv wirkt. Dabei überhöht er die Gründung der DDR 30 Jahre zuvor als „Wendepunkt in der Geschichte" (Z. 3) und spricht von der „Arbeiter-und-Bauern-Macht" (Z. 12) und „unserer Deutschen Demokratischen Republik" (Z. 31).

Auch das **grundsätzliche Bild**, das von **der DDR** gezeichnet wird, unterscheidet sich deutlich. Der ostdeutsche Staat wird in der Karikatur als eine Art **Wachturm mit Gefängnis** abgebildet; die eigene Bevölkerung, die weit von der DDR-Führung entfernt ist, kann nur mit Waffengewalt, Mauern und Gitterstäben sowie mit Unterstützung der Sowjetunion unter Kontrolle gehalten werden. In der Rede dagegen wird die DDR als ein **Paradies** der Freiheit, der Menschenrechte und der „sozialistische[n] Demokratie" (Z. 16) beschrieben, in dem „das Volk der wahre Souverän" (Z. 8) sei und sich in den Staat einbringen könne.

Eine große Differenz zeigt auch das **Bild der Sowjetunion**. In der Karikatur wird die Beziehung zwischen der DDR und der UdSSR auf der abgehobenen Ebene der Herrschenden dargestellt, die sich weit weg von der Bevölkerung zu einer Art Umtrunk treffen, wobei Breschnew den unseriösen Eindruck eines „Bosses" macht, dem der kleine „Angestellte" Honecker **zu Untergebenheit und Dankbarkeit verpflichtet** ist. Der Kran deutet an, dass die Errichtung und der weitere Aufbau des „Wachturms DDR" immer noch von der Sowjetunion **abhängig** sind. In M 2 spricht Honecker dagegen von einem „unzerstörbare[n] Bündnis" (Z. 17), unter dessen Schutz sich die DDR entwickeln und der „neue Mensch" (Z. 24) im Sozialismus entstehen konnte. Im **Verhältnis zum Ostblock** ist von den „**Bruderländern**" (Z. 17 f.) und an keiner Stelle von Dominanz die Rede.

– Darstellung der Beziehungen zur Sowjetunion

Die **Inhalte und Intentionen** der zwei Materialien, die beide anlässlich des 30-jährigen Jubiläums der DDR entstanden sind, könnten kaum **unterschiedlicher** sein: Während die ostdeutsche Führung in Person von Honecker die DDR – trotz aller tatsächlich vorhandenen Probleme – als **erfolgreiches Novum** der deutschen Geschichte **lobt und feiert**, **entlarvt** die im Westen entstandene Karikatur die DDR mit einfachen Mitteln als **Satellitenstaat der UdSSR**, der ohne sowjetische Hilfe, Mauer und Schießbefehl keinen Bestand hätte, da er völlig den Kontakt zur Bevölkerung verloren habe und sich deshalb auf deren Zustimmung nicht verlassen könne.

Fazit

Baden-Württemberg Geschichte
Schriftliche Abiturprüfung 2023 ▪ Aufgabe I A

WEGE IN DIE MODERNE
(1) Begriff der Modernisierung; (2) Voraussetzungen und Verlauf der europäischen Industrialisierung; (5) Auswirkungen der Industrialisierung auf die europäischen Gesellschaften; (7) Erscheinungsformen der Moderne um die Jahrhundertwende; (9) Migration als Folge der Industrialisierung

Aufgabenstellung

1 *Die Agrarrevolution war die entscheidende Voraussetzung der Industrialisierung Englands.* Überprüfen Sie diese These.

2 Analysieren Sie M 1.

3 Analysieren Sie M 2 und vergleichen Sie M 2 mit M 3.

4 Erläutern Sie an drei Beispielen, wie die Moderne um 1900 die Lebenswelt der Menschen verändert hat.

M1 „Über den Einfluss der heutigen Verkehrsmittel", aus einem Aufsatz von Gustav Friedrich von Schmoller, 1873

Gustav Friedrich von Schmoller (1838–1917) war ein deutscher Ökonom und Sozialwissenschaftler.

Die erste größere Eisenbahnlinie, die von Manchester nach Liverpool, wurde im Jahre 1830 eröffnet. Im ganzen preußischen Staate existierten 1840 17 Meilen[1] Bahn. […] Im Jahre 1850 hatte der preußische Staat schon 356, im Jahre 1860 713, 1870 1 317 Meilen Eisenbahn. Und wie in Deutschland ging es anderwärts. Immer rascher schlangen sich die Eisenwege durch Gebirge und über Ströme weg, immer enger knüpften sich die Maschen des großen Netzes. […]

Niemand kann diese Zahlen lesen, ohne von einer staunenden Bewunderung für unsere Zeit erfüllt zu werden. Sehen wir aber noch etwas näher zu, welche Folgen sich an diesen Riesenverkehr knüpfen. Auch da werden wir zunächst nur auf Segnungen und Wohltaten stoßen. […]

Gehen wir aber von den rein wirtschaftlichen Folgen zu denen über, die jedenfalls schon auf andere Gebiete übergreifen, so steht da in erster Linie die veränderte Verteilung der Bevölkerung. […] Über 2 Millionen Deutsche sind seit 1836 über den Ozean gewandert und haben dort eine neue Heimat sich begründet. […] Das platte Land entwickelt sich, die Städte wachsen, hauptsächlich die Großstädte, die Industrie- und Handelsstädte. […] Die Faktoren, die das öffentliche Leben beherrschen, waren vor der Zeit der Eisenbahnen total andere: das Vereinsleben, die Presse, die öffentliche Meinung standen unter total anderen Lebensbedingungen. Wie langsam und träge flogen die Nachrichten, wie war persönlicher Austausch erschwert. Kongresse, wie sie heute Arbeiter und Fabrikanten, politische und kirchliche Parteien halten, waren unmöglich. […]

Fassen wir zusammen, was wir den modernen Verkehrsmitteln nachrühmen müssen, so lässt es sich in dem einen Wort zusammenfassen: wir sind über die elementaren Schranken unserer Existenz, über Raum und Zeit, in einer Weise Herr geworden wie kein früheres Geschlecht. […] Der schwäbische und der Pfälzer Bauer erhält Briefe und Zeitungen von Hans und Jörgen, denen es drüben am Mississippi ganz gut geht, und die ihm Dinge erzählen, von denen er sich bisher in seinen kühnsten Träumen nichts hat vorstellen können. Selbst die bescheidensten Mittel gestatten dem Tagelöhner und Handwerker einmal eine kleine Vergnügungsfahrt mitzumachen und zu sehen, wie es anderswo in der Welt aussieht. […]

Ist wirklich die Fortschrittsseligkeit und die eigene Bewunderung das einzig berechtigte Gefühl bei der Betrachtung unserer mit Dampf daherstürmenden Zeit? […] Stellen sich uns nicht täglich Tatsachen entgegen, die uns mit wahrem Schrecken erfüllen müssen? Hat man nicht konstatiert, dass da und dort, dass in ganzen Gegenden und in ganzen Gesellschaftsklassen weniger Fleisch gegessen wird als früher, dass die Leute schlechter wohnen, dass sie an Körpermaß ab-, an mittlerer Lebensdauer und Gesundheit nicht zunehmen? Pocht nicht täglich gewaltiger und vernehmlicher die Frage an das Gewissen der Gesellschaft, ob nicht die Vorteile der neuen Zeit überwiegend einzelnen Klassen zu Gute kommen? […]

Zum grämlichen Lobredner der guten alten Zeit braucht man darum nicht zu werden. Im Gegenteil, man wird betonen, dass wir ungeheuer rasch und weit auf der Bahn der Kulturentwicklung vorangekommen, dass wir aber diesen Fortschritt noch nicht auf allen Lebensgebieten gleichmäßig vollzogen haben, dass wir in der Technik schneller vorwärtsgekommen sind als in unseren sittlichen Anschauungen und sozialen Institutionen.

von Schmoller, Gustav Friedrich: Über den Einfluß der heutigen Verkehrsmittel, in: Preußische Jahrbücher 31, 1873, S. 413–430, https://www.digitale-sammlungen.de/de/view/bsb11045605?page=426,427; Zugriff am: 30. 09. 2022.

Anmerkung

1 Von Schmoller bezieht sich hier auf das damals übliche Längenmaß der Preußischen Meile, die ungefähr 7,5 Kilometern entspricht.

M2 „Prokrustes", Karikatur aus der deutschen Satire-Zeitschrift „Berliner Wespen" vom 30. 08. 1878

„Wie ich sehe, ist die Freiheit etwas zu groß, das wollen wir gleich zu ihrer Zufriedenheit abändern!" – Er hackt ihr die Beine ab.

INTERFOTO / Sammlung Rauch

Anmerkungen

Prokrustes: grausamer Riese in der griechischen Mythologie. Er bot Wanderern ein Bett an; waren diese dafür zu groß, hackte er ihnen die Beine ab.

Der Mann im Vordergrund stellt Reichskanzler Otto von Bismarck dar.

Aufschrift auf dem Bett: „Socialistengesetz"

M3 „Zum Neuen Jahr!", Artikel aus der ersten Ausgabe der sozialdemokratischen Zeitung „Vorwärts – Berliner Volkszeitung", 01.01.1891

Nach der Aufhebung des Sozialistengesetzes am 30.09.1890 wurde der „Vorwärts" als Parteizeitung der Sozialdemokratischen Partei Deutschlands erneut gegründet und erschien wieder ab dem 01.01.1891.

Als einer unserer Abgeordneten am Schluss des vorigen Jahres[1] erklärte: „Wir haben das Sozialistengesetz besiegt – die nächste Wahl wird eine Million – anderthalb Millionen Stimmen für uns ergeben", da glaubten selbst viele Parteigenossen, die Prophezeiung sei zu kühn.

5 Und der 20. Februar 1890[2] hat sie im vollsten Umfange wahr gemacht.

Der 20. Februar ist ein weltgeschichtliches Datum – er bedeutet den endgültigen Sieg der sozialdemokratischen Idee und Weltanschauung über die mechanische Gewalt – die Bankrotterklärung des Sozialistengesetzes, seiner Urheber und des Systems, dem es entflossen.

10 Um die Tragweite und Bedeutung des Tags voll zu begreifen, müssen wir uns ins Gedächtnis zurückrufen, dass heute vor 12 Monaten Fürst Bismarck noch „fest im Sattel saß" […]. Der 20. Februar sprengte die Koalition der Reaktionsparteien […], zerbrach das Sozialistengesetz und warf das Postament[3] um, auf welchem Fürst Bismarck sein Ich […] aufgepflanzt hatte. […] Nie hat falsche, mit allen Listen, Kniffen und
15 Künsten zu ungeheuerlichen Dimensionen aufgeblähte Größe ein jäheres und schmählicheres Ende genommen. […]

Es ist zwar eine alte und gute Erfahrungsregel, dass man den Feind nicht verachten soll; es ist aber wirklich schwer, unsere Feinde nicht zu verachten. Haben sie jemals den Versuch gemacht, unsere Ziele vorurteilslos ins Auge zu fassen, mit unserem Pro-
20 gramm sich bekannt zu machen? Haben sie jemals die allgemeinen Verhältnisse und die Fragen, um welche der politische Parteikampf sich dreht, zu erforschen getrachtet? Haben sie jemals Ernst, Würde, Mut in dem Kampfe mit uns […] gezeigt? Wie unendlich selten ist im Wahlkampf oder sonst in Volksversammlungen ein Widersacher mannhaft uns gegenübergetreten, der den Mut seiner Überzeugung gehabt und Gründe
25 ins Feld geführt hätte? Feiges Vermeiden der öffentlichen Arena […], heimtückische Angriffe aus dem Hinterhalt […] – ist der „geistige Kampf" gegen uns jemals mit ehrlichen Waffen geführt worden? […]

Und so schließen wir mit dem Wunsche, dessen Erfüllung in unserer Hand liegt: Der deutschen Sozialdemokratie und der internationalen Sozialdemokratie ein glück-
30 liches Neujahr!

https://fes.imageware.de/fes/web/index.html?open=VW08001; Zugriff am 29.07.2022.

Anmerkungen
1 Damit ist hier das Jahr 1889 gemeint.
2 In der Reichstagswahl vom 20.02.1890 waren die Sozialdemokraten zum ersten Mal die wählerstärkste Partei im Reich. Diese Wahl fand zwar vor der offiziellen Aufhebung des Sozialistengesetzes statt, dessen weitere Verlängerung (über den 30.09.1890 hinaus) war jedoch bereits am 25.01.1890 im Reichstag gescheitert.
3 Postament: Unterbau, Sockel einer Statue

Lösungsvorschlag

1 > **TIPP** *Anforderungsbereich: III, Verrechnungspunkte: 16*
>
> In der ersten Teilaufgabe werden Sie durch den Operator „überprüfen" aufgefordert, die Korrektheit der gegebenen Aussage kritisch zu prüfen: Sie sollen mithilfe Ihres Hintergrundwissens und passender Beispiele untersuchen, welche Bedeutung die Agrarrevolution für die Industrialisierung Englands hatte. Dabei müssen Sie nicht zum gleichen Ergebnis wie die folgende Lösung kommen und können andere Schwerpunkte setzen. Achten Sie aber in jedem Fall darauf, dass Sie zentrale Fachbegriffe definieren und korrekt verwenden, differenziert argumentieren und ein klares Fazit mit einem eigenen Urteil formulieren.

Unter **Industrialisierung** versteht man den **wirtschaftlichen Strukturwandel** von der jahrhundertealten agrarischen Subsistenzwirtschaft hin zur **industriellen Massenproduktion** von Gütern. Dieser Prozess setzte in der zweiten Hälfte des 18. Jahrhunderts zuerst in **England** ein. Die vieldiskutierte Frage, warum gerade England zum Pionier der Industrialisierung werden konnte, beschäftigt Historiker seit Langem. Dabei wird die „**Agrarrevolution**", die tiefgreifende Veränderungen in Ackerbau und Viehzucht mit sich brachte und der Industrialisierung vorausging, als eine **zentrale Ursache** angeführt. Aber war sie tatsächlich die entscheidende Voraussetzung der Industrialisierung, die erklärt, warum England **als weltweit erstes Land** in die wirtschaftliche Moderne aufbrach?

Einleitung: Industrialisierung, „Agrarrevolution"

In England waren **agrarische Großgrundbesitzer** keine aristokratischen Rentiers, die nur von den Erträgen ihres Besitzes lebten, sondern sie bemühten sich durchaus um wirtschaftlichen Fortschritt. Im 18. Jahrhundert wurde das Acker- und Weideland immer effizienter genutzt, z. B. durch **Flurbereinigungen** und die **Privatisierung und Rationalisierung** der landwirtschaftlichen Produktion. Die agrarische Elite verwendete Gewinne, um Ländereien von Kleinbauern aufzukaufen. Das allgemein zugängliche **Gemeindeland** der Dorfgemeinschaften wurde privatisiert und eingehegt (Enclosures). Die entstehenden Großflächen ließen sich mit **neuen Anbaumethoden** (z. B. Fruchtwechselwirtschaft) und **neuen technischen Geräten effizienter bewirtschaften** oder wurden zur Haltung großer **Viehherden** verwendet, wofür neue Viehrassen gezüchtet wurden.

Pro-Argumente: Förderung des Fortschritts in Landwirtschaft, Industrie, Handel durch Großgrundbesitzer

Großgrundbesitzer reinvestierten ihre Gewinne nicht nur im Agrarsektor, sondern trieben auch die Industrialisierung voran. Im Rahmen einer modernen, teils schon **unternehmerischen Kultur**, die sich in der englischen Oberschicht etabliert hatte, war es nicht verpönt, Geld in **Unternehmen** und den **(Außen-)Handel** zu stecken.

Durch die gesteigerte Effizienz der Landwirtschaft wurden **größere Mengen an Lebensmitteln** produziert. Da durch die verbesserte Nahrungsmittelversorgung mehr Menschen ernährt werden konnten und die Geburtenrate stieg, kam es zu einem **enormen Bevölkerungswachstum**. Dies war von zentraler Bedeutung für die Industrialisierung, da die Wirtschaft auf der Angebots- wie der Nachfrageseite angekurbelt wurde. Zum einen stieg in England die **Nachfrage nach Waren und Gütern** (z. B. Textilien), zum anderen konnten Unternehmer auf **immer mehr Arbeitskräfte** zurückgreifen.

Auswirkungen einer besseren Versorgung der Bevölkerung

Letzteres ist auch mit der **Rationalisierung der Landwirtschaft** verbunden, angefangen mit dem gesteigerten Einsatz von Pferden als Zugtieren, wodurch immer weniger menschliche Arbeitskraft benötigt wurde. Dies **setzte** in ländlichen Regionen **Arbeitskräfte frei**, die in aufstrebenden Industriezentren wie Liverpool und Manchester dringend als Lohnarbeiter gebraucht wurden. Viele Menschen zogen vom Land in die wachsenden Städte (**Landflucht**). Durch die Wanderungsbewegung innerhalb Englands (**Binnenmigration**) wurden vormals kleine Siedlungen in kurzer Zeit zu urbanen Zentren (**Verstädterung und Urbanisierung**).

Freisetzung von Arbeitskräften für die Industrie

Die „Agrarrevolution" schuf also wichtige Voraussetzungen für die Industrialisierung in England. Allerdings gibt es auch eine Reihe weiterer Rahmenbedingungen und Ursachen, die in keinem direkten bzw. ausschließlichen Zusammenhang mit der Weiterentwicklung der Landwirtschaft stehen. So war der **technologische Fortschritt** nicht auf den Agrarsektor beschränkt, sondern prägte auch **Handwerk und Gewerbe**. Schon zu Beginn des 18. Jahrhunderts existierten hochentwickelte Technologien in **Feinmechanik und Werkzeugherstellung**. Die Annäherung von Theorie (Akademiker) und Praxis (Unternehmer) und die Entstehung einer technikfreundlichen Kultur ermöglichten es, dass zahlreiche **Innovationen** in Fabriken eingesetzt und stetig optimiert wurden. Zunächst wurde der **Textilsektor** zur **Schrittmacherindustrie**. Hier wurde erstmals **Dampfkraft** verwendet, um das Spinnen von Garn und das Weben von Baumwolltüchern zu automatisieren. Teure Handarbeit konnte somit durch **maschinelle Massenproduktion** abgelöst werden.

Kontra-Argumente
allgemeiner technischer Fortschritt und maschinelle Massenproduktion

Großbritannien war außerdem ein großes **national geeintes Wirtschaftsgebiet**, der Binnenhandel wurde also nicht durch Zollschranken oder uneinheitliche Rahmenbedingungen (z. B. Währung, Maße) behindert. Die Nähe zum Meer und flache Ebenen begünstigten **billigere Transporte** zwischen den wirtschaftlichen Zentren. Zusätzlich zur **Binnen- und Küstenschifffahrt** spielte der (Aus-)Bau der **Eisenbahn** (**Verkehrsrevolution**) eine entscheidende Rolle. Neben Rohstoffvorkommen im eigenen Land (Kohle, Eisenerz) profitierte

geografische Standortvorteile

England zudem von seinem umfangreichen **Kolonialbesitz**, mit dem enge, von der englischen Regierung geförderte Handelsbeziehungen bestanden: Man bezog **billige Rohstoffe** für die industrielle Produktion (z. B. Baumwolle für die Textilindustrie) und nutzte die Kolonien wiederum als **Absatzmärkte** für hergestellte Waren. Die **Insellage** schützte Großbritannien zudem vor äußeren Angriffen.

Neben der **Sicherheit vor äußeren Bedrohungen** kam eine **lange innere Friedensperiode** der Entwicklung von Wirtschaft und Handel zugute. Seit dem 17. Jahrhundert hatte es in England keine kriegerischen Auseinandersetzungen mehr gegeben. Weitere **politische Rahmenbedingungen** unterstützten den ökonomischen Fortschritt. Seit der Glorious Revolution 1688 war der König in seiner Macht eingeschränkt und auf die Kooperation des Parlaments angewiesen. Das Unterhaus wurde durch eine **reiche, bürgerliche Oberschicht** gewählt, die somit an der Politik beteiligt war. Viele ihrer Mitglieder hatten ihr Vermögen durch Großgrundbesitz, Fernhandel und/oder eigene Unternehmen erworben. Diese Elite hatte daher großes **Interesse an wirtschaftlichem Fortschritt**. Die Regierung hielt sich im Sinne des **Wirtschaftsliberalismus** aus dem marktwirtschaftlichen Geschehen eher heraus, schuf aber **zentrale Rahmenbedingungen** (z. B. Gewerbefreiheit) und unterstützte die entstehende Industrie durch geringe Export- bzw. hohe Importzölle.

günstige politische Entwicklungen

Dem wirtschaftlichen war außerdem ein **gesellschaftlicher Wandel** vorausgegangen. Als Folge des kontinuierlichen Wirtschaftswachstums entstand bereits im 18. Jahrhundert eine **Mittelschicht mit Konsumbedürfnissen**, die zwischen der reinen Lebenserhaltung der Unterschicht und dem Luxuskonsum der Oberschicht lagen. So entstand ein **Massenmarkt** für gewerbliche Produkte, die in England großen Absatz fanden.

gesellschaftlicher Wandel

Warum England im 18. Jahrhundert zum **Pionier der Industrialisierung** wurde, kann nur anhand **vieler Ursachen** erklärt werden; die „**Agrarrevolution**" war **lediglich eine** davon: Der Fortschritt in der Landwirtschaft schuf zwar wichtige Voraussetzungen für die Industrialisierung in England. Allerdings wäre diese ohne weitere günstige Bedingungen und Entwicklungen – u. a. neue technische Errungenschaften und eine technologiefreundliche Kultur, günstige geografische Faktoren und politische Rahmenbedingungen, Kolonialhandel sowie die Entstehung eines Marktes für Massengüter – möglicherweise trotz der „Agrarrevolution" ausgeblieben bzw. hätte nicht die gleiche Kraft, Dynamik und Vorbildrolle entwickelt.

Fazit

2 | **TIPP** *Anforderungsbereich: II, Verrechnungspunkte: 14*

Die zweite Teilaufgabe verlangt von Ihnen eine systematische Quellenanalyse. Stellen Sie zunächst die wichtigsten Informationen zu M 1 vor. Fassen Sie den Inhalt der Textquelle dann inhaltlich nach übergeordneten Gesichtspunkten zusammen und deuten Sie ihn im historischen Kontext der Quelle. Achten Sie auf die Perspektive und Intention des Autors.

In seinem **1873** erschienenen und vermutlich an eine breite Öffentlichkeit gerichteten **Aufsatz** mit dem Titel „**Über den Einfluss der heutigen Verkehrsmittel**" setzt sich der Autor, der deutsche Ökonom und Sozialwissenschaftler **Gustav Friedrich von Schmoller**, mit der damaligen **Verkehrsrevolution** auseinander. *(Vorstellung der Textquelle M 1)*

Der Auszug M 1 ist geprägt vom **Fortschrittsoptimismus** des Verfassers. Dieser sieht einen **Aufbruch in eine neue Zeit:** „[W]ir sind über die elementaren Schranken unserer Existenz, über Raum und Zeit, in einer Weise Herr geworden wie kein früheres Geschlecht." (Z. 23–25) Jeder müsse von „**staunende[r] Bewunderung**" (Z. 7) ergriffen sein. Schmoller hält die **Eisenbahn**, die zuerst in England und dann auch in anderen Ländern wie Preußen bzw. Deutschland ausgebaut wurde (vgl. Z. 1–4), für die Grundlage eines „**Riesenverkehr[s]**" (Z. 9) und für die entscheidende **Ursache eines allgemeinen Wandels**. In **pathetischer Rhetorik** schlägt sich seine Begeisterung für sie nieder: „Immer rascher schlangen sich die Eisenwege durch Gebirge und über Ströme weg, immer enger knüpften sich die Maschen des großen Netzes." (Z. 4–6) *(Inhalte von M 1 – Eisenbahn als entscheidende Innovation)*

Der Autor schreibt der Eisenbahn unterschiedliche **positive Folgen** zu. Dabei nennt er nicht nur die **wirtschaftliche Entwicklung** (vgl. Z. 11), sondern thematisiert auch **politisch-gesellschaftliche sowie kulturelle Veränderungen**. So habe die **Verkehrsrevolution** die **Mobilität erhöht**: Seit 1836 seien beispielsweise über 2 Millionen Deutsche in die USA ausgewandert (vgl. Z. 13 f.). Durch die **gesunkenen Reisekosten** könnten inzwischen auch einfache Leute „eine kleine Vergnügungsfahrt" (Z. 29) und Reisen unternehmen (vgl. Z. 28–30). Die gesteigerte Mobilität ermögliche außerdem das **persönliche Zusammentreffen und die Abhaltung von Kongressen** von Vertretern aus Wirtschaft, Politik und Kirchen (vgl. Z. 19 f.). *(positive Folgen des Eisenbahnbaus – erhöhte Mobilität)*

Das neue Verkehrsmittel verursache zudem eine **Kommunikationsrevolution: Post** und **Nachrichten** könnten viel **schneller** und über **weite Strecken** überbracht werden; dabei würden Briefe und Zeitungen ihrem Empfänger von „Dinge[n] erzählen, von denen er sich bisher in seinen kühnsten Träumen nichts hat vorstellen können" (Z. 27 f.; vgl. Z. 18 f., 25–28). *(– Kommunikationsrevolution)*

Alles in allem verändere sich die **Lebensweise** der Menschen gewaltig. Die **(Groß-)Städte**, vor allem die Industrie- und Handelszentren, würden immer weiter wachsen, doch auch das „platte Land" (Z. 14) entwickle sich (vgl. Z. 14–16). Zusammengefasst beschreibt der Autor ein **modernes öffentliches Leben**, das durch die Eisenbahn grundlegend geprägt worden sei: Zuvor hätten „das Vereinsleben, die Presse, die öffentliche Meinung […] unter total anderen Lebensbedingungen" (Z. 17 f.) gestanden.

– Entstehung moderner Lebenswelten

Insgesamt **bewertet** Schmoller diese **Entwicklungen positiv** und spricht von „Segnungen und Wohltaten" (Z. 9 f.). Allerdings geht er mithilfe von **rhetorischen Fragen** auch auf die mit dem rasanten Aufbruch in die Moderne verbundene Verunsicherung und Angst („wahre[r] Schrecken", Z. 33) ein. Dabei berücksichtigt er kritische Einwände, die auf die **Soziale Frage** abzielen: Die Ernährungssituation und der Gesundheitszustand hätten sich in bestimmten Klassen verschlechtert, ihre Lebensdauer sei gesunken, ihre Wohnbedingungen seien miserabel (vgl. Z. 31–39). Man müsse sich daher die Frage stellen, „[…] ob nicht die Vorteile der neuen Zeit überwiegend **einzelnen Klassen zu Gute kommen**?" (Z. 38 f.)

negative Folgen der Industrialisierung? – Ausführungen zur Sozialen Frage

Die Antwort liefert der Autor abschließend selbst. Man müsse angesichts der Probleme nicht gleich „[z]um **grämlichen Lobredner der guten alten Zeit**" (Z. 40) werden. Die Menschen hätten den **enormen „Fortschritt** [lediglich] **noch nicht auf allen Lebensgebieten** gleichmäßig vollzogen" (Z. 42 f.). Im Bereich der Technik sei man schnell vorangeschritten, in sozialer sowie moralisch-sittlicher Hinsicht gebe es dagegen **Nachholbedarf** (vgl. Z. 40–45).

Schmollers Aufsatz entstand wenige Jahre nach der **Gründung des deutschen Nationalstaats** 1871 in einer Zeit enormen **wirtschaftlichen Wandels**. Die **Industrialisierung**, die in **England** schon im 18. Jahrhundert begonnen hatte, nahm nun auch in Deutschland an Fahrt auf: Seit der Mitte des 19. Jahrhunderts wuchs der industrielle Sektor stetig an, während der Agrarsektor langsam schrumpfte. Der **Übergang von der Früh- zur Hochindustrialisierung** vollzog sich innerhalb von nur drei Jahrzehnten. Zum **Schrittmacher** wurde die **Schwerindustrie**, die mit dem von Schmoller thematisierten **Eisenbahnbau** in enger Verbindung stand. Die **Eisenbahn** senkte Kosten und Zeit für den Transport von Waren und Personen massiv, gleichzeitig wurden für den Bau des neuen Verkehrsmittels Eisen, Maschinen und Arbeitskräfte benötigt. Zudem bewirkte die Eisenbahn – wie in M 1 beschrieben – eine **Kommunikationsrevolution**: Nachrichten konnten nun schneller übermittelt werden.

historischer Hintergrund
Industrialisierung mit Verkehrs- und Kommunikationsrevolution

Die Industrialisierung veränderte zudem die Gesellschaft und ihre Lebensbedingungen. Es entstanden große **Industriezentren** wie das **Ruhrgebiet** und **Großstädte** wie **Berlin** mit neuen Lebenswelten (Urbanisierung). Gerade an diesen Orten bildete sich eine **moderne Gesellschaftsordnung** heraus, die die jahrhundertealte, nun überkommene Ständegesellschaft ablöste: Die **Klassengesellschaft** des 19. Jahrhunderts wies krasse Gegensätze vor allem zwischen Fabrikarbeitern und reichen Bürgern auf. Die **Arbeiterschaft** lebte in meist sehr **prekären Lebensumständen,** was sich zu einer regelrechten **Sozialen Frage** steigerte. Hier ging es besonders um die schlechten Arbeits- und Wohnbedingungen in oft slumartigen Vierteln sowie damit verbundene Hygiene- und Gesundheitsprobleme. Als Gewinner des Wandels erschien das **Bildungs- und Besitzbürgertum** der Großstädte, das z. B. durch eigene Firmen zu Wohlstand kam.

Urbanisierung und Soziale Frage

Viele Menschen erlebten den damaligen **rasanten Wandel** in allen Lebensbereichen als **traumatisch**. Das Gefühl, einen Verlust durch die gravierenden Veränderungen erlitten zu haben, und eine **große Verunsicherung** aufgrund von Armut, Verstädterung, Landflucht und der Auflösung der alten gesellschaftlichen Ordnung waren nicht selten. Nicht alle Menschen profitierten vom Wandel; nicht wenige empfanden sich als **Modernisierungsverlierer**, die teils sogar radikale Antworten auf die Beschleunigung durch die Moderne suchten.

Beschleunigung des Lebens

Der Autor vertritt eine **Gegenposition zu Kritikern der Moderne:** Er unterstreicht in seinen Augen positive Seiten der Industrialisierung und schaut **optimistisch** in die Zukunft. Zwar verschweigt er Probleme wie die herrschende soziale Ungleichheit und die schlechten Lebensbedingungen der Arbeiter nicht, sieht diese aber **nicht** als **grundsätzliche Defizite** der Industriegesellschaft, sondern als Übergangserscheinungen und verzögerte Entwicklung in Teilbereichen. Insgesamt wirbt er für eine **fortschrittsoptimistische Sicht** auf die Moderne und mahnt gesellschaftlich-politische Veränderungen an.

Fazit

---

3 | TIPP | Anforderungsbereich: II, Verrechnungspunkte: 18

Die Aufgabenstellung ist zweigeteilt. Zunächst verlangt der Operator „analysieren" von Ihnen, dass Sie die Karikatur M 2 systematisch auswerten. Stellen Sie die historische Quelle kurz vor, bevor Sie die Bildinhalte ausführlich beschreiben und im historischen Kontext deuten. Achten Sie hierfür auch auf die Anmerkungen zu M 2. Anschließend müssen Sie die Karikatur mit der Textquelle M 3 „vergleichen": Arbeiten Sie dazu Gemeinsamkeiten und Unterschiede zwischen den Quellen heraus, indem Sie verschiedene Vergleichskriterien heranziehen, z. B. Autor/Urheber, Adressaten, Inhalte, Intention.

Die **Karikatur M 2**, deren Urheber nicht bekannt ist, trägt den Titel „**Prokrustes**" und ist am **30. August 1878** in der Satire-Zeitschrift „**Berliner Wespen**" erschienen, an deren Leserschaft sie sich richtet.

| **Analyse der Karikatur M 2** kurze Vorstellung

Im Zentrum des Bildes ist ein **muskulöser Mann** mit nacktem Oberkörper zu sehen, der dem Betrachter den Rücken zukehrt. Er hat eine Halbglatze mit **drei hochstehenden Haaren** am vorderen Kopf. Zudem trägt er eine Schürze und einen Gürtel, an dem an seiner linken Seite ein **Hackebeil** befestigt ist. Der Mann steht an einem **Bett** mit der Aufschrift „**Sozialistengesetz**", in das er eine **Frauengestalt** mit beiden Händen gewaltsam hineinpresst. Die Frau, die den Mund vor **Entsetzen** weit aufreißt, trägt ein Wickelgewand und Sandalen. Das Bett ist für sie **zu klein**; ihre Beine ragen über das Bettende hinaus.

Beschreibung der Bildinhalte

Die Karikatur ist unter dem Bild mit einem **Text** versehen. Zunächst wird ein Kommentar der männlichen Person wiedergegeben: „Wie ich sehe, ist die **Freiheit etwas zu groß**, - das wollen wir gleich zu ihrer Zufriedenheit **abändern**!" Anschließend wird erläutert, was als Nächstes passiert: Der Mann **hackt** der Frau, die nicht in das zu kleine Bett passt, **beide Beine ab**.

Beschreibung der Textelemente

In M 2 ist **Reichskanzler Otto von Bismarck** als grausamer Riese Prokrustes dargestellt. Er ist durch die drei abstehenden Haare – ein in Karikaturen oft für ihn verwendetes Erkennungsmerkmal – gut zu identifizieren. Nach der **griechischen Mythologie** ließ Prokrustes Wanderer bei sich übernachten. Passten diese nicht ins Bett, hackte er ihnen brutal die Gliedmaßen ab. Wie der Text zu M 2 nahelegt, handelt es sich bei der zu großen „Wanderin" um eine **weibliche Personifikation der Freiheit**. Die Aufschrift auf dem Bett verdeutlicht, dass das gegen die Sozialdemokratie gerichtete „**Sozialistengesetz**" als **Grund für die Misshandlung** der Freiheit gesehen wird.

Erklärung der Figuren und Symbole

Die Karikatur **kritisiert Bismarcks Vorgehen gegen die stärker werdende Sozialdemokratie** ab 1878. Ab Mitte des 19. Jahrhunderts war im Zuge der Industrialisierung die **Arbeiterbewegung** entstanden und zur **Massenbewegung** angewachsen. Ihre Interessen wurden auf politischer Ebene von der **Sozialdemokratie** vertreten. Zentrale Forderungen waren bessere und sicherere **Arbeitsbedingungen** in Fabriken, Lohnsteigerungen, mehr **Lebensqualität** durch eine verbesserte Wohnsituation und Gesundheitsvorsorge sowie die **Demokratisierung** des politischen Systems des Kaiserreichs.

Deutung im historischen Kontext
– Arbeiterbewegung, Sozialdemokratie

Nach zwei Attentaten auf Kaiser Wilhelm I., die man sozialistisch-sozialdemokratischen Kreisen zuschrieb, brachte Bismarck erfolgreich einen Gesetzesentwurf in den Reichstag ein, mit dessen Hilfe er die Sozialdemokraten als „**Reichsfeinde**" bekämpfen wollte. Das

– Bismarcks Kampf gegen die Sozialdemokratie

"**Sozialistengesetz**" („Gesetz gegen die gemeingefährlichen Bestrebungen der Sozialdemokratie") **verbot** sozialistische und sozialdemokratische **Vereine, Versammlungen und Schriften**. Hausdurchsuchungen und Kontrollen durch die Polizei wurden erleichtert. Der Reichskanzler versprach sich so die **Zurückdrängung der politisch organisierten Arbeiterschaft**, die er als Gefahr für die innere Ruhe im Kaiserreich betrachtete. Dabei war das „Sozialistengesetz" Teil einer **Doppelstrategie:** Einerseits unterdrückte der Staat die politische Arbeiterbewegung, andererseits erfüllte er manche ihrer Forderungen durch die **neue Sozialgesetzgebung** (u. a. Einführung von Versicherungen), um die Arbeiterschaft für sich zu gewinnen.

Die Karikatur erschien vor der **Verabschiedung des Gesetzes** im Oktober 1878 – es hatte bis 1890 Bestand – und **kritisiert Bismarck scharf für die schwere Einschränkung von Freiheitsrechten** im Kampf gegen vermeintliche „Reichsfeinde", in diesem Fall der politischen Arbeiterbewegung. Tatsächlich stimmten nicht alle Parteien im Reichstag für das Gesetz. So waren **linksliberale Politiker** nicht mit der staatlich orchestrierten Verfolgung von politischen Gegnern einverstanden: Die Bewahrung bürgerlicher Freiheiten war ihnen wichtiger als die Ausschaltung der Sozialdemokraten, deren politische Ziele sie gleichwohl ablehnten. Es ist daher anzunehmen, dass die Karikatur M 2 **in linksliberalen Kreisen entstanden** ist.

Der **Zeitungsartikel** M 3 mit dem Titel „**Zum Neuen Jahr!**" vom **1. Januar 1891** befasst sich wie M 2 mit dem „**Sozialistengesetz**" und der Verfolgung der Arbeiterbewegung. Beide Quellen weisen weitere **Gemeinsamkeiten**, aber auch **Unterschiede** auf.

Vergleich M2 und M3
Thema

Betrachtet man die **Erscheinungsdaten** und **Materialgattungen**, so sind klare Unterschiede auszumachen: Die **Karikatur** M 2 wurde 1878 kurz **vor der Verabschiedung** des „Sozialistengesetzes" in einer offenbar **liberalen Satirezeitschrift** abgedruckt, der Zeitungsartikel M 3 wurde 1891 **nach der Aufhebung** des Gesetzes und dem großen Wahlerfolg der Sozialdemokraten 1890 im „**Vorwärts – Berliner Volkszeitung**", der SPD-Parteizeitung, publiziert, die nun wieder legal veröffentlicht werden durfte. Dabei richten sich beide Publikationen an ihre jeweilige Leserschaft.

Formalia

Die **Kritik an Bismarck** fällt insgesamt ähnlich aus. In M 2 wird er als **brutaler und skrupelloser Unterdrücker der Freiheit und der Sozialdemokratie** dargestellt, M 3 spricht im Hinblick auf seine Regierung von „**mechanische[r] Gewalt**" (Z. 7 f.). Bismarck wird ein Vorgehen „mit allen **Listen, Kniffen und Künsten**" (Z. 14 f.) attestiert. Mit einer Reihe rhetorischer Fragen (vgl. Z. 18–27) kritisiert der Artikel den Reichskanzler und die „**Reaktionsparteien**"

Inhalt:
– Gemeinsamkeit: Kritik an Bismarcks Kampf gegen die Sozialdemokratie

(Z. 12): Er wirft ihnen vor, dass sie sich **nie vorurteilsfrei** mit den Anliegen der Sozialdemokratie beschäftigt und in der politischen Auseinandersetzung ohne den nötigen Ernst sowie würde- und mutlos agiert hätten. Generell wird der politische Gegner **als unehrlich charakterisiert**: „**Feiges Vermeiden** der öffentlichen Arena […], **heimtückische Angriffe** aus dem Hinterhalt" (Z. 25 f.).

Unterschiedlich werden jeweils allerdings die **aktuelle Position Bismarcks und der Sozialdemokratie** bewertet, was sowohl mit dem jeweiligen Urheber als auch mit den Erscheinungsdaten der Quellen zu tun hat. In M 2 zeigt die liberale Satirezeitschrift kurz vor Verabschiedung des „Sozialistengesetzes" eine völlig **hilflose „Freiheit"** bzw. – im übertragenen Sinne – **Sozialdemokratie**, die sich kaum dagegen wehren kann, dass der **übermächtige Bismarck** sie gewaltsam niederdrückt und ihr die Gliedmaßen abtrennen möchte. In M 3 rühmt sich die Sozialdemokratie in Form der SPD-Parteizeitung selbst, **Bismarck und das „Sozialistengesetz"** durch den Wahlerfolg am 20. Februar 1890 **gestürzt** zu haben (vgl. Z. 10–16): Man habe „das Postament um[geworfen], auf welchem Fürst Bismarck sein Ich […] aufgepflanzt" (Z. 13 f.) habe. Die Regierung des Kanzlers mit ihrer „aufgeblähte[n] Größe" (Z. 15) habe – so M 3 abschätzig – „ein jähe[s] und schmähliche[s] Ende genommen" (Z. 15 f.). **Bismarck** wird also als **gescheiterter Politiker** dargestellt. **Optimistisch und siegesgewiss** schließt M 3 daher mit den Worten: „Der deutschen Sozialdemokratie und der internationalen Sozialdemokratie ein glückliches Neujahr!" (Z. 29 f.)

– Unterschied: Darstellung der aktuellen Position Bismarcks und der Sozialdemokratie

Während M 2 das von Bismarck angestoßene „Sozialistengesetz" aus liberaler Sicht als **brutale Beschränkung der Freiheit** kritisiert, wird in M 3 die triumphierende Freude der vormals politisch Verfolgten über das Ende des Reichskanzlers deutlich. Rückblickend muss **Bismarcks Kampf gegen die politisch organisierte Arbeiterschaft** als **gescheitert** betrachtet werden. Die Sozialdemokratie wurde durch das „Sozialistengesetz" letztendlich nicht geschwächt und „verstümmelt", wie dies in M 2 kritisiert wird. Ganz im Gegenteil: Der Druck, der auf die Arbeiterbewegung ausgeübt wurde, schweißte diese **noch enger** zusammen. Trotz massiver Behinderung durch den Staat durfte die Sozialdemokratie noch bei Wahlen antreten und erhielt 1890 die **meisten Stimmen bei der Reichstagswahl**. M 3 verdeutlicht das neue Selbstbewusstsein der immer stärker werdenden Bewegung, die ihren Wahlsieg als „weltgeschichtliches Datum" (Z. 6) und als Triumph über Bismarck feiert. Im gleichen Jahr wurde **Bismarck von Kaiser Wilhelm II. entlassen und das „Sozialistengesetz" aufgehoben**.

Fazit

4 **TIPP** *Anforderungsbereich: II, Verrechnungspunkte: 12*

Der Operator „erläutern" bedeutet, dass Sie den hier gegebenen Sachverhalt – die Lebenswelt der Menschen in der Moderne um 1900 – mithilfe Ihres Wissens beschreiben und anhand konkreter Beispiele erklären sollen. Leiten Sie Ihren Text mit einer Definition von Moderne bzw. Modernisierung ein und wählen Sie anschließend drei passende Beispiele aus. Der folgende Lösungsvorschlag behandelt Urbanisierung, Massenkonsum und Massenkultur sowie die Frauenbewegung. Sie können sich aber z. B. auch mit den Themen „Mobilität und Beschleunigung", „Entstehung weiterer Massenorganisationen (v. a. Arbeiterbewegung)" oder „Modernisierungsverlierer" beschäftigen.

Die **Modernisierungsprozesse des 19. Jahrhunderts** mündeten in einigen Ländern in den **Durchbruch der Hochmoderne** um 1900. Sie erfassten Politik, Wirtschaft, Gesellschaft und Kultur und schufen **moderne Lebenswelten**, geprägt durch die Ausgestaltung von **Nationalstaaten**, die Dominanz des **Industriekapitalismus**, die Ausbildung der **Klassengesellschaft** und die vielfältigen Angebote einer **Massenkultur**. Die Welt der Menschen um 1900 unterschied sich letztlich **fundamental** vom Leben in der Vormoderne.

Einleitung
Begriffserklärung „(Hoch-)Moderne"

Zum Symbol der Moderne wurden **Großstädte** wie Paris, London und Berlin. Die Entstehung neuer urbaner Zentren war eine **direkte Folge der Industrialisierung** und des **wirtschaftlichen Strukturwandels**: Es entstanden zahlreiche **neue Arbeitsplätze** in Fabriken, für die zahlreiche Menschen in die betroffenen Industriegebiete (v. a. Ruhrgebiet) und Städte strömten. Das **enorme Angebot an Arbeitskraft** hing mit dem damaligen **Bevölkerungswachstum** – bedingt u. a. durch eine effektivere Lebensmittelproduktion und verbesserte Hygiene – zusammen, zudem wurden in der Landwirtschaft immer weniger Menschen benötigt, sodass eine **Landflucht** einsetzte. Innerhalb weniger Jahrzehnte wuchsen einige europäische Städte durch **Massenmigration** zu nie gekannter Größe an. Berlin hatte um 1900 bereits über zwei Millionen Einwohner. Zu dieser Entwicklung trugen auch die **Verkehrs- und Kommunikationsrevolution** entscheidend bei: Die Innovationen der Eisenbahn und des Telegrafen machten Städte zu **zentralen Verkehrsknotenpunkten** und ermöglichten die **infrastrukturelle Erschließung** ländlicher Regionen.

Veränderung der Lebenswelt durch die Moderne
Verstädterung und Urbanisierung

Die **flächenmäßige Ausdehnung** der Städte (**Verstädterung**) ging mit der Entstehung einer **modernen Stadtkultur** (**Urbanisierung**) einher. Gepflasterte Straßen, Kanalisation, elektrische Beleuchtung, hohes Verkehrsaufkommen, Straßenbahnen sowie erste U-Bahnen prägten das Stadtbild; auch ein immer größeres Angebot an Kultur-, Bildungs-, Konsum- und Freizeitmöglichkeiten war typisch für das

Leben in der Großstadt. Viele Städte wurden im Zuge der Urbanisierung umgebaut und erweitert: Dabei wurden z. B. mittelalterliche Stadtmauern und verwinkelte Armenviertel abgerissen.

In der **Stadtarchitektur** und der **Entwicklung unterschiedlichster Stadtviertel** spiegelten sich auch die damaligen gesellschaftlichen Veränderungen wider. Vor allem in den urbanen Zentren lösten sich bisherige soziale Bindungen auf; die Ständegesellschaft, die sich in agrarisch geprägten Regionen noch etwas länger halten konnte, wandelte sich zu einer **modernen Klassengesellschaft**. In den Städten entstanden einerseits slumartige Wohnviertel mit **Mietskasernen**, in denen die **Arbeiterschaft** in prekären Verhältnissen lebte, andererseits mondäne **Villenviertel**, in denen das **Besitz- und reiche Bildungsbürgertum** residierte. Insgesamt entstanden unterschiedliche Lebenswelten, die einen **schroffen Gegensatz** in sich bargen: Neuen Möglichkeiten, sich **individuell zu entfalten**, standen **Schattenseiten** des Stadtlebens wie Anonymität, Einsamkeit und Armut gegenüber. Die Großstadt wurde von vielen Menschen **ambivalent** wahrgenommen; sie galt als **Chance und Bedrohung** zugleich.

Eng mit der Urbanisierung und dem enormen Wirtschaftswachstum verbunden waren die Phänomene des **Massenkonsums** und der **Massenkultur**. Davon profitierte vor allem eine **Mittelklasse**, die in neuartigen Berufen (Facharbeiter, Angestellte, Dienstleister) arbeitete und nun zu bescheidenem Wohlstand kam. Ausdruck der völlig neuen Konsummöglichkeiten waren **Kaufhäuser**, die Mode, Spielzeug, Haushaltswaren, Lebensmittel und Inneneinrichtung anboten. Die **relativ niedrigen Preise** wurden durch hohe Stückzahlen in der Produktion ermöglicht. Die **modernen „Konsumtempel"** entwickelten sich zu regelrechten Attraktionen für die Mittelschicht und das gehobene Bürgertum, während die Arbeiterschaft die neuen Konsummöglichkeiten zunächst nicht oder nur in geringem Ausmaß nutzen konnte. Die Warenhausbesitzer verwendeten die **neuen Massenmedien** (Plakate, Anzeigen in Zeitungen), um den Kundenkreis aus der kaufkräftigen Mittel- und Oberklasse anzusprechen.

Massenkonsum und Massenkultur

Der Strukturwandel der Wirtschaft veränderte auch das **Verhältnis von Berufs- und Privatleben**. Feste Arbeitszeiten trennten Arbeit und **Freizeit** viel strikter als in der Vormoderne: Es stand **mehr freie Zeit** zur Verfügung, die besonders in den Großstädten auf vielfältige Art und Weise verbracht werden konnte; zudem hatten viele Menschen mehr Geld für Freizeitaktivitäten. Im Rahmen einer regelrechten **Massenkultur** nutzte die Bevölkerung in Scharen Angebote wie Kinos, Theater, Zoos, Volksfeste, Museen, Nachtklubs und Kneipen oder ging in Vereinen bestimmten Aktivitäten wie Sport nach. Wer es sich leisten konnte, verbrachte den **Urlaub** z. B. im Seebad, wohin man dank der Eisenbahn schnell und kostengünstig reisen konnte.

Schließlich entstanden auch verschiedenste **Massenorganisationen**, die nicht der Gestaltung der Freizeit, sondern der **politischen Teilhabe**, der **Artikulation von Interessen** und der **gezielten Beeinflussung der öffentlichen Meinung** dienten. Da die besondere Situation bestimmter Bevölkerungsgruppen innerhalb der Klassengesellschaft und die sehr unterschiedlichen politisch-sozialen Partizipationsmöglichkeiten häufig als ungerecht empfunden wurden, setzten sich Parteien, Gewerkschaften, Verbände, Clubs und Vereine für Betroffene ein. Auch durch öffentliche Großveranstaltungen, Demonstrationen und die Verbreitung konkreter Anliegen über die **Massenmedien politisierten** sich immer breitere Bevölkerungsschichten.

Frauenbewegung

In diesen Kontext ist die **Frauenbewegung** einzuordnen. Durch die Auflösung der vormodernen Gesellschaft veränderten sich auch die **Geschlechterrollen**, weshalb sich Frauen für eine mehr oder weniger umfassende **Gleichstellung der Geschlechter** engagierten. Damals hatten sie weder das aktive noch das passive **Wahlrecht** und waren rechtlich dem Mann weiter untergeordnet. In bürgerlichen Kreisen bedeutete die Heirat meist das Ende ihrer Berufstätigkeit, da dort die **Rolle als Hausfrau und Mutter** noch vorherrschend war.

In ihren Forderungen setzte die Frauenbewegung unterschiedliche Schwerpunkte. **Bürgerliche Frauenvereine** machten sich vor allem für **bessere Bildungschancen der Mädchen** stark und erkämpften tatsächlich den Zugang zu höheren Bildungsanstalten und sogar Universitäten. Die **proletarische Frauenbewegung** forderte dagegen **höhere Löhne** und **bessere Arbeitsbedingungen** für Frauen, die die Doppelbelastung als **Mutter und Erwerbstätige** bewältigen mussten. Grundsätzlich setzten sich beide Richtungen für eine **politisch-rechtliche und wirtschaftliche Emanzipation** der Frau ein. Dabei wurde immer wieder – obgleich auch intensiv diskutiert – das **Frauenwahlrecht** gefordert.

Fazit

Um 1900 setzte die **Hochmoderne** das Leben der Menschen einer noch nie gekannten **Veränderungsdynamik** aus. Industrialisierung, Urbanisierung, Massenmigration, Technisierung und Beschleunigung **veränderten die westlichen Gesellschaften** innerhalb von nur einer Generation **grundlegend**. Neue **Lebenswelten** wie die Großstadt und neue **Chancen auf individuelle Entfaltung** gingen dabei mit **neuen Herausforderungen** einher, die von vielen Menschen als tiefe Krise wahrgenommen wurden.

Baden-Württemberg Geschichte
Schriftliche Abiturprüfung 2023 ▪ Aufgabe II B

WEST- UND OSTEUROPA NACH 1945: WEGE IN DIE POSTINDUSTRIELLE ZIVILGESELLSCHAFT
(4) wirtschaftlicher Aufschwung in West- und Osteuropa bis Anfang der 1970er-Jahre; (5) Umgang mit Protest in West- und Osteuropa; (11) Zusammenbruch des Ostblocks

Aufgabenstellung

1 Stellen Sie wirtschaftliche Entwicklungen in der Bundesrepublik Deutschland und ihre Auswirkungen auf die Gesellschaft bis zur Mitte der 1960er-Jahre dar.

2 Analysieren Sie M 1 und vergleichen Sie M 1 mit M 2.

3 *Proteste in den Staaten des Ostblocks der 1950er- und 1960er-Jahre führten nicht zu einer Schwächung der Regierung, gegen die sie sich jeweils richteten.* Überprüfen Sie diese These an zwei Beispielen.

4 Analysieren Sie M 3.

M1 „Wer den Sozialismus stärkt, handelt zum Wohl des Volkes", Festrede Erich Honeckers, Generalsekretär des Zentralkomitees der SED und Staatsratsvorsitzender der DDR, anlässlich der feierlichen Übergabe des ersten in der DDR gefertigten 32-bit-Mikroprozessors im Kombinat[1] Mikroelektronik Erfurt, 14. 08. 1989

Liebe Kolleginnen und Kollegen! Liebe Genossinnen und Genossen!

Unser heutiges Treffen ist, wie man Euren Ausführungen entnehmen konnte, ein denkwürdiges Ereignis im Leben unseres Volkes, das sich auf den 40. Jahrestag der Gründung der DDR vorbereitet. In einer verhältnismäßig kurzen Zeit haben über
5 250 Angehörige von Forschungs- und Entwicklungskollektiven [...] auf dem Gebiet der Mikroelektronik Spitzenleistungen vollbracht, die dazu beitragen werden, unsere volkswirtschaftlichen Prozesse geradezu zu revolutionieren. Man kann mit Recht unterstreichen, dass eine neue Etappe der Mikroelektronik erreicht wurde. [...]

Alles in allem unterstreicht die Entwicklung der Mikroelektronik in der DDR die
10 Richtigkeit des von uns eingeschlagenen Weges. Die Früchte der beträchtlichen Anstrengungen und Aufwendungen für diese zukunftsträchtige Technologie beginnen zu reifen. Sie schlagen immer günstiger in den Bilanzen unserer Volkswirtschaft, ihren sozialen Aspekten zu Buche. Sie beleben und durchdringen die gesamte Volkswirtschaft. 70 Prozent der Erzeugnisse des Verarbeitungsmaschinenbaus[2] beruhen bereits
15 auf der Mikroelektronik und sind anders auch nicht mehr mit entsprechendem ökonomischen Erlös zu verkaufen. Überall geht es darum, die Mikroelektronik noch stärker zu nutzen. Das gilt für die Produktion von Konsumgütern für den Binnenmarkt, gilt ebenso für den Export. [...] Mit unseren Leistungen bei der Verbindung der wissenschaftlich-technischen Revolution mit den Vorzügen des Sozialismus, dem Ausbau
20 unserer Sozialpolitik stellen wir zugleich unter Beweis, dass das Triumphgeschrei westlicher Medien über das „Scheitern der sozialistischen Gesellschaftskonzeption" nicht das Geld wert ist, das dafür ausgegeben wird. Den Sozialismus in seinem Lauf hält weder Ochs noch Esel auf. Diese alte Erkenntnis der deutschen Arbeiterbewegung findet durch die große Initiative der Werktätigen der DDR ihre aktuelle Bestätigung.
25 Das menschliche Antlitz des Sozialismus lässt sich nicht durch jene entstellen, die es in den kapitalistischen Hochburgen geradezu als normal empfinden, dass Massenarbeitslosigkeit, Wohnungsnot und neue Armut ihr „freies" System kennzeichnen. Der Sozialismus ist die einzige Gesellschaftsordnung, in der der Mensch ein Mensch sein kann, in der menschliche Arbeit und Initiative nicht missbraucht, sondern zum Wohle
30 des Menschen wirksam werden. [...]

Auf dem festen Fundament unserer sozialistischen Planwirtschaft, der staatlichen Leitung, der hohen volkswirtschaftlichen Eigenverantwortung der Kombinate und Betriebe sind wir zu qualitativ neuen Schritten imstande.

Erich Honecker: „Wer den Sozialismus stärkt, handelt zum Wohl des Volkes". In: Neues Deutschland, 15. 8. 1989, S. 3.

Anmerkungen
1 Kombinat: Zusammenschluss mehrerer eng zusammenarbeitender Industriebetriebe zu einem Großbetrieb in sozialistischen Staaten.
2 Verarbeitungsmaschine: Maschine zur Herstellung von Konsumgütern.

M2 — Interner Bericht des Vorsitzenden der staatlichen Plankommission Gerhard Schürer an das Politbüro der SED[1] über die wirtschaftliche Lage der DDR vom 30. 10. 1989

Wir haben in der Mikroelektronik als eines der wenigen Länder der Welt die Entwicklung und Produktion mikroelektronischer Bauelemente einschließlich eines wesentlichen Teils der dazu erforderlichen speziellen Produktionsausrüstungen für hochintegrierte Schaltkreise[2] gemeistert. Dabei wird infolge des ungenügenden Standes der Arbeitsteilung ein breites Sortiment an mikroelektronischen Erzeugnissen entwickelt und produziert. Die Kosten für diese Erzeugnisse betragen z. Z. ein Mehrfaches des internationalen Standes. Ihr Einsatz in der Volkswirtschaft der DDR und im Export muss gegenwärtig mit über 3 Mrd. M(ark) pro Jahr gestützt werden. [...]

Die Feststellung, dass wir über ein funktionierendes System der Leitung und Planung verfügen, hält jedoch einer strengen Prüfung nicht stand. Durch neue Anforderungen, mit denen die DDR konfrontiert war, entstanden im Zusammenhang mit subjektiven Entscheidungen Disproportionen, denen mit einem System aufwendiger administrativer Methoden begegnet werden sollte. Dadurch entwickelte sich ein übermäßiger Planungs- und Verwaltungsaufwand. [...]

Dadurch trat u. a. eine Tendenz der Kostenerhöhung ein, wodurch die internationale Wettbewerbsfähigkeit abnahm.

Das bestehende System der Leitung und Planung hat sich hinsichtlich der notwendigen Entwicklung der Produktion der „1 000 kleinen Dinge"[3] sowie der effektiven Leitung und Planung der Klein- und Mittelbetriebe und der örtlichen Versorgungswirtschaft trotz großer Anstrengungen zentraler und örtlicher Organe nicht bewährt, da ökonomische und Preis-Markt-Regelungen ausblieben. [...] Im internationalen Vergleich der Arbeitsproduktivität liegt die DDR gegenwärtig um 40 % hinter der BRD zurück. [...]

Die Verschuldung im nichtsozialistischen Wirtschaftsgebiet ist seit dem VIII. Parteitag[4] gegenwärtig auf eine Höhe gestiegen, die die Zahlungsfähigkeit der DDR in Frage stellt.

Schürer, Gerhard/Beil, Gerhard/Schalck, Alexander/Höfner, Ernst/Donda, Arno: Analyse der ökonomischen Lage der DDR mit Schlussfolgerungen. Vorlage für das Politbüro des Zentralkomitees der SED, 30. 10. 1989, S. 2 f.:
https://www.bpb.de/medien/236391/w5.grenze.1989_10_30_PB_Vorlage_Schuerers_Krisen_Analyse_BArch_DY%2030_J_IV_2_2A_3252.pdf; Zugriff am 15. 05. 2022.

Anmerkungen
1 Das Politbüro war das Führungsgremium und das Herrschaftszentrum der SED. Es wurde zu diesem Zeitpunkt von Egon Krenz geleitet, der nach dem Rücktritt Erich Honeckers am 18. 10. 1989 dessen Nachfolger geworden war.
2 hochintegrierte Schaltkreise: gemeint sind Mikrochips.
3 1958 wurde von der SED das Programm „Tausend kleine Dinge" ins Leben gerufen, durch das der Mangel an alltäglichen Gebrauchsgütern in der DDR (z. B. Dosenöffner, Eierbecher, Sicherheitsnadeln) behoben werden sollte.
4 Der VIII. Parteitag der SED fand 1971 statt.

M3 „Triumphfahrt mit der Peres-Troika", Karikatur des westdeutschen Karikaturisten Rudolf Schöpper, 2. 11. 1987

Triumphfahrt mit der Peres-Troika   2. 11. 87

Universitäts- und Landesbibliothek Münster, N. Schöpper K 9,017

Anmerkungen
Der Begriff „Troika" bezeichnet hier ein traditionelles russisches Dreigespann.

Auf der Wolke befinden sich von links nach rechts ehemalige Führungspersönlichkeiten der Sowjetunion: Chruschtschow, Andropov, Lenin, Stalin, Breschnew. Auf ihren Schildern steht übersetzt: „Protest!" und „Bleib stehen!".

Auf dem Schlitten steht Michail Gorbatschow, der Hund hinter ihm trägt die Gesichtszüge des damaligen Außenministers der Sowjetunion Eduard Schewardnadse.

Lösungsvorschlag

1 **TIPP** *Anforderungsbereich: II, Verrechnungspunkte: 14*

Der Operator „Darstellen" verlangt einen zusammenhängenden und strukturierten Text. In diesem Fall sollten Sie die wirtschaftlichen Entwicklungen und die sozialen Auswirkungen voneinander trennen. Entscheidend ist, dass Sie das Konzept der Sozialen Marktwirtschaft erläutern und aufzeigen, wie es die gesellschaftliche Entwicklung beeinflusst hat.

Die wirtschaftliche Entwicklung der Bundesrepublik Deutschland in der Nachkriegszeit ist unter dem Begriff **„Wirtschaftswunder"** und damit als Erfolgsgeschichte in das kollektive Gedächtnis eingegangen. Die Voraussetzungen für dieses „Wunder" lagen zum einen in wirtschaftlichen Weichenstellung unmittelbar vor der Gründung der Bundesrepublik, wie der **Einführung der Deutschen Mark (DM) 1948** und der schrittweisen **Etablierung einer „Sozialen Marktwirtschaft"**. Zum anderen waren sie paradoxerweise im totalen Zusammenbruch nach dem Zweiten Weltkrieg begründet: Vor dem Hintergrund der Zerstörungen musste der bescheidene Wohlstand der 50er-Jahre geradezu wie ein „Wunder" erscheinen.

Einleitung
Charakterisierung des „Wirtschaftswunders"

Unter der Kanzlerschaft Konrad Adenauers (CDU) wurde eine **Westintegration** der Bundesrepublik vollzogen, die in wirtschaftlicher Hinsicht überhaupt erst die Voraussetzungen für eine **Rekonstruktion der Schlüsselindustrien Kohle und Stahl** (Montanindustrie/EGKS mit Frankreich und Benelux), eine Beteiligung am **europäischen Wirtschaftssystem** (OECD, EWG) und am **amerikanischen Wiederaufbauprogramm** für Europa (ERP, „Marshallplan") schaffen sollte.

Darstellung der wirtschaftlichen Entwicklung
außenpolitische Rahmenbedingungen

Die Idee der Sozialen Marktwirtschaft wurde durch den Wirtschaftsminister und späteren Kanzler **Ludwig Erhard** populär, der unter den Bedingungen eines regelgebundenen Kapitalismus (Ordoliberalismus) **„Wohlstand für alle"** versprach. Der Staat machte es sich zur Aufgabe, für **sozialen Ausgleich und Absicherung** zu sorgen und so die Nachteile eines auf freiem Wettbewerb basierenden Kapitalismus abzufedern. Zu den Maßnahmen zählte die Einführung des Kindergelds sowie der dynamischen Rente, die ans Bruttosozialprodukt gekoppelt wurde. Die **Nachfrage** war der Taktgeber der Wirtschaft, in Krisenzeiten intervenierte der Staat, um eben jene Nachfrage und damit die Konjunktur anzukurbeln.

Konzept der Sozialen Marktwirtschaft

Tatsächlich verschwanden die anfänglich hohe Arbeitslosigkeit und die Mangelwirtschaft zu Beginn der 1950er-Jahre in rasantem Tempo.

wirtschaftlicher Aufschwung

Eine arbeitswillige Bevölkerung, die Versorgung mit frischem Kapital durch Marshallplan und rekonstruiertes Bankensystem und eine große Nachfrage wirkten zusammen wie ein **Konjunkturbeschleuniger**, der teilweise zweistellige Wachstumsraten ermöglichte. Hinzu kamen internationale Einflüsse wie der „**Korea-Boom**" während des Korea-Kriegs und erste **Exporterfolge** wie zum Beispiel der VW-Käfer.

Während Anfang 1950 noch 2,5 Millionen Arbeitslose in Westdeutschland registriert waren, wurden ab Mitte der 1950er-Jahre **Gastarbeiter** in Südeuropa und später in der Türkei angeworben.

Anwerben von Gastarbeitern

Die billige Energieversorgung und das scheinbar unbegrenzte **Wachstum von Produktion und Konsum** ließen diese Epoche im Nachhinein als „**goldenes Zeitalter**" (Eric Hobsbawm) erscheinen. Die erste nennenswerte **Wirtschaftskrise** 1966 hing mit dem Strukturwandel im Ruhrgebiet, dem industriellen Herzen der Republik, zusammen. Die Umstellung auf den Energieträger Erdöl machte die Kohleförderung unrentabel und erforderte konjunkturpolitische und strukturpolitische Eingriffe, für die die Regierung Erhard (für die CDU Nachfolger Adenauers ab 1963) nicht gerüstet war. Erst die Große Koalition aus CDU/CSU und SPD schaffte mit dem Stabilitätsgesetz 1967 ein entsprechendes, an Keynes orientiertes wirtschaftspolitisches Instrumentarium.

Wachstum und Krisensymptome

Bis Mitte der 1960er-Jahre war aus einer Mangelwirtschaft heraus eine **Massenkonsumgesellschaft** entstanden. Steigende Reallöhne erlaubten einen **höheren Lebensstandard** sowie die Anschaffung von Luxusartikeln, kürzere Arbeitszeiten schufen **mehr Freizeit**. Die **Mittelschicht** wuchs.

Auswirkungen auf die Gesellschaft

Massenkonsum

Angesichts des wirtschaftlichen Erfolgs fiel es umso leichter, die **nazistische Vergangenheit zu verdrängen**, was dazu führte, dass viele gesellschaftliche Bereiche, wie beispielsweise Bildung, Justiz, Medizin und öffentliche Verwaltung, in ihren Denkweisen und ihrem Personal mit Ballast aus der NS-Zeit besetzt blieben. Hier machte sich im Lauf der Jahre ein **Reformstau** bemerkbar, den erst die sozialliberalen Regierungen der 1970er-Jahre auflösen sollten. Außerdem bildete sich hier die Grundlage **für die Eskalation der Generationenkonflikte** der 1960er- und 1970er-Jahre (APO, Studentenbewegung).

fehlende Aufarbeitung der NS-Vergangenheit

Zudem gab es Versäumnisse in der demografischen Entwicklung. Der Begriff „**Gastarbeiter**" hatte den Eindruck vermittelt, man habe es mit einem vorübergehenden Phänomen zu tun und müsse sich um die Integration der vielen Italiener, Griechen, Türken usw. keine Gedanken machen, da sie nur vorübergehend im Lande seien. Heute

Verzicht auf Integration der Gastarbeiter

weiß man, dass die teils **mangelhafte Integration** dieser Gruppen in manchen Gegenden der Bundesrepublik zu großen **sozialen Problemen** bis hin zu **Parallelgesellschaften** geführt hat.

Viel erfolgreicher verlief dagegen die **Integration** von rund 10 Millionen **Flüchtlingen und Vertriebenen aus dem Osten**, die maßgeblich zum Wiederaufbau beitrugen und für die man seit 1952 mit dem **Lastenausgleichsgesetz** einen Ausgleich für erlittene Verluste zu schaffen versuchte.

Eingliederung der Vertriebenen

In politischer Hinsicht **stabilisierte** sich die **Demokratie** der Bundesrepublik in den 50er-Jahren, was man an den **Wahlerfolgen von Adenauers CDU** ablesen konnte, die geradezu als Plebiszite für die neue Staatsform aufgefasst wurden. Die größte Oppositionspartei SPD passte sich dem mit einiger Verspätung an, verabschiedete sich vom dezidierten Antikapitalismus und stellte sich im Godesberger Programm (1959) auf den Boden der Marktwirtschaft. Insgesamt entwickelte sich eine **kleinbürgerlich geprägte „nivellierte Mittelstandsgesellschaft"** mit dem dazu passenden Parteiensystem. Die sogenannten Volksparteien wollten sich weder weltanschaulich noch klassenspezifisch eindeutig festlegen, wenngleich es immer noch eine stärkere Übereinstimmung der CDU mit der christlichen Tradition und eine engere Beziehung der SPD zur Arbeiterklasse gab.

Festigung der Demokratie

„Wohlstand für alle" blieb zwar eine Utopie, die Ungleichheit in der Vermögensverteilung war groß, doch für die meisten war die dargestellte Epoche eine **Phase des Aufschwungs** und des **Optimismus**. Mit der Krise der 60er-Jahre zeigte sich aber, dass an den politischen Rändern die Vergangenheit noch nicht bewältigt war. Die NPD erzielte erstaunliche Wahlerfolge auf Landesebene und verpasste nur knapp den Einzug in den Bundestag.

Fazit

---

2 **TIPP** *Anforderungsbereich: II, Verrechnungspunkte: 16*

Der Operator „Analysieren" erfordert eine systematische Untersuchung: Sie müssen nicht nur die zentralen inhaltlichen Aussagen der Honecker-Rede (M 1) in eigenen Worten darlegen, sondern diese auch in den historischen Kontext einordnen. Danach wird von Ihnen ein Vergleich zweier Textquellen verlangt. Hierbei gilt es, Gemeinsamkeiten und Unterschiede zu nennen. Beachten Sie besonders den jeweiligen Adressatenkreis der beiden Texte. Durch die Verwendung des Konjunktivs der indirekten Rede machen Sie deutlich, dass Sie Äußerungen von Dritten wiedergeben.

Bei **M 1** handelt es sich um eine **Festrede** des SED-Generalsekretärs Erich **Honecker** anlässlich der Entwicklung des ersten 32-bit-Mikrochips der DDR, gehalten in Erfurt am 14. August 1989, während **M 2** aus einem **internen Bericht** des Vorsitzenden der staatlichen Plankommission Gerhard **Schürer** stammt, den dieser dem wichtigsten politischen Gremium der DDR, dem Politbüro, am 30. Oktober vorlegte – also zu einem Zeitpunkt, als Honecker schon durch Egon Krenz abgelöst worden war.

Einleitung
Vorstellung der beiden Quellen

Beide Texte stammen aus dem „Schicksalsjahr" der DDR kurz vor bzw. nach dem 40. Jubiläum des ostdeutschen Teilstaates (7.10.). Gemeinsames Thema ist die **technologische Entwicklung der Mikroelektronik in der DDR** und der Zusammenhang mit dem sozialistischen System der Wirtschaftsplanung und -lenkung. Letztlich geht es aber um die **Zukunftsperspektive des Sozialismus** und damit um den **Bestand der DDR** als Staat überhaupt.

gemeinsames Thema

Honecker wendet sich in seiner Festrede (M 1) direkt an die Belegschaft des Kombinats Mikroelektronik, die er mit „Kolleginnen und Kollegen" bzw. „Genossinnen und Genossen" (Z. 1) anspricht, wie es in der DDR üblich war. Gleich zu Beginn ordnet er die technische Innovation historisch als „denkwürdiges Ereignis" (Z. 3) in den **Zusammenhang der Entwicklung der DDR** ein und erwähnt das bevorstehende Staatsjubiläum. Die „**Spitzenleistungen**" (Z. 6) der DDR auf dem Gebiet der Chip-Entwicklung markierten eine „neue Etappe der Mikroelektronik" (Z. 8).

Analyse von M 1
Wiedergabe der zentralen Aussagen

Im folgenden Absatz verknüpft er die technologische Höchstleistung mit dem sozialistischen System: Die technische Entwicklung sieht er als Bestätigung für die „Richtigkeit des von uns eingeschlagenen Weges" (Z. 10) und behauptet, sie würde sich positiv „in den Bilanzen unserer Volkswirtschaft" (Z. 12) niederschlagen, wobei er positive **Auswirkungen auf den Export und die Konsumgüterproduktion** voraussagt (vgl. Z. 17 f.). Entgegen westlicher Ansichten erkennt er darin den **Beweis für die Zukunftsfähigkeit des sozialistischen Systems**.

Gegen Ende des Textausschnittes stellt Honecker den technologischen Durchbruch in den geschichtsphilosophischen Zusammenhang des **historischen Materialismus**. Den geradezu zwangsläufig determinierten Verlauf der Geschichte zum Sozialismus hin drückt er volkstümlich zunächst in Form eines Sprichworts („Den Sozialismus in seinem Lauf hält weder Ochs noch Esel auf", Z. 22 f.) und zuletzt als geradezu anthropologische Erkenntnis aus: „Der Sozialismus ist die einzige Gesellschaftsordnung, in der der Mensch ein Mensch sein kann […]" (Z. 27 ff.). Der Westen wird mit der

Metapher „kapitalistisch[e] Hochburgen" (Z. 26) als negatives Gegenbild geschmäht.

Indem Honecker den sozialistischen Weg glorifizierte, **verdrängte er die damals immer deutlicher werden Krisensymptome**. Die von Beginn an durch **Mangelwirtschaft** und Versorgungsengpässe geprägte DDR wollte im Bereich der Mikroelektronik den internationalen Anschluss erreichen, was aber **milliardenschwere Subventionen** voraussetzte und die Staatsfinanzen zusätzlich belastete. Eng mit der wirtschaftlichen Krise verbunden war eine **Erosion der politischen Autorität:** Durch die anschwellenden Proteste bzw. die steigende Auswanderungswelle der unzufriedenen Bevölkerung geriet der Staat mehr und mehr in eine **Legitimationskrise**, die angesichts des **40-jährigen Staatsjubiläums** unbedingt kaschiert werden musste. Honeckers Erfolgsmeldung wirkt vor diesem Hintergrund wie eine Vorwärtsverteidigung.

Einordnung in den historischen Kontext

Gerhard **Schürers Bericht** vom 30. Oktober ist sowohl im Tonfall als auch in der Grundaussage bedeutend **nüchterner**. Auch Schürer sieht in der Entwicklung der DDR-Mikroelektronik eine bedeutende Leistung, hält sich aber nicht lange mit den Erfolgen auf, sondern konfrontiert die Funktionäre mit den **Kosten** dieser Entwicklung. Im Gegensatz zu Honecker erkennt er **keinen Gewinn für den sozialistischen Staat**, da die Ausgaben „ein Mehrfaches des internationalen Standes" (M 2, Z. 6 f.) betrügen. Während Honecker von einem positiven Beitrag zur Volkswirtschaft spricht (vgl. M 1, Z. 13 f.), sieht Schürer einen jährlichen Subventionsbedarf von 3 Mrd. Mark (vgl. M 2, Z. 7 f.). Das **sozialistische System** der Leitung und Planung stellt er als **ineffizient** dar, da ein „übermäßiger Planungs- und Verwaltungsaufwand" (M 2, Z. 13 f.) betrieben werde.

Vergleich von M 1 und M 2
Gewichtung der technologischen Innovation

Gegen Ende konterkariert er Honeckers Sicht auf den Sozialismus, indem er einen **direkten Vergleich mit dem „Klassenfeind"** zieht. Die Arbeitsproduktivität der DDR liege „gegenwärtig um 40 % hinter der BRD zurück" (M 2, Z. 22 f.). Zuletzt stellt er die **Zahlungsfähigkeit der DDR infrage**, da sie im „nichtsozialistischen Wirtschaftsgebiet" (M 2, Z. 24) hoch verschuldet sei, was nichts anderes bedeutet, als dass der Sozialismus in der Konkurrenz der Systeme gegenüber dem Kapitalismus zu unterliegen drohte. Letztere Erkenntnis steht in **diametralem Gegensatz zu Honeckers Vorstellung** von der einzig menschengerechten Staatsform Sozialismus.

Sicht auf den Sozialismus

Die großen Differenzen zwischen den beiden Texten lassen sich durch verschiedene Gesichtspunkte erklären. Zum einen ist es der **Kommunikationszusammenhang**, der bei Honecker ein öffentlicher und bei Schürer ein interner ist. Von Honecker ist als geladenem Festredner zunächst einmal nichts als Lob zu erwarten.

Adressatenkreis

Zweitens ist die **Perspektive** eine andere, wenn man Honeckers Sicht der Dinge als allgemein-politisch und Schürers als eher vom Detail her technokratisch gedacht kennzeichnet. Schürer hat als Planer Einblick in Sachverhalte, mit denen man die oberste Führung lieber nicht konfrontierte.

Blickwinkel

Der **zeitliche Abstand** zwischen den beiden Texten ist zwar gering, in diese Zeit fallen aber wesentliche Ereignisse, wie die anschwellende Protestbewegung gegen den SED-Staat („Montagsdemonstrationen"), das misslungene 40. Jubiläum der DDR und der Staatsbesuch von Michail Gorbatschow, der die Differenzen zwischen den sozialistischen Partnerstaaten erkennen ließ.

Datum der Texte

Auch von daher ist die **pessimistische Sichtweise Schürers leichter nachvollziehbar** als der scheinbar ungetrübte Optimismus Honeckers. Dessen Rede kann auch als Beleg dafür dienen, dass er in den letzten Monaten der DDR unfähig war zur Selbstkritik oder zu einer politischen Kurskorrektur.

Fazit

3 **TIPP** *Anforderungsbereich: III, Verrechnungspunkte: 18*

„Überprüfen" ist ein Operator des dritten Anforderungsbereichs, der Sie zu einer differenzierten, abwägenden Auseinandersetzung mit der These auffordert. Dabei müssen Sie sowohl Aspekte anführen, die die Aussage stützen, als auch Punkte, die sie relativieren bzw. widerlegen. Im vorliegenden Fall enthält die These schon eine fragliche Voraussetzung, nämlich dass sich die Proteste gegen die eigene Regierung richteten. Wählen Sie zwei Beispiele für Proteste in Ostblock-Staaten aus, zu denen Sie über ausreichend Wissen verfügen. Es ist auch möglich, zwei Beispiele aus demselben Staat heranzuziehen. Schließen Sie Ihre Überprüfung mit einem Fazit ab.

Proteste als Form des meist kollektiven **Aufbegehrens gegen politische und soziale Gegebenheiten** zielen darauf ab, die Verhältnisse zum vermeintlichen Besseren zu verändern. In den **Staaten des Ostblocks**, also den sozialistischen Diktaturen unter sowjetischer Vorherrschaft, kam es in den **1950er- und 1960er-Jahren** zu einigen Protestbewegungen, so etwa zum Aufstand in der DDR von 1953, zum Ungarnaufstand von 1956 und zum „Prager Frühling" von 1968. In allen Fällen behauptete sich in der Folge jahrzehntelang ein sozialistisches Regime unter Moskauer Vorherrschaft. Von daher liegt die **These** nahe, die **Proteste im Ostblock führten nicht zu einer Schwächung der Regierung**, gegen die sie sich jeweils richteten.

Einleitung

Definition von „Protest" und „Ostblock"; Wiedergabe der These

Eine Überprüfung der These am **Beispiel der DDR** ergibt folgendes Bild: Die DDR als zweiter deutscher Teilstaat konnte sich seit ihrer Gründung nicht auf eine Mehrheit der Bevölkerung stützen, sie wäre ohne die massive **Einflussnahme der Sowjetunion**, die auch als Besatzungsmacht präsent war, überhaupt nicht entstanden.

Überprüfung der These
1. Beispiel: DDR, Volksaufstand vom 17. 6. 1953

Persönliche Unfreiheit, überwacht durch das Ministerium für Staatssicherheit, und **Mangelwirtschaft** prägten die DDR von Anfang an. Dabei sollte aber nicht unterschlagen werden, dass auch die DDR ihr Wirtschaftswunder, d. h. eine **Aufbauzeit** mit hohen Wachstumsraten, erlebte, die unter ungünstigeren Bedingungen als im Westen stattfand, weil die Sowjetunion nicht auf Reparationen und Demontagen verzichtete. Gleichzeitig führte aber eine Fluchtbewegung nach Westen zu einem permanenten **Exodus von dringend benötigten Arbeitskräften**. Um den „planmäßigen Aufbau des Sozialismus", wie ihn die SED 1952 auf ihrer zweiten Parteikonferenz beschlossen hatte, durchzuführen, sah die Regierung keine andere Möglichkeit, als die **Arbeitsnormen** in der Industrie und Bauwirtschaft im Mai 1953 um 10 % zu **erhöhen**, was de facto einem Reallohnverlust entsprach und zu großer **Unzufriedenheit in der Arbeiterschaft** führte. Auch die rigide Landwirtschaftspolitik, die sich gegen selbstständige Bäuerinnen und Bauern richtete, sorgte für Unmut in der Bevölkerung, den die Regierung zunächst unterschätzte. **Soziale Konflikte** nahmen zu.

Ausgangslage

Nach dem **Tod Stalins am 5. März 1953** leitete die SED auf sowjetischen Druck hin zaghafte **Korrekturen des verschärften Sozialisierungskurses** ein und bekannte sich zu Fehlern, zunächst jedoch ohne die Normerhöhung zurückzunehmen. Als sich der **Protest** ausgehend von **Ostberlin** am **17. Juni** Bahn brach, war die Dynamik der Entwicklung auch durch eine Rücknahme der Normerhöhung nicht mehr zu bremsen: In Hunderten Orten wurde gestreikt und demonstriert. Die Forderungen gingen bald weit über die ursprünglichen Anliegen der Arbeiter hinaus (Rücktritt der Regierung, freie Wahlen) und erfassten **alle Bevölkerungsschichten**. Angesichts des zunehmenden **Kontrollverlusts der Regierung** verhängte die **Besatzungsmacht** den **Ausnahmezustand** und **stoppte den Volksaufstand mit sowjetischen Panzern**.

Verlauf und Scheitern des Aufstands

Die darauffolgende Verfolgungs- und Säuberungswelle betraf auch die SED selbst. Der Staat DDR baute den **paramilitärischen und militärischen Apparat** (Betriebskampfgruppen, Nationale Volksarmee) aus und verurteilte „Konterrevolutionäre" und „Agenten des Westens" als Drahtzieher des Aufstandes. Auf der anderen Seite gab es aber im Rahmen des „Neuen Kurses" auch **Preissenkungen und Lohnerhöhungen** zur Verbesserung der Kaufkraft; die höheren Wachstumsraten der zweiten Hälfte der 1950er-Jahre stabilisierten

Auswirkungen

das System vorübergehend. Parteichef Walter **Ulbricht**, dessen Rückhalt in Moskau nach Stalins Tod geschwunden war, **blieb im Amt**, da man kein weiteres Zeichen von Schwäche zeigen wollte.

Von daher lässt sich die These bestätigen: Die herausgeforderte **Regierung ging gestärkt aus den Protesten hervor**. Gleichzeitig hatte die Niederschlagung des Aufstands aber auch gezeigt, dass die SED-Herrschaft **ohne sowjetische Unterstützung nicht lebensfähig** war. Zudem wandten sich nach dem gescheiterten Aufstand viele **Fachkräfte** vom Sozialismus ab und **wanderten in den Westen aus**. Das Trauma von 1953 beschäftigte die SED als **Legitimationsproblem** bis zum Ende der DDR. Es führte zum beispiellosen **Ausbau des Stasi-Spitzelsystems** und zu einer **Sozialpolitik**, die immer wieder versuchte, den Druck aus dem Kessel zu nehmen, um Proteste zu vermeiden, wobei sie jedoch die wirtschaftliche Leistungsfähigkeit des Staates überforderte.

Rückbezug zur These

Die Ereignisse im „**Prager Frühling**" 1968 zeigen auf den ersten Blick ein ähnliches Bild: Proteste im Ostblock wurden durch die Sowjetarmee unterdrückt, danach hielten sich sozialistische Regierungen jahrzehntelang, ohne dass die Bevölkerung auf die politische Entwicklung Einfluss nehmen konnte.

2. Beispiel: ČSSR, „Prager Frühling" 1968

Der Unterschied zur DDR ist allerdings gravierend: Die **Liberalisierung der Gesellschaft** war in der Tschechoslowakei der 1960er-Jahre durch eine lebendige **Kultur- und Untergrundszene** und eine **Jugendbewegung** vorangetrieben worden, die sich an der weltweiten Gegenkultur der sogenannten 68er orientierte.

Ausgangslage

Innerhalb der herrschenden kommunistischen Partei gab es einen starken Gegensatz zwischen Altstalinisten und Reformern, die sich nach Stalins Tod 1953 und dem 20. Parteitag der KPdSU 1956, dem „Entstalinisierungsparteitag", **Hoffnung auf eine Reform des kommunistischen Systems** gemacht hatten. Schließlich hatte die **Liberalisierung die kommunistische Partei** selbst erfasst und zu einem Wechsel an der Parteispitze geführt. Der Reformkommunist **Alexander Dubček** verkörperte weniger das repressive Herrschaftssystem als die Hoffnung auf einen „**Sozialismus mit menschlichem Antlitz**" und einen „**Dritten Weg**" zwischen dem Staatssozialismus sowjetischer Prägung und dem westlich-liberalen Kapitalismus. Dubček konnte sich auf eine große Zustimmung in der eigenen Bevölkerung stützen. Er stieß **liberale Reformen** an und wollte mehr **Freiheiten** (u. a. Rede-, Presse-, Reisefreiheit) gewähren. Die vielfältigen **Proteste** und Beispiele zivilen Ungehorsams im August 1968 richteten sich dann auch nicht gegen die eigene Regierung, sondern **gegen die Truppen und Regierungen der Warschauer-Pakt-Staaten**, die mit den Nazi-Invasoren von 1938/39 verglichen wurden.

Verlauf

Auch die **blutige Niederschlagung des Prager Frühlings** am 21. August 1968 durch Truppen des Ostblocks unter sowjetischer Führung war keine innertschechoslowakische Sache, sondern eine **Angelegenheit des gesamten Ostblocks** und wurde im November 1968 ausdrücklich in der „**Breschnew-Doktrin**" zur Norm erhoben: Die Sowjetunion und der Ostblock garantierten die sozialistische Herrschaftsform Moskauer Prägung und behielten sich ein **Eingriffsrecht** in jedem Staat des Ostblocks vor. Wie bei der Unterdrückung des DDR-Volksaufstands resultierte aus der **Verfolgung der reformerischen Kräfte** in der ČSSR eine **Abwanderungsbewegung**: Viele Politiker und Intellektuelle flohen in den Westen.

Scheitern und Auswirkungen

Von daher muss die **Ausgangsthese** für das zweite Beispiel **revidiert** werden: Proteste im Ostblock richteten sich – anders als in der DDR – nicht bloß gegen die jeweilige Regierung, sondern **gegen ein System**, dessen Garant die Sowjetregierung war. Wenn also Gustáv Husák 1969 als Nachfolger Dubčeks das Erbe des „Prager Frühlings" antrat und bis 1987 an der Macht blieb, war das **Regime der kommunistischen Partei** zwar **dauerhaft erhalten** geblieben. Aber es war auch klar, dass es **keine Mehrheit** in der Tschechoslowakei, sondern bloß den Rückhalt der sowjetische Hegemonialmacht und einer Klasse von Parteifunktionären hatte, die davon profitierte.

Rückbezug zur These

Sowohl in der DDR als auch in der ČSSR zeitigte das **Aufbegehren der Bürgerinnen und Bürger keinen Erfolg**. Hatte sich der Protest im ersten Fall gegen die eigene Regierung gerichtet, war im zweiten Fall die sowjetische Ordnung an sich das Feindbild. Dass sich die Diktaturen halten konnten, war jeweils dem **Rückhalt und der machtpolitischen Dominanz der Sowjetunion** zu verdanken. Es ist unpräzise, hier pauschal von einer Stärkung zu sprechen. Tatsächlich **büßten** beide Staaten in Folge der Ereignisse viel **Vertrauen bei ihrer Bevölkerung ein** und hatten ein langfristiges Legitimationsproblem.

Fazit

---

4 | **TIPP** *Anforderungsbereich: II, Verrechnungspunkte: 12*

Die Analyse einer Karikatur erfordert eine Beschreibung, eine Deutung und eine historische Einordnung, also ein mehrschrittiges Verfahren. Stellen Sie die Bildquelle zunächst kurz vor, indem Sie ihre formalen Merkmale (Titel, Erscheinungsort und -zeitpunkt, Zeichner) sowie ihr Thema nennen. Anschließend beschreiben Sie – dem Bildaufbau folgend – detailliert die einzelnen Bild- und Textelemente. Im nächsten Schritt ordnen Sie die Bildquelle in den historischen Kontext ein. Schließlich erklären Sie auf Grundlage Ihrer bisherigen Ergebnisse die Bildelemente der Karikatur, verdeutlichen ihre Aussage und leiten die Aussage des Karikaturisten ab.

Die **Karikatur** „Triumphfahrt mit der Peres-Troika" stammt von dem westdeutschen Karikaturisten **Rudolf Schöpper**. Sie wurde am 2.11.1987, kurz vor dem 70. Jahrestag der russischen Oktoberrevolution (7.11.), in einer nicht genannten Zeitung der Bundesrepublik veröffentlicht.

Analyse von M 3
Vorstellen der Karikatur

Die in naturalistischem Stil gezeichnete Schwarz-Weiß-Karikatur kombiniert verschiedene Bildelemente, die zusammen einen distanzierten Blick auf die Verhältnisse in der Sowjetunion unter dem damaligen Parteichef **Michail Gorbatschow** werfen.

Thema

Das Bild wird im Vordergrund von einem dreispännigen Schlitten, in Russland „**Troika**" genannt, dominiert, der von Pferden gezogen und von einer Person in wehendem Umhang gesteuert wird. Hinten auf dem Schlitten sitzt ein Hündchen mit menschlichem Antlitz. Rechts oberhalb des Gespanns befindet sich eine **von fünf wütenden Männern besetzte Wolke**, und im Hintergrund ist eine **russische Landschaft** mit charakteristischer Zwiebelturm-Architektur erkennbar.

Beschreibung der Bildquelle

Während die Kutschfahrt-Szenerie noch einigermaßen realistisch erscheint, steht die Darstellung der mit Personen bevölkerten Wolke eindeutig für eine **symbolischen Bedeutung:** Sie verkörpert den Himmel bzw. das Jenseits im Gegensatz zur Erde bzw. zum Diesseits.

Die Darstellung der Troika und ihrer Besatzung lässt sich in dreierlei Hinsicht differenzieren: Es gibt traditionelle, revolutionäre und zivile Stilelemente. **Traditionell** sind das altrussische Pferdegespann selbst, die Kleidung des Schlittenführers, bestehend aus einem Bauernkittel, Pluderhose und Wickelgamaschen – allesamt Verweise auf die russische Tradition. Eine wehende Fahne in der Hand des Schlittenführers mit der Aufschrift „70 Jahre Oktoberrevolution", der Feldherrnumhang, die Symbole Hammer und Sichel am Schlitten bzw. der Sowjetstern an der Fahnenstange stehen dagegen für die **revolutionäre, kommunistische Prägung.** Daneben fallen zwei Elemente aus dem Rahmen: Der Hut des Schlittenführers und sein Schoßhündchen machen einen **zivilen, bürgerlichen, städtischen Eindruck.**

Die realistische Zeichnung der Gesichter und die Bezeichnung der Pferde als „Glasnost", „Perestroika" und „Abrüstung" offenbart den **Zusammenhang der Bildelemente:** Der Parteichef Gorbatschow steuert den Schlitten „Sowjetunion" und hat den Außenminister Eduard Schewardnadse an Bord. Die wütenden Herren auf der Wol-

Deutung der Bildelemente und Herleiten der Gesamtaussage

ke sind von links nach rechts die ehemaligen Parteichefs Chruschtschow, Andropov, Lenin, Stalin und Breschnew, wobei Letzterer vor Wut sogar die Wolke mit dem Fuß durchstößt. Stalin und Breschnew tragen kyrillisch beschriftete Protestplakate mit den Aufschriften „Protest!" und „Bleib stehen!". Damit ist der symbolische Gehalt der Bildelemente eindeutig erkennbar. Die **verstorbenen Parteiführer wenden sich aus dem Jenseits vehement gegen die Reformpolitik Gorbatschows**, den sie offenbar für einen Verräter der revolutionären Tradition halten.

Die Karikatur spitzt bildhaft eine Wegscheide in der Geschichte der Sowjetunion zu: Angesichts der ineffizienten Planwirtschaft, des durch den Kalten Krieg bedingten kostspieligen Rüstungswettlaufs und der steigenden Staatsverschuldung befand sich der Staat in einer tiefen **Strukturkrise**, die aufgrund der Unzufriedenheit der Bevölkerung mit einer **Legitimationskrise** einherging. Gorbatschow wollte als neuer KPdSU-Generalsekretär **mit seinem politisch-wirtschaftlichen Reformprogramm den Sozialismus retten**. In der Zeichnung Schöppers stehen die Flagge sowie die sozialistischen Symbole auf dem Schlitten für den Versuch, das System mithilfe von Glasnost und Perestroika zu erhalten. Die tobenden Alt-Parteichefs verweisen dagegen auf die **überalterten kommunistischen Kader**, die bis dahin keine Kurskorrekturen zugelassen hatten.

Einordnung in den historischen Kontext

Obwohl der **Titel** der Karikatur „**Triumphfahrt**" lautet, sind deutliche **Zweifel des Karikaturisten** erkennbar. Gorbatschows zusammengewürfeltes Outfit und der skeptische Blick des Hündchens Schewardnadse deuten auf die **Widersprüchlichkeit seiner Politik** hin. Zivil-bürgerliche, traditionelle und revolutionäre Vorstellungen passen nicht zusammen, die Reformpolitik von „Glasnost" (Transparenz), „Perestroika" (Umbau) und neuer Außenpolitik („Abrüstung") führen in den leeren Raum und **gefährden die Sowjetunion**. Es ist bezeichnend, dass bei der „Triumphfahrt" Gorbatschows von einem Volk weit und breit nichts zu sehen ist. Auch das **Wortspiel** „Peres-Troika" deutet schon den Widerspruch zwischen Fortschritt bzw. Reform und Tradition bzw. Rückschritt an.

Herleiten der Intention des Karikaturisten

Insgesamt vermittelt die Karikatur also einen **skeptisch-analytischen Blick** auf die Verhältnisse in der Sowjetunion nach dem ersten Jahr der Reformpolitik Gorbatschows. Der Titel „Triumphfahrt" ist ironisch zu verstehen und der fragende Blick des Karikaturisten scheint am ehesten dem des Hündchens Schewardnadse zu entsprechen, das nicht zu wissen scheint, wohin die Reise geht. Der Ausgang des Ringens zwischen Revolution, Reform und Tradition war zu diesem Zeitpunkt noch nicht entschieden.

Fazit

Baden-Württemberg Geschichte
Schriftliche Abiturprüfung 2024 • Aufgaben I und II

Um Ihnen die **Prüfung 2024** schnellstmöglich zur Verfügung stellen zu können, bringen wir sie in digitaler Form heraus.

Sobald die Original-Prüfungsaufgaben 2024 freigegeben sind, können sie als PDF auf der Plattform **MySTARK** heruntergeladen werden (Zugangscode vgl. Umschlaginnenseite vorne im Buch).

Aktuelle Prüfung

www.stark-verlag.de/mystark

PRÜFUNGS-ANGST

STOPP DIE PANIK

Mit der Fußsohlen-Methode

Prüfungen können Angst- und Fluchtsituationen sein. Dein Körper schüttet Adrenalin aus und dämpft das Gefühl in den Füßen. Z. B. beim Weglaufen ist es gut, wenn man die Füße nicht spürt. Eine Prüfung ist aber **keine Gefahrensituation**. Signalisiere deinem Körper, dass du nicht weglaufen musst, und bring das Gefühl in deine Füße zurück:

Setze oder stelle dich hin. Die Füße müssen den **Boden** berühren.

jeden einzelnen **Zeh** s p ü r e bis groß. von klein

Erkunde den **Bogen** deines Fußes.

Schließe jetzt deine Augen und **denke** dich in deine Füße hinein.

Fahre in Gedanken um die **Fersen**.

Spüre den **Druck** auf dem Boden.

Dein Körper **fühlt** die Füße wieder und denkt, er sei in keiner Panik-Situation, sondern in **Sicherheit**.

www.stark-verlag.de **STARK**

Bist du bereit für deinen Einstellungstest?

Hier kannst du testen, wie gut du in einem Einstellungstest zurechtkommen würdest.

1. Allgemeinwissen
Der Baustil des Kölner Doms ist dem/der ... zuzuordnen.

a) Klassizismus   b) Romantizismus
c) Gotik   d) Barock

2. Wortschatz
Welches Wort ist das?

N O R I N E T K T A Z N O

3. Grundrechnen
-11 + 23 - (-1) =

a) 10   b) 11   c) 12   d) 13

4. Zahlenreihen
Welche Zahl ergänzt die Reihe logisch?

17 14 7 21 18 9 ?

5. Buchstabenreihen
Welche Auswahlmöglichkeit ergänzt die Reihe logisch?

e d f f e g g f h ? ? ?

a) h i j   b) h g i   c) f g h   d) g h i

Lösungen: 1 c; 2 Konzentration; 3 d; 4 27; 5 b

Alles zum Thema Einstellungstests findest du hier:

www.stark-verlag.de/einstellungstest   **STARK**